中华人民共和国成立70周年庆典
直播报道纪实

中央广播电视总台 编著

中国国际广播出版社

1949 — 2019

编委会

1949 — 2019

深情礼赞新中国70华诞 精心谱写新闻史上华美乐章
（代序）

慎海雄

中宣部副部长，中央广播电视总台党组书记、台长慎海雄

中华人民共和国成立70周年庆祝活动气势恢宏，举世瞩目。在以习近平同志为核心的党中央坚强领导下，中央广播电视总台（简称总台）的全体同志发扬精益求精、一丝不苟、追求完美的工作精神，向全世界奉献了一场大气磅礴、行云流水、震撼人心的视听盛宴，实现了“世界一流、历史最好”的目标，受到中央领导同志的充分肯定和社会各界的广泛赞誉，圆满完成了习近平总书记和党中央交给总台的神圣而光荣的使命任务。

230多个日日夜夜，5200多人的呕心沥血……回顾几个月以来的精心筹备，重温10月1日的光辉盛典，此时此刻，我们心潮澎湃、倍感自豪。这次国庆 70 周年宣传报道，是中央对总台干部队伍的一次集中检阅，是我们总台人对新中国 70 华诞的一次深情礼赞，是中央广播电视总台这艘传媒航母融合传播优势的一次完美呈现，是全体干部职工在海内外中华儿女面前的一次盛大亮相。全台上下齐心协力、奋勇争先，向党和人民交上了一份精彩的答卷！

一是全台上下全力以赴，大兵团作战如行云流水、有条不紊。我们坚持全台一盘棋，加强统筹谋划、上下联动，早在 2019 年 2 月就成立了国庆报道领导小组，总台党组多次专题研究部署，三次召开动员大会，对每一个细节流程反复打磨，努力做到十拿十稳、万无一失。“秋收”、“精彩”、音响、技术等专项指挥部集中研讨数百次，导演、解说、翻译、音响、后勤等总计 5200 多人直接参与报道，这是中国广播电视人有史以来重大直播活动中投入力量最大的一次，是历次重大宣传报道中最为精彩、最有创意、反响最热烈的一次。

二是直播报道刷新纪录，完美呈现盛世盛典的永恒华章。我们搭建了 1 个总系统、6 个分系统共 91 个机位，以及 34 个微型摄像机，加上广场联欢直播总机位达到 177 个，组成中国电视史上规模最大、设备最先进、技术最复杂的直播系统。直播中我们采用“天鹰座”索道摄像机、无人机、5G、4K/8K、VR（虚拟现实）等新传播手段，创下了多个历史第一。比如，第一次使用升降塔拍摄时政画面，第一次在阅兵沿线外侧使用移动拍摄车跟随拍摄，第一次在领导人阅兵移动拍摄车上增加陀螺仪，第一次设置近距离贴地机位，第一次把 4K 超高清直播信号引进电影院线，铺设的音响、音频线路达到 590 多公里……诸多创新纵观全球传媒行业也绝无仅有，用我们的实际行动书写了世界新闻史上浓墨重彩的历史。

三是融合传播优势显著，用宏大极致的视听盛宴向全世界展现新时代中国形象。大台就要有大台的形象，总台就要有总台的水平。10 月 1 日当天，总台充分发挥集群传播优势，15 个电视频道、15

个广播频率以及各主要新媒体平台同步直播国庆盛典，其中大湾区之声首次使用粤语全程直播。电视观众规模累计超过 7.99 亿人次，新媒体端播放量在最高时段达到 300 万人次，新媒体视频直播和点播收看次数超过 36.93 亿，新媒体话题总阅读量达到 355 亿人次，各项数据均创历史纪录。国庆盛典的震撼场景同样震撼了世界，大批西方主流媒体前所未有地采用总台直播信号和素材，CNN、BBC、FOX、RT 等 87 个国家和地区的 1191 家电视台、频道和网络媒体采用 10 150 次，其中七国集团（G7）国家频道占比 76.8%，创下历史新高。同时，我们与全球 60 多个国家的 180 余家媒体合作，积极推送总台国庆精彩报道和《央视快评》《国际锐评》《玉渊谭天》等言论评论品牌产品，让中国声音传播得更开、更广、更深入、更持久。

四是精品节目浓墨重彩，唱响礼赞新中国、奋进新时代的昂扬旋律。创新是我们国庆宣传报道的主旋律，总台在创新中扩大了影响力，在创新中增强了软实力。比如，我们将前方直播回传的 4K 超高清信号引入十大电影院线，全球首部 4K 超高清直播电影《此时此刻——共庆新中国 70 华诞》由此诞生！ 70 家影院全部爆满，实现了电视与电影的历史性“握手”。10 月 2 日，我们又快速发布这部影片的粤语版，在包括香港 3 条院线在内的粤港澳大湾区 80 余家影院播映，引起热烈反响；同时，又制作 5 种少数民族语言版，陆续推出 6 部国庆主题音像制品及《大阅兵・2019》6 种外语版，在全国院线上线普通话版。国庆宣传报道主线贯穿全年，我们成功完成《壮丽 70 年　奋斗新时代》等系列报道，推出《我们走在大路上》《为了可爱的中国》《激情的岁月》《中国歌剧　光荣绽放》等一大批精品力作，有力营造了喜迎国庆盛典的良好氛围；开展“记者再走长征路”主题报道和文艺慰问演出，公益广告广受赞誉，给广大干部群众上了一堂生动活泼的党史、新中国史和爱国主义教育课。

事非经过不知难，大事要事看担当。总台国庆 70 周年宣传报道圆满成功，是全台干部职工在以习近平同志为核心的党中央亲切关怀下，撸起袖子干出来的，是每一个总台人挥洒汗水拼出来的！回首国庆盛典的一幕幕画面，总结230多个日夜的点点滴滴，我们深刻感到成绩来之不易、经验弥足珍贵、必须认真总结，要通过巩固深化总台国庆报道的成功经验，进一步统一思想，坚定信心。我们要深刻认识到：

成绩的取得，凝聚着以习近平同志为核心的党中央的关怀厚爱。习近平总书记高瞻远瞩，深谋远虑，把庆祝活动放在党和国家事业发展全局中运筹考量，亲自谋划、亲自部署、亲自指挥，专门作出一系列重要指示批示，发表一系列重要讲话，特别是对国庆直播工作作出重要指示，领导我们取得了国庆宣传报道工作的圆满成功。必须深刻认识到，做好总台各项工作的根本和前提，就在于始终自觉坚决向习近平总书记对标看齐，做到一切行动听号令、听指挥，坚决维护习近平总书记党中央的核心、全党的核心地位，坚决维护党中央权威和集中统一领导，坚定不移把党中央决策部署落到实处。总结总台国庆宣传报道的成功经验，这是最根本的一条，我们必须牢牢坚持，持续深化。

成绩的取得，凝聚着总台深化融合发展的强大合力。国庆宣传报道是对总台传播实力的一次“大检阅”。作为当今世界体量规模最大、业务形态最多、覆盖范围最广的综合性传媒航母，总台传统媒体和新兴媒体同频共振，广播和电视紧密配合，声音和影像相得益彰，融合质变不断催化，“化学反应”持续产生。在这次国庆报道中，我们牢牢以习近平总书记关于“守正创新，把新媒体新平台建设好运用好”等重要指示精神为指导，敢于突破，勇于创新，深度融合、优势集聚、资源共享的机构改革成效进一步展现，彰显出强大的融合传播优势，高质量发展已迈上新台阶！总台这艘国际传媒航母正驶入“海阔凭鱼跃”的宽广天地，向着国际一流新型主流媒体的目标加速航行。

成绩的取得，凝聚着全台广大干部职工的拼搏奋斗。一切美好都值得永远铭记。国庆盛典的精彩完美，离不开总台人的巨大奉献。我们有欢笑、有汗水，有成长、有收获，有温暖、有感动，与伟大祖国同呼吸、共奋进，深情礼赞新中国 70 华诞。我们不会忘记，好多同志连续工作 40 多个小时，一连几天睡在前方现场，只为一个直播机位能够设置得更加精准大气；我们不会忘记，我们有的同志父母儿女生病住院却不能照顾陪护，没有声张依然默默坚守，只为让天安门广场的直播效果展现得更加完美震撼；我们不会忘记，我们有的同志用眼过度引起视神经发炎，视力严重下降，有的同志连续多日发烧咳嗽，仍坚守审看播出一线……实践证明，我们的队伍是拉得出、打得赢、敢胜利的“铁军”！总台感到骄傲，感到自豪！你们是国庆盛典宣传报道成功精彩的最大功臣，你们是当之无愧的总台英雄！总台因你而美丽，总台有你更精彩！

习近平总书记等中央领导同志对总台宣传报道的充分肯定和社会各界的广泛赞誉，既是对总台取得成绩的充分肯定，更是对我们做好下一阶段工作的鞭策鼓励！我们要深入学习贯彻习近平总书记国庆系列重要讲话精神和中央领导同志重要指示精神，再接再厉、以利再战，奋发有为、再立新功，深刻发掘国庆报道留下的宝贵精神财富，使之转化为我们推动高质量发展的强大动力，高高扬起大家激发出来的这股子精气神，像办好国庆宣传报道一样，一个节目一个节目改，一个细节一个细节抠，朝着办成“世界一流、历史最好”的总台这个目标努力奋斗，奋力打造具有强大引领力、传播力、影响力的国际一流新型主流媒体。

实现“世界一流、历史最好”的目标，就是要高举思想旗帜，推动习近平新时代中国特色社会主义思想成为新时代最强音。伟大的时代离不开思想灯塔的指引，伟大的事业离不开思想旗帜的引领。要继续锤炼国庆宣传报道中始终坚持的对党绝对忠诚的政治品格，把讲政治作为第一位的要求，深入学习贯彻习近平总书记对总台工作的一系列重要指示批示精神，筑牢总台事业发展的思想根基。要聚力打造总台“头条工程”，深入学习宣传贯彻习近平总书记国庆系列重要讲话精神，生动讲好习近平总书记治国理政、管党治党、爱民为民的故事，汇聚起拥护核心、爱戴领袖的强大正能量，推动党的创新理论“飞入寻常百姓家”。要持续擦亮《央视快评》《国际锐评》《玉渊谭天》等总台评论言论品牌，继续以有风骨、敢亮剑、接地气的新语态引爆舆论场，引导全体中华儿女唱响时代赞歌，共享祖国荣光。

实现“世界一流、历史最好”的目标，就是要坚持守正创新，坚定不移推动总台高质量发展。国庆 70 周年宣传报道是总台高质量发展成果的集中体现。要深化拓展国庆报道中我们取得的一系列成果，在守正创新中百尺竿头，更进一步，海阔天空去想、脚踏实地去干，牢牢掌握高质量发展的主动权。要深化“台网并重、先网后台、移动优先”战略，加快推进内容生产供给侧结构性改革，加快高质量改版升级步伐，积极构建“5G+4K/8K+AI”的全新战略格局，奋力打造“央视频”视听新媒体旗舰。要以国庆盛典良好的对外传播成效和国际舆论氛围为契机，趁热打铁、顺势而上，注重“以文会友”、推进“好感传播”，打造多语种“网红工作室”，润物无声、潜移默化地传播中华文化，传递中国声音。

实现“世界一流、历史最好”的目标，就是要狠抓风气建设，锻造让党和人民放心满意的“新闻铁军”。总台是党和人民的喉舌、耳目，发出的是党中央的声音，面向的是全国乃至全世界的受众，在严守纪律规矩上必须走在前、做表率。要持续深化国庆报道中“十拿十稳、万无一失”的严实作风，严格落实意识形态工作责任制，严把政治关、导向关、人员关，加强舆情监测处置，确保绝对安全、万无一失。要抓好总台的建章立制和反腐败工作，正风肃纪、严字当头，对腐败行为发现一起坚决查处一起，绝不姑息纵容。要把人才队伍建设作为重中之重，扎实开展增强“四力”教育实践工作，培养一批在行业有分量、在社会有影响的名记者、名编辑、名主持人、名制片人，形成建功新时代、争创新业绩的生动局面，不断夯实建设国际一流媒体的人才基础。

幸福都是奋斗出来的。站在新的历史起点上，让我们牢记习近平总书记和党中央的重托，不辜负社会各界和广大受众的期待，重整行装再出发，朝着美好明天继续努力奔跑，跑出加速度、跑出新亮点、跑出满堂彩，用奋斗成就光荣和梦想，奋力打造具有强大引领力、传播力、影响力的国际一流新型主流媒体，为实现“两个一百年”奋斗目标和中华民族伟大复兴的中国梦作出总台人新的更大贡献！

（代序为慎海雄同志在中央广播电视总台庆祝新中国成立70周年宣传报道总结表彰大会上的讲话。）

1949 — 2019

目　录

1949 — 2019

不辱使命，奋力实现“世界一流、历史最好”的目标

——中央广播电视总台国庆 70 周年庆典直播报道成果综述

在以习近平同志为核心的党中央坚强领导下，中央广播电视总台成功、精彩地完成了庆祝中华人民共和国成立 70 周年重大庆典活动的全媒体融合直播报道。这次直播报道突出展现习近平总书记作为党的核心、军队统帅、人民领袖的风采，以大气磅礴、行云流水、震撼人心的视听盛宴尽显新时代的强大国威、军威和举国同庆的盛况，引发国内、国际主流媒体及全球观众的高度关注，掀起了海内外中华儿女强烈的爱国主义热潮，有力地向世界展示了新时代中国的形象。直播报道实现了“世界一流、历史最好”的目标，圆满完成了习近平总书记和党中央交给总台的神圣而光荣的使命任务。

据统计，总台国庆 70 周年庆典直播报道在广播电视端、新媒体端和全国十大电影院线均大获丰收。总台各电视频道并机收视率为 22.9%，总收视份额达 86.58%，观众规模超过 4.35 亿人；广播直播节目中，仅中国之声就累计触达 2100 万城市核心人群；大湾区之声（粤语）直播的新媒体端收听量，最高时段为 300 万人次。总台各自有新媒体平台仅微博相关话题总阅读量就高达 221 亿人次。以上数据均刷新了历史纪录。

截至 10 月 8 日上午 10 时，总台国际视频通讯社对外发布的总台直播信号和新闻素材共计被 87 个国家和地区的 1191 家广电及网络媒体采用。其中，电视播出次数达 10 127、播出总时长 126 小时 25 分 14 秒，欧美国家的频道数占比 85.8%，G7 国家的频道数占比 76.8%，也创下了新纪录。国内，十大院线的 70 家影院同步播放总台 4K 超高清直播电影，全部爆满。

一、坚持以效果论英雄，以最高标准、最周密措施、最精彩画面呈现庆典活动盛况

2019 年 10 月 1 日，庆祝中华人民共和国成立 70 周年大会、阅兵、群众游行以及首都国庆联欢活动在北京天安门广场隆重举行。这是以习近平同志为核心的党中央引领全党、全军和全国各族人民进入新时代的首次国庆阅兵，也是中央广播电视总台成立后的首场国庆直播。

总台央视综合频道、新闻频道、财经频道、综艺频道、中文国际频道、国防军事频道、科教频道、社会与法频道、农业农村频道、4K 超高清频道，中国国际电视台（CGTN）英语、西班牙语、法语、阿拉伯语、俄语频道共 15 个电视频道，央广中国之声、国广环球资讯广播等 15 个广播频率，以及央视新闻新媒体、CGTN 新媒体、央视网、央广网、国际在线等新媒体平台同步进行直播，大湾区之声首次使用粤语进行全程直播，用宏大而精彩的视听盛宴向全世界展示了新时代中国的盛世盛景。

（一）以最佳角度和构图展现大国领袖魅力风采

总台紧紧围绕庆祝大会、阅兵、群众游行以及首都国庆联欢活动，以秒为单位研究习近平总书记发表重要讲话、向三面旗帜致敬、检阅受阅部队、向群众游行队伍亲切挥手等每一个环节，制订极为详尽的拍摄方案，确保每一个镜头、每一次切换都有精准的意涵表

达，每一帧画面都有要表述的意义。如：通过特别增加一个沿长安街南侧拍摄检阅全程的移动机位，实现领袖问候与官兵应答同框呈现；用特殊视角和富有内涵的构图突出领袖形象；同时，用准确的画面切换和流畅的镜头语言表现受阅部队全体官兵向领袖、向祖国表达忠诚的坚毅决心。

央视新闻新媒体同步制作图文海报、微视频、图文特稿等新媒体产品。围绕习近平总书记在庆祝大会上的重要讲话，第一时间推发图文特稿《习近平：伟大的中华人民共和国万岁！》，用三幅海报提炼习近平总书记重要讲话中的精彩语句，并快速传播，迅速获得 10 万 + 人次阅读量。微视频《这是领袖对红旗的致敬和礼赞》突出强调领导人向三面旗帜致敬这一新增环节。图文特稿《阅兵车牌号：1949 和 2019》，精准放大了直播画面中的感人镜头，引发广泛热议。

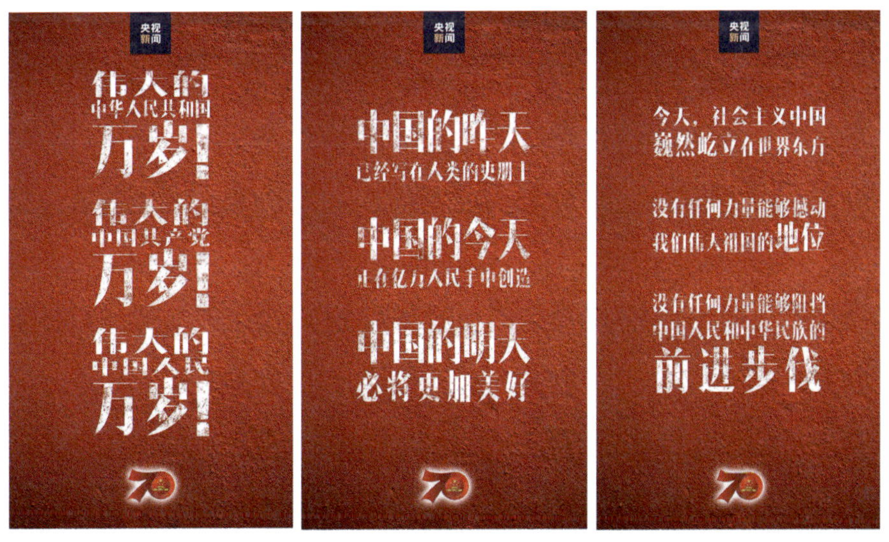

习近平总书记重要讲话语句海报

（二）极富视觉冲击力的镜头引发网民热议

在国庆盛典直播中，中央广播电视总台搭建了由 1 个总系统、6 个分系统共 91 个机位，以及 34 个微型摄像机所组成的直播系统，加上当晚广场联欢活动直播的多个专用机位，组成中国电视史上规模最大、设备最先进、技术最复杂的直播系统，在全球电视行业中也是绝无仅有的。直播团队从 1500 多个直播分镜头中精挑细选出高空俯瞰、地面仰视、远处遥望、近处细观，以及从装甲车内部、空中飞行员等叹为观止的视角，为亿万观众带来前所未有的视觉冲击，全景式、全方位展示全党全军和全国各族人民在以习近平同志为核心的党中央坚强领导下昂首迈进新时代，意气风发、斗志昂扬、奋勇前进的精神风貌。

（三）捕捉感人细节，引发广泛共鸣

整个庆典活动直播全程编排逻辑严谨、张弛有度，活动前充分暖场，活动中紧密衔接，活动后酣畅点睛。不仅顺应了庆典活动的自然流畅，还紧紧抓住了情感主线，用“致敬方阵”走过天安门的特写镜头戳中泪点，直抵人心，将广大受众饱满的爱国热情不断推向高潮。央视新闻新媒体《V 观》第一时间推出《致敬！这 21 辆礼宾车载满共和国英雄和先锋》，对感人细节进行二次生发，迅速形成刷屏之势。

2019 年 10 月 1 日晚的国庆联欢活动直播在欢愉活泼的基调上加入震撼细节，用无人机从空中俯拍由 3290 块光影屏组成的美轮美奂的巨幅动图，将整场联欢活动的最大亮点、最核心创意以最佳效果完美呈现。

（四）敬业精神获社会各界和广大网友点赞

这次国庆盛典直播报道是习近平总书记和党中央交给总台的重大政治任务。为此，总台党组多次召开专题会议研究部署，早在

2019 年 2 月就成立了总台国庆报道领导小组，并连续召开三次动员大会。总台领导明确提出，在 99 个庆典方阵之外，“总台直播团队要成为第 100 个方阵，以优异的成绩接受习主席和全国人民的检阅！”为此，总台领导直接指挥调度，统筹推进各项工作，不放过任何一个细节，确保万无一失、十拿十稳。在工作体系上，先后组建了包括导演、解说、翻译、配音、制作、音响、保障等系统的 5200 多人的报道团队，其中前方直接参与人员达 2800 人，是有史以来重大直播活动中投入力量最大的一次。每个团队都以高度的责任感和使命感，发挥专业专长和过硬技能，协力配合、连续作战，赢得了各方赞誉。其中，除了电视直播团队，总台还组成专业团队负责保障庆典现场的音响系统；总台的解说团队承担的国庆庆典活动现场、广播电视直播、粤语及多语种解说和多语种同声传译工作，都取得了圆满成功。自媒体“摄像人网”公众号发文《这就是奋战国庆阅兵幕后的电视人！我们从朋友圈“偷”了这些图》，称赞中央广播电视总台直播报道团队“与广场上接受检阅的人民军队一样，都是真正的英雄”。

C01 演播室直播现场

敬业的工作团队

（五）社会各界高度评价总台国庆庆典活动直播

《人民日报》、新华社、《光明日报》等主流媒体以及新浪、网易、“传媒圈”公众号等新媒体也分别刊文，对总台国庆庆典活动直播给予了高度评价。其中，2019 年 10 月 3 日出版的《人民日报》罕见地在二版要闻连续刊发三篇报道，盛赞和热评中央广播电视总台的国庆直播报道。三篇文章分别是《国庆庆典活动直播精彩纷呈——“一次震撼人心的视觉盛宴”》《新中国成立 70 周年庆祝活动电视直播实现六大突破》《国庆盛典 4K 直播粤语版电影将登陆粤港澳大湾区影院》。

国庆庆典活动直播精彩纷呈——

『一次震撼人心的视觉盛宴』

庆祝中华人民共和国成立70周年大会10月1日上午在北京天安门广场隆重举行，神州大地万众欢腾，整个世界为之瞩目。中央广播电视总台对这次大会进行直播，电视观众和网友认为"直播精彩纷呈，是一次震撼人心的视觉盛宴"。

科锐国际董事长高勇和家人聚在电视机前观看了阅兵仪式。"4K超高清和5.1环绕立体声直播把我们带到大会现场，让我们身临其境地感受盛大阅兵和群众游行的震撼场面。"

极扬文化传媒股份有限公司董事长许泽玮一家在电影院观看了我国首部直播院线电影《此时此刻——共庆新中国70华诞》。"通过4K超高清信号，在银幕上观看国庆盛典，能看到很多放大的细节，效果真是棒！"

和许泽玮一样，北部战区陆军某边防旅干事徐嘉宁也在影院观看了直播。

看完阅兵仪式后，武警襄阳支队执勤四中队的官兵们激动又振奋。入伍12年的士官宋振说："虽然没能到现场，但高清的画质、音频，正拍俯拍相结合、各个角度全覆盖的直播视频让我觉得震撼。"

湖北省宜昌市伍家岗区人才服务中心副主任刘大林十年前作为群众游行方阵的一员走过了天安门，"虽然没能再次亲身体验现场的庄严热烈，但通过创新的音画技术，受阅部队与我们似乎只有咫尺之遥！"

北京师范大学文学院团委书记马琼和学生们一起观看了阅兵仪式和群众游行直播，她说："直播画面既有无人机拍摄的宏大场面，又有超高清的细节。一幕幕富有时代感的画面真实、自然、深情、热烈，让我们骄傲和自豪！"

武汉大学新闻与传播学院学生蒋晓婧也感受到阅兵现场直播的高技术、高水准。"阅兵画面镜头平稳延展，远景与近景切换自如，这应当得益于轨道摄像机的使用。"

在现场观看阅兵的中央某机关工作人员陆颖对此次阅兵中的航拍直升机印象很深："我坐在观礼台上，央视的直升机就在我们头顶盘旋。飞机飞过，直播中就出现了航拍的即时画面，受检阅的部队气势宏伟，参加游行的群众情绪高昂，画面不仅壮观，而且非常清晰。"

通过电视收看国庆阅兵直播的海军大连舰艇学院学员李俊激动地说："从索道摄像机、轨道摄像机、航拍陀螺仪、VR全景直播，到随处可见的无线微型摄像机……全新视角给了我视觉上的强烈冲击！"

北京交通大学计算机与信息技术学院2019级研究生杨斐迪和同学一起观看了此次直播："看完感觉特别震撼，4K超高清直播把受阅官兵那种热情饱满的神态特别清晰地呈现在我们眼前，感觉这次直播有很多创新之处。"

武警黑龙江总队宣传干事何嘉兴说："从无人机航拍及各种特殊拍摄设备的应用到机位布置、现场调度等，正是幕后人员的辛勤付出，才能使全球亿万观众足不出户就有立体式、全方位、多视点的体验。"

（本报记者**刘阳**、**倪光辉**、**赵兵**、**丁雅诵**、**郑海鸥**、**史一棋**、**杨昊**、**程龙**、**李龙伊**）

国庆盛典4K直播粤语版电影将登陆粤港澳大湾区影院

本报北京10月2日电 （记者**张贺**）由中央广播电视总台央视频出品、央视频和总台大湾区之声联合推出的《此时此刻——国庆70周年盛典》4K直播粤语版电影，国庆期间登陆粤港澳大湾区影院。大湾区观众可望在影院身临其境般重温新中国成立70周年庆典的震撼场面。

2日下午，中央广播电视总台、中央人民政府驻香港特别行政区联络办公室与国家电影局，联合在京举办《此时此刻——国庆70周年盛典》4K直播粤语版电影发布会。中宣部副部长、中央广播电视总台台长慎海雄，中央人民政府驻香港特别行政区联络办公室副主任杨健，国家电影局副局长李国奇等出席发布会并启动上线。这是继10月1日总台4K超高清国庆直播信号进入全国70家影院后，4K"直播大片"再次登陆院线。粤港澳大湾区内的首批80余家影院有望率先播映。

发布会上，中央广播电视总台央视副台长孙玉胜介绍了《此时此刻——国庆70周年盛典》4K直播电影进院线及粤语版电影的情况。此次粤语版盛典"大片"登陆粤港澳影院，将画面、声效、镜头语言和现场同期巧妙糅合，实现了全流程、全要素4K体验与5.1环绕声结合运用。中央广播电视总台大湾区之声知名粤语主持人配以粤语解说后，更方便了粤港澳地区的观众观看。

据悉，国庆节当天，大湾区之声实现了史上首次用粤语直播国庆盛典，在大湾区产生了良好反响。此次国庆70周年盛典4K直播粤语版电影登陆香港、澳门和广东的部分院线，将实现语言贴近与4K超高清画面的完美结合，再给观众一场视听盛宴。

中央广播电视总台相关人士表示，《此时此刻——国庆70周年盛典》4K直播粤语版电影的发布，就是希望包括港澳同胞在内的海内外中华儿女在观影中体味新中国70年来不平凡的成就，共享新中国70年的自豪与荣光。

据介绍，广东华美星美影城等20多家影院，香港的百老汇院线、MCL院线、英皇院线，澳门的永乐戏院等，都将于近期上线这部4K直播粤语版电影。

新中国成立70周年庆祝活动电视直播实现六大突破

本报北京10月2日电 （记者**刘阳**）庆祝中华人民共和国成立70周年大会1日上午在北京天安门广场隆重举行。承担此次活动电视直播公共信号的中央广播电视总台报道团队通过技术和创作方式创新，为全球电视观众奉献了一道大气磅礴、震撼人心的视觉盛宴。

直播体系由1个总系统、6个分系统共91个机位组成，另有34个微型摄像机安装在受阅装备和群众游行队伍中，并实现全4K超高清制作，规模大、投入多、设备先进、技术复杂。

中央广播电视总台于2月26日着手组建报道力量，成立了前方直播工作团队，7月18日进驻阅兵村。创作人员结合历次国庆报道等成功经验和精彩之处，通过多次演练，以及对北京市群众游行和彩车多个训练场地的走访踏勘，最终形成共计1500多个直播分镜头的脚本。这些分镜头在最后的直播中得到了严格执行，画面丰富、镜头多元、效果壮观。

在电视直播方面，报道实现了六大突破：

第一次使用升降塔拍摄时政画面，减少了对其他机位拍摄效果及领导人观礼视线的影响，从而确保了时政新闻的画面饱满、鲜活、生动。

第一次在阅兵沿线外侧使用移动拍摄车跟随拍摄，实现在侧面、用平视角度拍摄阅兵对话的同框画面，使时空关系高度一致。

第一次实现离中心区更近的索道摄像机架设，镜头的表现力和视角的覆盖面得到极大提升，使国旗、受阅部队（群众游行队伍）、天安门城楼三层关系同框。

第一次在领导人阅兵移动拍摄车上增加陀螺仪，大大提升了画面稳定性。

第一次设置了近距离贴地机位。

第一次自主研发，提升了仿真系统的"仿真"作用。

《人民日报》2019年10月03日02版相关报道

二、全平台、多终端、创新型融合传播强势引领舆论场

（一）新媒体多终端齐发力，传播效果指数级增长

央视新闻新媒体全平台2019年9月29日6时至10月2日4时创新推出《日出东方　盛世华典》70小时不间断大直播。截至10月2日12时，央视新闻客户端各路直播总观看量超过10亿人次，

加上各合作平台账号，总观看量超过 27 亿人次。直播中，通过独创的“1（主窗口）+7（多视角窗口）”形式，利用总台丰富的信号资源，多视角呈现庆祝大会、阅兵、群众游行盛况。其中主窗口持续推出 70 小时直播报道，多视角窗口在总台超过 70 路的直播机位中，选择 1 路 5G+4K 信号和 6 路高清独家信号，让用户从不同视角个性化选择观看。另外，利用在长安街两侧设置的 VR 机位，对阅兵分列式全程进行了直播。这是有史以来首次使用 VR 技术直播天安门广场大阅兵，观看量达到 1000 万人次。首次将 AI（人工智能）技术运用到短视频剪辑中，推出《走过天安门》系列 AI 短视频，对直播过程中的重要场景精剪海量微视频进行二次传播。

央视新闻新媒体 70 小时大直播

VR 创新融合传播产品

央视网、央广网、国际在线共同推出“庆祝中华人民共和国成立 70 周年”首页置顶号外，并于直播当天首次尝试在号外直接开启直播窗口。用户访问三网首页时，可自动播放、首屏呈现直播画面，实现了“开门即视”的畅快体验。

庆祝大会、阅兵及群众游行直播报道，页面设计精美，画面高清流畅，取得了显著的传播效果，多终端累计收视用户 2.88 亿，视频收视次数 4.89 亿，最高同时在线人数超过 1106 万，创历史新高。截至 10 月 3 日，央视网统计本网 PC 端、手机央视网、移动客户端、IP 电视、手机电视、海外社交平台等 6 个终端及平台，4 场庆祝活动直播和点播累计收视次数 15.81 亿，其中直播收视次数 7.14 亿。

（二）互动话题产品海量传播，持续延展直播热度

央视新闻新媒体设计制作原创 H5 产品《预约专属席位　全景观盛典》，发放网络虚拟观礼券，邀请网友广泛参与直播互动，32 小时内迅速取得超过 1900 万人次的观看量，截至 10 月 1 日 12 时，总观看量超过 10 亿人次；伴随移动端直播在“两微一端”首发图文特稿《刘 sir 来了！》《“大国重器”来了！很多都是首次亮相！》《超震撼！ 59 张动图带你看阅兵》《找老乡啦～打卡我家乡的彩车！》《大阅兵看点全梳理，看看你错过了什么》等，单篇阅读量均迅速突破 10 万人次；创新推出多样态互动版块《晨光里的中国》《华灯璀璨》《盛典朋友圈》《光华路下午茶》《总台拉片会》等，与网友持续互动，为国庆宣传营造持续热烈的良好氛围。

移动端直播多样态互动版块

央视新闻新媒体微博账号先后发起“国庆阅兵”“五星红旗有14亿护旗手”等20多个话题，成为引领全网的舆论热点。10月1日阅兵相关热搜榜前10个话题之中，5个话题由央视新闻新媒体发起。其中“国庆阅兵”热搜榜置顶，截至10月3日15时，总阅读量超过58.7亿人次，“中国最帅天团”总阅读量超过3.8亿人次，“五星红旗有14亿护旗手”阅读量达71亿人次，“我和我的祖国”阅读量达50.3亿人次，“我和国旗同框”阅读量达22.7亿人次。

总台“春晚”微博、微信、抖音号、头条号、百家号、腾讯微视、快手、央视影音、央视综艺春晚、CCTV微视等媒体平台，在首都联欢活动期间发起“祝福你中国”“喊出对祖国的祝福”等话题互动，成为全网关注热点。截至10月3日15时，新媒体平台主话题“祝福你中国”在微博平台累计阅读量达4.4亿人次，子话题“国庆晚会”阅读量超过1.1亿人次，广大网友纷纷参与互动、祝福祖国，营造了浓烈的爱国氛围。国庆联欢节目播出期间，近10个热词登上微博话题榜，其中“国庆烟花”登上热搜榜单首位；在微博热搜榜前10个话题中，联欢活动相关话题占据5个，成为全网热议焦点。

（三）首次将 4K 超高清信号直通院线，掀起融合传播新高潮

10 月 1 日上午，在国家电影局支持下，总台推出首部进入电影院线的“直播大片”《此时此刻——共庆新中国 70 华诞》，全国 70 家影院同步播出，全部爆满。通过总台前方现场回传的 4K 超高清信号，观众在大银幕前“零时差”观看新中国成立 70 周年庆典活动的震撼场面。这是我国历史上首次将 4K 超高清信号引入院线，直播技术与电影渠道完美融合，客厅电视屏和影院大银幕首次“握手”。观众表示“每一幕都非常震撼，看着军人们整齐划一的动作和非凡的气势，自己仿佛身临现场，与在家里的电视机前看相比，不仅是视觉效果的差异，大银幕前大家聚在一起观看阅兵的氛围更令人动容”。

观众走进影院观赏总台 4K 超高清直播电影

（四）强化对港澳宣传的有效性、针对性、服务性

总台独创的 4K 超高清直播电影上映后，立即产生了连锁反应。10 月 1 日下午，香港百老汇院线负责人联系总台，希望能提供这部影片的粤语版。总台负责人研判后，立即部署央视频与大湾区之声联手赶制粤语版，并迅速于 10 月 2 日正式发布《此时此刻——国庆

70 周年盛典》4K 超高清直播粤语版电影。粤港澳大湾区的首批 80 余家影院获得播映权（其中香港三家院线的影院数为 60 多家）。粤港澳大湾区观众可在影院身临其境地重温“国之盛典”的震撼场面。

此消息通过央视新闻客户端、央视新闻微博账号等总台新媒体平台同步推送，引起了媒体舆论的高度关注。《人民日报》在要闻版刊发了相关报道，新华社播发通稿，《新华每日电讯》《光明日报》《经济日报》《南方日报》《广州日报》《深圳特区报》《南方都市报》等也分别在显要位置刊登相关消息。港澳主流媒体也对 4K 超高清直播粤语版电影发布并登陆粤港澳大湾区影院的消息进行了大规模报道。香港《文汇报》、《大公报》、文汇网、大公网、香港商报网、紫荆网、橙新闻、港人讲地网、坚料网，以及今日正言、点击香江、HKG 报、紫荆等纷纷在第一时间、显要位置刊发报道，推介 4K 超高清直播粤语版电影。

与此同时，总台发挥整合优势，扩大国庆盛典 4K 超高清直播电影的覆盖面。由总台民族语言中心牵头制作的蒙古语、藏语、维吾尔语、哈萨克语、朝鲜语等 5 种少数民族语言版，由总台影视翻译制作中心牵头制作的英语、西班牙语、法语、阿拉伯语、俄语、日语等 6 种外语版，由总台与教育部合作制作的标准普通话版国庆盛典 4K 超高清直播电影，于 2019 年 10 月上旬推出。

三、国庆盛典报道“刷屏”世界主流媒体，总台全球影响力显著提升

（一）以 G7 国家为重点，有力传播中国声音

总台充分利用内容资源优势，以 G7 国家主流电视台为重点，推

动视频直播信号和素材在海外落地。由总台驻当地制作室派出人员进入对象国主流电视台共同参与相关节目，确保海外电视机构得到第一手消息和画面，在对象国主流电视台上全面呈现国庆庆典活动的盛况，通过本土化直播吸引受众关注。大批全球主流媒体转播总台直播信号，产生了前所未有的传播力和影响力。

截至10月8日上午10时，总台国际视频通讯社提供的庆祝大会、阅兵、群众游行、联欢活动的电视直播信号被FOX、CNN、BBC、RT、法国24台、德国电视二台、意大利广播电视公司、日本NHK、韩国KBS等87个国家和地区的1191家广电及网络媒体采用，电视播出次数达10 127、播出总时长126小时25分14秒，创下历史新高。其中欧美国家的频道数占比85.8%，G7国家的频道数占比76.8%，也创下了新纪录。

印度NEWS24、巴基斯坦Such TV、泰国MCOT、蒙古TV2、柬埔寨东盟头条新闻网、冈比亚Eye Africa网络电视台、萨尔瓦多TVX、纳米比亚CND、柬中时报等，在其新媒体平台上全程转播总台直播信号。国际视频通讯社在日本最大的视频网站Niconico合作开设的“日中热线”网络频道进行日语转播，国际视频通讯社的脸书、优兔账号也同步转播。

（二）创新开展国际合作，放大海外传播效果

总台通过与全世界60多个国家的180余家媒体的合作关系，积极推送总台“头条工程”的重要报道，以及《央视快评》、《国际锐评》、多语种“网红工作室”报道等原创融媒体产品。其中，《国际锐评》国庆系列评论通过总台多语种广播、网站、新闻客户端和社交媒体账号向海外推送后，俄罗斯、意大利、法国、日本、哈萨克斯坦、尼日利亚、印度、巴基斯坦、尼泊尔等国主流媒体均进行了转载转引。

（三）多平台集中报道，全球影响力显著提升

总台的 CGTN 英语、西班牙语、法语、阿拉伯语、俄语 5 个语种频道分别推出直播特别节目。通过前方现场信号，综合运用记者连线、三地演播室对接、配合成片、演播室访谈等各种形式，充分展现新中国成立 70 年来，特别是改革开放、十八大以来经济社会科技等各方面发生的深刻变化。

CGTN 多语种平台推出直播特别节目

截至 2019 年 10 月 1 日 14 时，CGTN 各语种频道直播总时长 1470 分钟。各语种新媒体全程直播，全球阅读量达 1676 万人次。10 月 1 日 0 时至 12 时，CGTN 网站浏览量达 136 万人次，独立用户 69 万人，覆盖全球 225 个国家及地区；海外用户占比达 97%，G7 国家用户占比为 3.2%，二十国集团（G20）国家用户占比为 40.2%。

央视网充分发挥海外社交平台 CCTV 系列账号传播优势，主打微视频与直播，全景式展现国庆 70 周年盛况。截至 10 月 3 日，相关帖文总浏览量超过 3.2 亿人次，总互动人次超过 1235 万。在脸书平台，央视网对香港用户和台湾地区用户定向推广，共吸引超过 156 万香港用户和 117 万台湾用户观看直播，相当于每 3—4 个香港用户或每 15 个台湾用户中就有 1 人观看了直播。

（四）海外受众反响热烈，为新时代中国点赞

日本首相安倍晋三在接受总台记者专访时表示，他代表日本国

民对新中国成立 70 周年表示衷心祝贺；他担任首相后再次访华时所看到的景象与 1984 年的景象相比有很大变化，他再一次感受到，正是在中国人民的努力下，中国才实现了如此长足的发展。

日本网友 Nicolle Mott 在推特上留言说，习近平主席胸怀宽广，习主席的思想也始终处于世界前列，尤其让他敬佩的是习主席朴实的性格。

德语受众 Andreas Fessler 在电子邮件中说，中国这 70 年的发展证明社会主义绝对可以是一个除资本主义之外的选择。它让中国发展成为一个强大的、创新的、成功的经济体。

尼泊尔农业及畜牧业发展部长查克拉巴尼·科纳乐接受总台记者采访时说，习近平主席在庆祝中华人民共和国成立 70 周年大会上的重要讲话谈到中国坚持和平发展道路，奉行互利共赢的开放战略，继续同世界各国人民一道推动共建人类命运共同体，中国的这一理念对全世界和各邻国都有很好的借鉴意义。

马中友好协会执行秘书、《南洋商报》前副总编辑陈春福表示，习近平主席的讲话充分展现中国对未来前景的自信，没有任何力量可以撼动中国的地位，也没有任何力量可以阻挡中华民族的前进步伐，他们看到了中国的自信和大度，这正是中华民族奋进、包容精神的体现。

中央广播电视总台将坚持以习近平新时代中国特色社会主义思想统领一切工作，以中央领导同志重要指示和勉励作为加快推进高质量发展的动力；将在充分总结此次国庆 70 周年庆典活动重大直播报道的成功经验基础上，充分发扬此次直播报道中坚持精益求精、一丝不苟、追求完美、拼搏奉献的精神，在办好各种媒体上下大功夫、深功夫，不断提升引领力、传播力、影响力，为把总台建设成为国际一流新型主流媒体而不懈奋斗！

上　篇

庆祝中华人民共和国成立 70 周年
大会、阅兵、群众游行直播报道纪实

第一章　完美呈现国之盛典

第一节　庆祝中华人民共和国成立 70 周年大会、阅兵、群众游行电视直播解说词

【开场】

（童声演唱歌曲《今天是你的生日，我的中国》）

海霞：今天是你的生日，我的中国。在这个不同寻常的节日，相信每一位中华儿女都会从心底里说一句：我爱你，中国。

康辉：70 年，风雨兼程，天安门广场上的红飘带，寓意着红色基因连接历史、现实与未来。

海霞：今天的天安门广场，是世界瞩目的中心；今天的中国，正前所未有地靠近世界舞台中心。

康辉：长安街上，人民军队精神抖擞。这支曾经穿草鞋、拿梭镖走上征途的队伍，现在已经拥有了自己的航母和新一代隐身战机，正阔步迈向世界一流军队。此时此刻，4 名上将、2 名中将、100 多名少将，近 15 000 名官兵列队完毕，等待接受统帅的检阅，接受祖国和人民的检阅。

海霞：长安街两侧，身穿节日盛装的十万游行群众已集结完毕，一个多小时后他们将组成一个个方阵从天安门前通过，向全世界展示自由、生动、欢愉、活泼。中国人的平均预期寿命，70 年前只有 35 岁，70 年后的今天已经达到 77 岁。70 年来，不断创造奇迹的中国让世界刮目相看。

长安街盛况

康辉：新中国用短短几十年的时间，走过了西方发达国家几百年的工业化历程。70 年前的中国，满目疮痍，积贫积弱。今天，中国已经成为世界第二大经济体，是全球经济发展的第一引擎。

海霞：长安街始建于明代，寓意长治久安。回望长安大街，它记载着一个国家的兴衰和曾经有过的悲伤、挣扎、奋斗、喜悦，也记载着我们浴血奋战得解放，披荆斩棘成大道，砥砺奋进新时代的伟大征程。今天，走在中国特色社会主义道路上，我们无比自豪，无比自信。

康辉：黄河长江的浪，长城内外的风，起起伏伏。多少仁人志士上下求索。

海霞：革命先行者孙中山凝视着天安门广场，他曾经奋力让黑暗的中国走向黎明。

康辉：开国领袖毛泽东注视着天安门广场，他让沉睡的东方雄狮昂起了头颅。

海霞：1949 年，一唱雄鸡天下白，中国迈进新纪元！

康辉：此时此刻，地域不同、口音不同的人们汇聚在这里，有 56 个民族的兄弟姐妹，有港澳台同胞和海外侨胞，有关心和支持中国发展的外国友人，大家一同见证历史。

康辉：中央广播电视总台！

海霞：中央广播电视总台！

康辉：这里是中华人民共和国首都——北京。

海霞：我们在这里向全球直播，庆祝中华人民共和国成立 70 周年大会。

康辉：一个必将载入史册的国家盛典，即将开始。

【领导入场】

康辉：习近平、李克强、栗战书、汪洋、王沪宁、赵乐际、韩正、王岐山等党和国家领导人来到了天安门城楼，江泽民、胡锦涛同志来到了天安门城楼，他们和全国亿万人民一起庆祝中华人民共和国 70 华诞。

海霞：今天在天安门城楼参加庆典的还有中共中央、全国人大常委会、国务院、全国政协、中央军委的领导同志和部分老同志代表，国家勋章、国家荣誉称号获得者代表等。

康辉：来自全国各条战线的英雄模范人物，各界各族代表，香港、澳门、台湾同胞和海外侨胞代表，以及在京重要外宾、各国驻华使节、外国专家等到现场观礼。

参加庆典的各界代表

【鸣礼炮】

（礼炮响）

康辉：五十六门礼炮，

七十响轰鸣——

仿佛历史跃动的脉搏，

述说着五十六个民族的中华儿女，

七十载春华秋实的拼搏。

海霞：隆隆炮声，

如冲锋的战士前赴后继，

如燃烧的火炬薪火相传，

我们的共和国，

就这样筚路蓝缕，一路走来。

康辉：正步铿锵，堂堂气，

寒光闪耀，凛凛威。

海霞：从人民英雄纪念碑到五星红旗升起的地方，

短短几百步距离，浓缩着革命先烈奋斗的历程。

无数苦苦求索、奋勇牺牲的先辈，

凝望着我们踩下一个个坚实的脚印。

康辉：一切向前走，都不能忘记走过的路。

走得再远、走到再光辉的未来，

也不能忘记为什么出发。

海霞：一个崭新的时代，从我们手中诞生，

民族复兴的梦想，正由我们去实现。

康辉：古老的中国，年轻的中国，充满希望的中国；

遥远的世界，联通的世界，命运与共的世界；

将共同见证我们这一代人的新长征。

海霞：《义勇军进行曲》，这不屈的旋律和必胜的强音即将再次唱响，让我们的心跳随她跃动，让我们的脚步随她前进，前进，前进进！

鸣礼炮

【标兵就位】

康辉：标兵是阅兵场上标定位置界线的军人，60 名标兵以标准的正步，走向指定位置。

标兵就位

海霞：脚踏着祖国大地，人民军队牢记宗旨、担当使命，用忠诚和热血为国家富强、民族振兴、人民幸福建立了不朽功勋。

康辉：与祖国共奋进，人民军队由单一军种的军队发展成为诸军兵种联合，基本实现机械化、加快迈向信息化的强大军队。

【向三面旗帜致敬】

海霞：这次国庆阅兵增设了一个庄严的仪式，习近平主席将在党旗、国旗和军旗前，向三面光辉的旗帜行注目礼。

【检阅车出发】

（现场，无解说）

【检阅车折返】

康辉：这次阅兵是中国特色现代军事力量体系建设成果的充分展示，集中体现信息主导、体系支撑、精兵作战、联合制胜的特点。

海霞：这是中国特色社会主义进入新时代的首次国庆阅兵。

康辉：这是共和国武装力量改革重塑后的首次整体亮相。

海霞：现在，习近平主席乘坐的检阅车已经从折返点返回。

康辉：建设一支听党指挥、能打胜仗、作风优良的人民军队，把人民军队建设成为世界一流军队，这是党的重托，也是人民的期盼。

海霞：整齐的方阵，展现了共和国钢铁长城的时代风貌；铿锵的誓言，传递了全军将士对统帅的信赖拥戴。

康辉：关山飞渡的新征程，离不开登高望远的领路人。坚持以习近平新时代中国特色社会主义思想为指导，深入贯彻习近平强军思想，增强“四个意识”，坚定“四个自信”，做到“两个维护”，贯彻军委主席负责制，全军官兵思想上高度自觉、政治上高度自觉、行动上高度自觉。

海霞：为巩固中国共产党领导和社会主义制度提供战略支撑，为捍卫国家主权、统一、领土完整提供战略支撑，为维护国家海外利益提供战略支撑，为促进世界和平与发展提供战略支撑。人民军队重任在肩、奋勇向前。

康辉：刚刚接受了统帅检阅的徒步方队现在已经调整完队形，驾驶车辆和操作装备的官兵也已经进入自己的战斗岗位。空中梯队的战机已经陆续起飞，一会儿他们将飞越天安门广场，接受检阅。分列式即将开始，47 个地面方队，12 个空中梯队将从天安门前豪迈地通过。

海霞：强国必须强军，军强才能国安。党的十八大以来，党中央、中央军委和习主席领导人民军队，以党在新时代的强军目标为引领，贯彻新时代军事战略方针，政治建军铸就忠诚，改革强军体系重塑，科技兴军跨越发展，依法治军严明纲纪，练兵备战锻造胜战之师，面向未来塑造世界一流军队，人民军队体制一新、结构一新、格局一新、面貌一新，中国特色强军之路越走越宽广。

【分列式】

康辉：旗帜引领方向，旗帜凝聚力量。空中护旗梯队破空而来，拉开了分列式的序幕。

海霞：20 架直升机汇成巨大的“70”字样，象征着中华人民共和国走过的 70 年光辉历程。

空中护旗梯队

康辉：回望历史，放眼世界，今天的中国，比历史上任何时期都更接近中华民族伟大复兴的目标，比历史上任何时期都更需要建设一支强大的人民军队。

海霞：正在走来的 15 个地面徒步方队，来自战略战役联合作战指挥机构、诸军兵种部队、院校科研单位等，这种组合方式，体现了解放军、武警部队、民兵“三结合”的武装力量体制。

康辉：鲜红的旗帜迎风招展，中国人民解放军仪仗方队高擎党旗、国旗、军旗阔步走来。

康辉：人民军队永远是中国共产党领导下的军队，永远是国家的捍卫者，永远是社会主义的捍卫者，永远是人民利益的捍卫者。

海霞：紧随三面旗帜，领导指挥方队接受检阅。领队是姜国平少将、陈作松少将。27 位将军和 325 位校尉军官，来自军委机关、五大战区、各军兵种和武警部队，展现了我军领导指挥体制改革后的崭新面貌，体现了练兵先练将的鲜明导向。

康辉：现在走来的是陆军方队，领队是林向阳少将、唐兴华少将。作为人民军队中最早诞生的军种，从战火硝烟中一路走来。人民陆军正加快提高精确作战、立体作战、全域作战、多能作战、持续作战的能力。

海霞：海军方队走过来了，领队是周名贵少将、梁旭少将。从浅蓝走向深蓝，从近海防御走向远海防卫，与新中国同龄的人民海军，一路劈波斩浪，纵横万里海疆，勇闯远海大洋。

康辉：现在走过来的是空军方队，领队是景涛少将、赵永远少将。人民空军成立不久后就开赴战场，为捍卫和平而战。70 年搏击长空，逐梦蓝天，与共和国一起展翅高飞。今天的人民空军正向着空天一体、攻防兼备的战略目标迈进。

海霞：现在走过来的是火箭军方队，领队是薛今峰少将、张凤中少将。火箭军的常规导弹和核导弹动于九天之上，打得越来越远，越来越准，越来越难以防御，经过半个多世纪的潜心砺剑，火箭军已成为核常兼备、全域慑战的战略军种。

康辉：战略支援部队方队首次出现在国庆阅兵中，领队是王学武少将、康怀海少将。战略支援部队在改革强军中诞生，为人民军队输送现代战争“内功”，是维护国家安全的新型作战力量。

海霞：联勤保障部队方队也是第一次亮相天安门广场。领队是刘向东少将、任延兵少将。兵马未动，保障先行，现代战争需要规模惊人的能源和物资供应，需要科学、高效、精准、从不“掉链子”的联合保障。

康辉：现在接受检阅的是武警部队方队，领队是赵东方少将、张卫国少将。多能一体，维稳维权，武警部队常年奋战在执勤、处突、反恐、维权执法和抢险救援第一线，维护国家安全、政治安全和社会稳定，保卫人民美好生活，永远做党和人民的忠诚卫士。

海霞：女兵方队走过来了，领队是程晓健少将、唐冰少将。352 名女兵来自各军兵种和武警部队。飒爽英姿五尺枪，她们在火热军营中放飞青春，成就梦想。

康辉：现在走过来的是院校科研方队，领队是衣述强少将、栾复新少将。受阅队员来自军事科学院、国防大学、国防科技大学。面向战场、面向部队、面向未来，培养一流军事人才，军事科研工作开创崭新局面。

海霞：文职人员方队首次亮相阅兵场，领队是王海涛、王华岩。汇聚天下英才，壮大强军事业。伴随着人民军队改革重塑，各方面的优秀人才汇入军营，用知识和智慧助力国防和军队现代化。

康辉：现在走过来的是预备役部队方队，领队是高新江大校、预备役军官徐振刚大校。建设祖国有作为，保卫祖国有能力。预备役部队是人民解放军的后备力量，和现役部队一体建设运用、稳步推进。

海霞：现在走过来的是民兵方队，领队是赵冰清、廖炜炜。受阅女民兵来自首都各行各业。民兵源自百姓，定期接受军事训练，保持战斗能力。兵民是胜利之本，高技术战争条件下，人民战争依然是克敌制胜的重要法宝。

康辉：蓝色贝雷帽，荒漠迷彩服，维和部队方队阔步走来，领队是徐有泽少将、马宝川少将。我国是联合国安理会常任理事国中派出维和官兵最多的国家，2500 多名中国军人坚守在 7 个维和任务区，8000 人的维和部队待命出征，先后有 13 名维和勇士牺牲在异国他乡，中国军人用热血和生命谱写了维护世界和平的大国担当。

海霞：轰鸣声由远而近，装备方队即将进场。受阅的 70 个型号的装备均为中国制造，40% 是首次亮相。32 支装备方队编为 7 个作战模块，分别是陆上作战、海上作战、防空反导、信息作战、无人作战、后装保障和战略打击，按照联合作战编成接受检阅。

维和部队方队

海霞： 由解放军和武警部队荣誉功勋部队代表组成的战旗方队正浩荡而来。领队是五大战区主要指挥员，他们是刘粤军上将、王建武中将、赵宗岐上将、李桥铭中将、朱生岭上将。

康辉： 100 面鲜红的战旗迎风飘扬，100 个英雄部队的荣誉称号气壮天地。为什么战旗美如画？英雄的鲜血染红了它。人民军队基因永不磨灭，红色血脉永远传承。

海霞： 机动作战，勇往直前。陆上作战模块即将接受检阅。

海霞： 坦克方队气势磅礴，领队是李明少将。22 辆 99A 坦克呈“箭”形布阵，如战场霹雳，长驱直入。99A 坦克是我国自主研发的主战坦克，具备优异的火力、机动、防护和信息化水平。

康辉： 紧随而来的是轻型装甲方队，领队是邝德旺少将、王永胜少将。方队由 15 式新型轻型坦克、04A 式履带步战车和履带指挥车混合编成。这些机械化、信息化装备，能够快速部署、快速反应、快速突击，是陆上应急作战的“急先锋”。

贴地摄像机拍摄的坦克画面

海霞：现在驶来的是海军陆战队抽组的两栖突击车方队，领队是祝传生少将、沙成录少将。受阅的05A式两栖装甲突击车，既能陆地作战，也可以近海航渡，向目标海滩发起攻击，让我军在抢滩登陆作战中，进攻矛头更锋利，防护盾牌更坚固。

康辉：空降兵战车方队接受检阅，领队是邱火林少将、陈涛少将。受阅的轻型履带步战车可以空投在敌人纵深地带或要害目标附近，让空降兵一落地，手头就有重家伙。它们从天而降，雷霆一击，是联合作战体系中的尖刀利刃。

海霞：自行火炮方队，领队是张剑锋少将、何纪抗少将。箱式火箭炮集远程压制、精确打击和信息化作战于一体，一次调炮、多点攻击。155毫米车载加榴炮是新型炮兵压制武器系统，火力更猛、精度更高、机动性更强。

康辉：现在驶来的是反坦克导弹方队，领队是邹美余少将、李振领少将。受阅的红箭-10 反坦克导弹，既能精确打击地面目标，又能抗击低空低速的飞行目标。目前，我军已经形成多种发射类别、多种射程、多种制导方式的反坦克装备体系。

海霞：特战装备方队，领队是田越少将、王信民少将。全地形车机动灵活，空中突击旋翼机展翅欲飞，两型装备适应复杂战场环境，兵力兵器实现快速投送、灵活部署，是破袭突击、出奇制胜的拳头力量。

康辉：紧随而来的是武警反恐突击方队，领队是刘兴立少将、王再发少将。受阅的反恐突击车和防暴装甲车，灵活机动，具备多种打击能力，能灵活地选择攻防手段，是武警部队维护国家安全和社会稳定的重要装备。

海霞：乘风破浪，向海图强。海上作战模块即将接受检阅。

海霞：首先开过来的是岸舰导弹方队，领队是王显峰少将、吴育红少将。受阅的鹰击-12B 岸舰导弹，可以打击大中型水面舰艇，对海突击威力大，反应迅速射程远，是沿海防御体系的坚实盾牌。

康辉：舰舰 / 潜舰导弹方队开过来了，领队是刘杰少将、姜平少将。受阅的鹰击-18 和鹰击-18A 导弹，是我国新一代反舰巡航导弹，藏得好，打得准，威力大，是海上联合打击体系的利剑。

海霞：舰载防空武器方队，领队是刘宏伟少将、张宝军少将。受阅的海红旗-9B、红旗-16、红旗-10 和万发炮，共同构成远程、中程、近程和末端对空防御体系，可以拦击高速来袭的敌方战机和导弹，为海上舰艇编队撑起一方立体保护网。

康辉：铸盾长空，御敌千里。防空反导模块即将接受检阅。

康辉：预警雷达方队，领队是李国平少将、张磊少将。受阅装备是我国新一代高机动多功能雷达，能够探测和锁定飞机、导弹等空天目标，提前发现这些“不速之客”。

海霞：地空导弹第一方队，领队是刘明豹少将、韩宪锋少将。受阅的红旗-9B 远程地空导弹和红旗-22 中远程地空导弹，能够在复杂电磁环境下，拦截多种空袭兵器，构筑起区域防空的坚固屏障。

地空导弹第一方队

康辉： 地空导弹第二方队，领队是朱瑞少将、董玉江少将。8 套红旗-12A 地空导弹蓄势待发，4 套红旗-6A 弹炮系统昂首向前。远中近程结合、高中低空衔接，重要地点防空能力有效提升。

康辉： 野战防空导弹方队，领队是张帆少将、裴晓昌少将。受阅的红旗-17A、红旗-16B 两型防空导弹，机动性能强，反应速度快，拦截精度高，为野战防空提供了多种手段。

康辉： 信息主导，体系制胜。即将接受检阅的是信息作战模块。

康辉： 首先开过来的是信息作战第一方队。领队是徐桂明少将、孟繁浩少将。受阅的信息侦测、数据干扰作战车组，侦察干扰能力强，既能独立遂行作战任务，又能支援战略方向联合作战，是无形战场上的神兵利器。

海霞： 信息作战第二方队，领队是李发义少将、杨小康少将。受阅的三型侦察干扰车和区域拦阻式干扰车，具有部署灵活、机动性强等特点。新型电子对抗装备，为我军赢得复杂电磁环境下的战场主动提供坚实支撑。

康辉：信息作战第三方队，领队是孙宝泰少将、景贤舫少将。受阅的频谱监测车、无线电接入节点车、卫星通信车和散射通信车，是联合作战、体系制胜的可靠通信保障，能确保部队在严酷战争环境下通信畅通，耳聪目明。

海霞：信息作战第四方队，领队是邓洪勤少将、金锋少将。气象水文观测车、地形勘测车、预报保障车、测绘导航车，能快速获取、处理和传输战场环境信息，让指挥员对战场条件了如指掌，是我军全域作战的重要保障力量。

康辉：智能对抗，引领前沿。无人作战模块即将接受检阅。

康辉：无人作战第一方队，领队是姜鹏少将、顾庆友少将。高空高速无人侦察机、侦察校射无人机、小型近程侦察无人机和中程高速无人机，能实时感知战场态势，精准引导火力打击。

海霞：无人作战第二方队，领队是王燕崎少将、乔亚军少将。受阅的攻击-2 无人机能够提供强大的火力支援，攻击-11 无人机能够对敌人纵深目标实施精确打击，反辐射无人机可以压制摧毁防空预警系统。

康辉：无人作战第三方队，领队是李广泉少将、徐贵福少将。受阅的两型侦察干扰无人机和水下无人潜航器，上天入海，纵横驰骋，是我军新型作战力量创新发展的显著成果。

海霞：联合作战，保障先行。后勤装备保障模块即将接受检阅。

海霞：现在开过来的是补给供应方队，领队是白忠斌少将、徐宝龙少将。受阅装备由野战净水车、野战站台车、运加油车、主食加工方舱混编而成。有了它们，官兵饮水吃饭，战场应急装卸，装备加油补给，都更有保障。

康辉：正在接受检阅的是抢修抢救方队，领队是沈竹君少将、汤辛少将。受阅的野战手术方舱、装备抢救车、拆装修理车、装甲抢救车和装甲抢修车，共同构成了现代战场上人员和装备的“移动医院”。

海霞：大国长剑，浩荡东风。战略打击模块即将接受检阅。

海霞：首先通过的是东风-17 常规导弹方队，领队是张建强少将、王新国少将。东风快递，使命必达。首次公开亮相的东风-17 常规导弹具备全天候、无依托、强突防等特点，可对中近程目标实施精确打击。

康辉：长剑-100 巡航导弹方队，领队是樊具贤少将、李家勤少将。作为长剑系列中的最新型号，长剑-100 首次亮相国庆阅兵。这款超音速巡航导弹精度高、射程远、反应速度快，长剑在手，敢缚苍龙。

海霞：东风-26 核常兼备导弹方队正接受检阅，领队是张继春少将、刘同江少将。这种导弹既能装核弹头，也能装常规弹头，可以跨区域机动、灵活选择发射阵地，精确打击地面、地下、海上目标。

康辉：巨浪-2 导弹方队开过来了，领队是吴栋柱少将、柳恩涛少将。巨浪-2 导弹是我国第二代潜射远程弹道导弹，它承担着支撑国家海基核威慑的重任。潜匿深海，悄无声息；巨浪奔腾，威震海天。

海霞：东风-31 甲改核导弹方队，领队是袁德华少将、何骏少将。这种导弹是我国自主研制的第二代固体洲际战略核导弹，机动性能好，生存能力强，部署转换快，打击精度高，担负着震慑强敌与核反击作战的重要使命。

康辉：东风-5B 核导弹方队，领队是汪晓初少将、邓荣珍少将。东风浩荡，雷霆万钧。东风-5B 液体洲际战略核导弹，突防能力强、毁伤威力大，是维护国家主权、捍卫民族尊严的重器。

海霞：装备方队最后一个出场的是东风-41 核导弹方队，领队是赵秋领少将、孙乐少将。战略制衡、战略慑控、战略决胜，东风-41 洲际战略核导弹，是我国战略核力量的重要支撑。

东风-41 核导弹方队

康辉： 从弹道导弹到巡航导弹，从常规导弹到核导弹，它们是支撑强国梦、强军梦的坚强实力，是维护和平、捍卫和平的坚强盾牌。这一条条巨龙或隐蔽于漫漫山野，或潜伏于茫茫大海，一旦出征就是壮怀激烈，一旦发射就是雷霆万钧。

海霞： 振翅长空，傲视苍穹，空中梯队即将接受检阅。空中梯队将展示人民军队更加完备的空中预警侦察、远程打击、战略投送、支援保障等力量体系。

康辉： 领队机梯队率先飞临，空军司令员丁来杭上将在空警-2000 预警机上担任指挥，空军八一飞行表演队的 8 架歼-10 战机护卫两翼，七道彩烟寓意着新中国 70 年的光辉历程。

海霞： 预警指挥机梯队飞过来了，空警-500、空警-200 预警机和运-8 指挥通信机，分别由 4 架歼击机护卫，编成 3 个 5 机楔形梯队。长空千里眼，云天中军帐，国产预警机指挥控制、预警探测、识别跟踪能力稳步提升。

康辉：海上巡逻机梯队由空警-500H 预警机和首次亮相的运-8 反潜巡逻机组成第一楔队；空警-200H 与运-8 技术侦察机组成第二楔队。它们是维护国家领海领空安全、维护海洋权益的重要力量。

海霞：运输机梯队飞过来了，受阅的运-20 又称“鲲鹏”，它航程远、载重大、速度快，可以在复杂气象条件下，执行长距离空中运输任务，我军战略投送能力登上新高峰。和运-20 一同受阅的运-9 也是一款国产新型运输机。

康辉：现在飞过来的是支援保障机梯队，运-9 通信对抗飞机、心理战飞机、医疗救护机和运-8 远距离支援干扰机、电子对抗侦察机、电子侦察机 6 型特种飞机，混编为 2 个 3 机楔形编队。支援保障飞机的列装，有效提升了我军联合作战、全域作战能力。

海霞：轰炸机梯队正呼啸而来，3 架轰-6N、6 架轰-6K，分为 3 个 3 机楔队。第一次亮相的轰-6N 为国产新型远程战略轰炸机，可以空中受油。这两型轰炸机能够实施远程奔袭、大区域巡航和防区外打击。

康辉：加受油机梯队飞过来了，轰油-6 伸出输油管，演示为歼-10B 战斗机空中加油，受油机距离加油机的加油锥套只有 5 米。长着翅膀的加油站，让战机有了更大的作战半径。

海霞：舰载机梯队接受检阅，歼-15 战机把人们的思绪带到了海天之间，带到了辽宁舰甲板上。航母是现代海军的重器，舰载机是航母的刀锋。

康辉：歼击机梯队进入我们的视野，5 架歼-20、5 架歼-16 和 5 架歼-10C 战机组成 3 个楔队接受检阅。今天，中国的歼击机家族不断壮大，为夺取战场制空权增添了制胜砝码。

海霞：陆航突击梯队正在接受检阅，5 架直-9 武装侦察直升机组成了侦察警戒分队，9 架直-10 武装直升机组成火力突击分队，3 架直-19 武装直升机、6 架直-20 战术通用直升机、9 架直-8B 运输直升机混编为运输分队，8 架直-19 武装直升机担任护卫任务，其中直-20 战术通用直升机是首次亮相阅兵场。飞旋的铁翼为陆军插上了腾飞的翅膀。

康辉：最后接受检阅的是教练机梯队，由 5 架歼教 -10、5 架歼教 -9 和 12 架歼教 -8 组成，其中歼教 -10 加挂武器后，可以执行空战任务。机群飞过，彩烟绚丽，余味悠长。

【群众游行】

康辉：今天，10 万群众和 70 组彩车将组成 36 个方阵和 3 个情境式行进，以“同心共筑中国梦”为主题，分为“建国创业”“改革开放”“伟大复兴”三个篇章，展现中国共产党团结带领全国各族人民从站起来、富起来到强起来的伟大征程。

海霞：“国旗”方阵、“国庆年号和国徽”方阵、“致敬”方阵，拉开了群众游行的序幕。

海霞：“国旗”方阵由高举巨幅国旗的 1949 名青年组成。70 年前就在这里，五星红旗和世人初次见面。70 年后的今天，她比任何时候都更加闪耀鲜艳。

康辉：2019 名青年组成“国庆年号和国徽”方阵。1949 到 2019，70 年栉风沐雨，70 年砥砺奋进。庄严神圣的国徽巍然屹立，这是我们伟大祖国的象征，代表着全体中国人民的尊严和力量。

“国庆年号和国徽”方阵

海霞：一曲《红旗颂》奏响，“致敬”方阵的 21 辆礼宾车徐徐驶来。第一辆礼宾车上，是 6 位新中国缔造者的亲属代表，3 位老一辈科学家的家属代表和 9 位老红军、老八路军、老解放军。

紧随而来的 20 辆礼宾车上，也坐着老一辈党和国家、军队领导人亲属代表；老一辈建设者和家属代表；新中国成立前参加革命工作的老战士，老一辈军队退役英模、民兵英模和支前模范代表。

康辉：一切向前走，都不能忘记走过的路。为了民族独立、人民解放和国家富强、人民幸福，无数先辈筑起了坚不可摧的血肉长城，铸就了坚强不屈的民族脊梁。

海霞：一部民族史，一部奋斗史，一部英雄史。英雄胸前的勋章、奖章凝结着人民的敬意，后代手中的荣誉牌和纪念物铭刻着国家的记忆。一个有希望的民族不能没有英雄，一个有前途的国家不能没有先锋。今天，让我们再次向共和国的英雄和先锋致敬！

康辉：今天，我们比历史上任何时期都更接近、更有信心和能力实现中华民族伟大复兴的目标。

康辉：今天，老一辈的革命理想、优良传统和时代精神将继续激励我们，不忘初心、牢记使命、永远奋斗，向着这个宏伟目标奋勇前进！

海霞：群众游行第一部分“建国创业”由 5 个方阵组成，打头的是“开天辟地”方阵。

海霞：中国诞生了共产党，这是开天辟地的大事变。彩车上，热血青年手持火把，拨开历史的迷雾，攀登真理的高峰，取来信念的火种，点亮革命的火炬，“星星之火”渐成燎原之势，荡涤风雨如磐的暗夜，燃烧成光耀中华的绚烂日出。

康辉：从上海“石库门”、嘉兴“南湖红船”到北京天安门，从开天辟地到改天换地，凝结了一个民族刻骨铭心的磨难与觉醒、一个政党矢志不渝的奋斗与探索、一个国家波澜壮阔的进步与崛起。

海霞：“浴血奋战”方阵中，三辆并行的彩车上，八一勋章、独立自由勋章和解放勋章熠熠生辉。金色勋章是建功立业的历历铭记，红色绶带是拼搏奋战的滚滚热血。

抗击侵略，救亡图存，反抗压迫，争取自由，中国共产党团结带领中国人民浴血奋战 28 年，谱写了一曲气壮山河的英雄赞歌。

为有牺牲多壮志，敢教日月换新天。牢记革命历史，传承红色基因，我们必将从胜利走向新的胜利！

康辉：簇拥着毛泽东同志巨幅画像和标语的“建国伟业”方阵向我们走来。

以毛泽东同志为主要代表的中国共产党人，创立了毛泽东思想，团结带领全党全国各族人民，取得了新民主主义革命的胜利，建立中华人民共和国，中华民族的发展进步从此开启了新纪元。中国人民，站起来了！五洲寰宇，换了人间！

海霞：红旗漫卷，红绸翻飞，游行群众跳起了热情欢腾的《红绸舞》。“当家作主”方阵展现了亿万中国人民当家作主后的喜悦心情。

“当家作主”方阵

彩车上的巨型雕塑，再现了“人民代表意气风发步出人民大会堂”的经典场景。中国人民，终于成为国家的主人、社会的主人、自己命运的主人。

康辉：“艰苦奋斗”方阵向我们走来。王进喜、时传祥……每一个名字都让我们永远铭记。正是这种自力更生、艰苦奋斗的精神，让新中国从“一穷二白”中艰难走来，在砥砺奋进中拼搏成长。

钢花飞溅、铁水奔流、石油流淌、麦浪滚滚，中华儿女满腔豪情，社会主义建设热火朝天。奋斗本身就是一种幸福，新时代依然是属于奋斗者的时代！

“艰苦奋斗”方阵

海霞：长安街上熙熙攘攘的自行车流，是属于一代人的青春记忆。少男少女拨响车铃穿梭而过，仿佛时光倒流，开启了第一段情境式行进“青春万岁”。

一代青年有一代青年的青春之歌，实现中华民族伟大复兴，中国青年始终是先锋力量。

康辉：群众游行第二部分“改革开放”由9个方阵组成。簇拥着邓小平同志巨幅画像和标语的“关键抉择”方阵正向我们走来。

以邓小平同志为主要代表的中国共产党人，团结带领全党全国各族人民，创立了邓小平理论，作出实行改革开放的历史性决策，确立社会主义初级阶段基本路线，成功开创了中国特色社会主义。

改革开放，是决定当代中国命运的关键一招，实现了中华民族从站起来到富起来的伟大飞跃！

海霞：中国革命，从农村出发；中国改革，从农村突破。

来自安徽凤阳小岗村、浙江安吉余村等地的农村改革领头人，和农民群众代表组成“希望田野”方阵，带着丰收的喜悦向我们走来。

这是一块永远孕育着希望的热土，撒上火种，它就燃起燎原的烈焰；吹过春风，它就涌起翻滚的麦浪。

康辉：时间就是金钱，效率就是生命。新中国在改革开放的浪潮中加快了前进的脚步。

“春潮滚滚”方阵中，深圳、厦门等经济特区，万丈高楼平地起，谱写了改革开放的壮丽篇章。

一代代的开拓者和建设者，以“拓荒牛”的精神，书写了一个个让世界瞩目的中国奇迹。

海霞：簇拥着江泽民同志巨幅画像和标语的“与时俱进”方阵正向我们走来。

以江泽民同志为主要代表的中国共产党人，团结带领全党全国各族人民，形成了“三个代表”重要思想，在严峻考验面前捍卫了中国特色社会主义，开创了全面改革开放新局面，成功把中国特色社会主义推向21世纪。

世纪之交，风云际会，辉煌的成就，证明了中国特色社会主义制度的蓬勃生机和光明未来。

康辉：港澳台同胞和各界群众组成了“一国两制”方阵，他们挥舞旗帜，欢呼致意，为共和国的生日献上儿女们最赤诚的祝福。

“一国两制”伟大构想具有强大生命力。只要坚持全面准确理解和贯彻“一国两制”方针，严格按照宪法和基本法办事，香港和澳门必将拥有更加美好的明天。

海霞：岁月如斯，不舍昼夜。“跨越世纪”方阵中，圆形日晷上流转着金色的光芒。世纪之初呱呱坠地的“世纪宝宝”们，如今已长成英姿勃发的青年。

源远流长的古老中国，历久弥新；跨越世纪的青春中国，风华正茂！

康辉：簇拥着胡锦涛同志巨幅画像和标语的“科学发展”方阵向我们走来。

以胡锦涛同志为主要代表的中国共产党人，团结带领全党全国各族人民，形成了科学发展观，形成中国特色社会主义事业总体布局，成功在新的历史起点上坚持和发展了中国特色社会主义。

以人为本民心皆暖，和谐世界天下共赢。

海霞：“众志成城”方阵的彩车上，汶川映秀小学、红白镇的红顶民居、阿坝古堡新寨，这些都是在废墟上建立的新家园。时光荏苒，当年的“敬礼娃娃”，今天已经是青春少年。

方阵中，有参与抗击“非典”的医护工作人员，有参与汶川重建的解放军和武警部队官兵、救援队员、消防指战员、医疗队员、志愿者和各界群众。在无情灾害面前，我们万众一心，创造了抢险救灾和灾后重建的双重奇迹。

康辉：“北京欢迎你”，这熟悉的旋律把我们拉回到了2008年的那个盛夏。百年奥运，百年梦圆。

只有上下一心的国家、富有进取心和想象力的国家，才能有那样的华彩呈现。“给中国一个机会，还世界一个奇迹。”2022年冬奥会，我们继续相约北京！

海霞：激昂雄壮的鼓点催人奋进，中国功夫和舞狮表演的互动组合，开启了第二段情境式行进“东方雄狮”。

睡狮早已醒来，雄狮昂首东方。美哉，我少年中国，与天不老！壮哉，我中国少年，与国无疆！

康辉：群众游行第三部分“伟大复兴”由18个方阵组成。簇拥着习近平同志巨幅画像和标语的“伟大复兴”方阵向我们走来。

党的十八大以来，以习近平同志为核心的党中央，团结带领全党全国各族人民，进行伟大斗争、建设伟大工程、推进伟大事业、实现伟大梦想，创立了习近平新时代中国特色社会主义思想，推动党和国家事业发生了历史性变革，取得了历史性成就。

中国特色社会主义进入新时代！中华民族迎来了从站起来、富起来到强起来的伟大飞跃！

海霞：科学技术是第一生产力，创新是引领发展的第一动力。科技创新领域的代表组成“创新驱动”方阵，自信昂扬地向我们走来。

高铁、天宫、蛟龙，搭载着“天眼”“北斗”“C919大飞机”“长征三号”“天河二号”等大国重器，驰骋在科技强国的征途上。

三辆彩车在行进中首尾相连，组成一列高速飞驰的“复兴号”，驶向更加美好的明天。

“创新驱动”方阵

康辉：“区域协调”方阵中，四条龙舟你追我赶，旋转“魔方”气象万千。东西南北纵横联动发展的新格局全面铺展。

京津冀、长江经济带、粤港澳、长三角“四大战略”齐头并进；西部开发、东北振兴、中部崛起、东部率先“四大板块”协调发展。

海霞：村口杨柳依依，院内海棠盛开，一幅幅农民画，描绘出新时代的美丽乡村。农村致富带头人、劳动模范和农民群众组成的“乡村振兴”方阵向我们走来。

产业兴旺、生态宜居、乡风文明、治理有效、生活富裕，中国农民的美好梦想正在变成现实。

康辉：《宣誓号角》乐曲奏响，“民主法治”方阵向我们走来。

彩车上，人民大会堂的五星穹顶星光灿烂，《中华人民共和国宪法》庄严神圣，金色大手托起的，是我们共同捍卫人民民主的决心，是我们共同捍卫宪法法律尊严的承诺。

“民主法治”方阵

海霞：56 个民族 56 枝花，56 族兄弟姐妹是一家。“民族团结”方阵的各族群众手拉手，载歌载舞而来。

彩车上“石榴瓶”光彩夺目，各民族像石榴籽一样紧紧抱在一起，血脉相连，风雨同舟。

康辉：“人民有信仰，国家有力量，民族有希望。”“凝心铸魂”方阵走来，习近平新时代中国特色社会主义思想的火炬凝聚起强大的精神力量。

强信心、聚民心、暖人心、筑同心，为国家立心，为民族立魂，14 亿人一心谋发展，发展就有不竭动力，14 亿人共爱一个家，祖国就日新月异，欣欣向荣。

海霞：“中华文化”方阵的彩车上好戏连台，乐手八音迭奏，舞者摇曳生姿，戏曲精彩绝伦，百花齐放，各展芳华。

一个民族的复兴需要强大的物质力量，也需要强大的精神力量。文化兴国运兴，文化强民族强。

康辉：“老师好！”“同学们好！”“立德树人”方阵中的师生代表们挥舞着校旗，簇拥着彩车从青春的歌声中走来。

“打开的书本”生长出硕果累累的“知识树”，数据链组成的树干上耸立着“教育云”。三尺讲台系国运。只有德、智、体、美、劳全面发展的新一代，才能真正肩负起民族复兴的重任。

海霞：竞技体育成绩傲人，全民健身蓬勃开展，冬奥筹备卓有成效，冰雪运动快速普及。

“体育强国”方阵彩车以“冰丝带”速滑馆造型为底座，以“首钢滑雪大跳台”造型为车体。北京冬奥会和冬残奥会的吉祥物“冰墩墩”“雪容融”正在彩车上向大家招手示意。

康辉：走在小康路上，一路歌美花香。来自独龙江乡、十八洞村等地的驻村“第一书记”们出现在“脱贫攻坚”方阵的彩车上。

6 年时间，8000 多万人脱贫，这是中国减贫史上的壮举，这是人类社会难以想象的奇迹！

“体育强国”方阵

康辉：2020年，坚决打赢脱贫攻坚战。中华民族千百年来存在的绝对贫困问题将在我们这一代人的手里彻底解决。

海霞：美好生活是什么？是环卫工人清扫的整洁环境，是快递小哥便捷的物流服务，是医生护士的悉心照料，是最美家庭的幸福相伴，是老年模特队的奕奕神采，是残障人士的方便出行。

彩车上“幼有所育、学有所教、劳有所得、病有所医、老有所养、住有所居、弱有所扶”的生活场景一一呈现。

美好生活从哪来？中国人的回答是：从奋斗中来！

康辉：青山悠悠，绿水荡漾，生态环保战线的工作者组成“绿水青山”方阵。

最严厉的环保执法，最大力度的环保投入，最深入人心的绿色生活理念，小到垃圾分类，大到江河治理。

“绿水青山就是金山银山”，这不仅是金句，更是中国最接地气的新发展理念。

海霞：巨大的鲲鹏造型彩车引领“中华儿女”方阵向我们走来。鲲鹏展翅，扶摇直上，象征着中华民族生生不息，展翅腾飞。

紧随其后的是各省、直辖市、自治区和香港、澳门、台湾的彩车。

康辉：第一辆是“首善北京”彩车；

海霞：这是“新时代新天津”彩车；

康辉：这是“盛世雄安”河北彩车；

海霞：这是“奋进山西”彩车；

康辉：这是“亮丽北疆”内蒙古彩车；

海霞：这是“展翅腾飞”辽宁彩车；

康辉：这是“速度吉林”彩车；

海霞：这是“中华粮仓”黑龙江彩车；

康辉：这是“奋进上海”彩车；

海霞：这是“江苏智造”彩车；

康辉：这是“潮涌之江”浙江彩车；

海霞：这是“美好安徽”彩车；

康辉：这是“高素质高颜值新福建”彩车；

海霞：这是“金色赣鄱”江西彩车；

康辉：这是“国泰民安”山东彩车；

海霞：这是“出彩中原”河南彩车；

康辉：这是“光耀湖北”彩车；

海霞：这是“潇湘今朝”湖南彩车；

康辉：这是“扬帆大湾”广东彩车；

海霞：这是“壮美广西”彩车；

康辉：这是“美好新海南”彩车；

海霞：这是“魅力重庆”彩车；

康辉：这是“逐梦兴川”四川彩车；

海霞：这是“多彩贵州”彩车；

康辉：这是“七彩云南”彩车；

海霞：这是“幸福西藏”彩车；

康辉：这是“壮阔三秦”陕西彩车；

海霞：这是“交响丝路　如意甘肃”彩车；

康辉：这是“中华水塔”青海彩车；

海霞：这是“建设美丽新宁夏”彩车；

康辉：这是“美丽新疆”彩车；

海霞：这是“香港，进”彩车；

康辉：这是“莲花绽放”澳门彩车；

海霞：最后一辆是“宝岛台湾”彩车。

康辉：一曲《千年之约》，婉转悠扬。中外青年携手前行，组成“人类命运共同体”方阵。

彩车上，“一带一路”通古今，“友谊之桥”跨海陆，和平风帆共五洲。中国发展离不开世界，世界发展也需要中国。今天的节日，属于中国人民，也属于热爱和平的世界人民。

海霞：“从严治党”彩车上是全国先进基层党组织代表和全国优秀党务工作者代表，中央“八项规定”精神、“民有所呼，我有所应”、“学习强国”等新时代的党建成果生动呈现。

中国特色社会主义进入新时代，党内政治生态展现新气象，反腐败斗争取得压倒性胜利，全面从严治党取得重大成果。党的面貌焕然一新，党群关系、干群关系更加紧密。

康辉：“不忘初心”方阵的彩车上，焦裕禄、孔繁森、杨善洲等各个时期优秀共产党员的彩塑屹立山肩，全国优秀共产党员环立山腰。共产党人“全心全意为人民服务”，承诺如山。

“不忘初心”方阵

海霞：七十载惊涛拍岸，九万里风鹏正举。“扬帆远航”方阵的“中国号”巨轮两侧云帆徐徐升起，乘着新时代的浩荡东风，承载着14亿中国人民的梦想，劈波斩浪，扬帆远航。

“直挂云帆济沧海。”中国共产党掌舵领航，“中国号”巨轮向着实现中华民族伟大复兴的目标，奋勇前进！

康辉：红旗翻飞，鼓点激昂，2019名少先队员组成的行进乐团带来了第三段情境式行进“同心追梦”。

少年当立凌云志，报效祖国会有时。中华民族伟大复兴的中国梦，终将在接续奋斗中成为现实。

海霞：“我和我的祖国，一刻也不能分割”，这是我们心中永远的歌。

康辉：5000名首都各界群众组成了“祖国万岁”方阵。

海霞：七十载风雨兼程，七十载岁月峥嵘。

康辉：七十载沧桑巨变，七十载春华秋实。

海霞：“祖国万岁”大花篮，繁花锦簇，万紫千红。盘旋上升的红绸带，寓意人民共和国发展蒸蒸日上。

海霞：70 年弹指一挥间，70 年我们重整行装再出发。

让我们紧密团结在以习近平同志为核心的党中央周围，高举中国特色社会主义伟大旗帜，以马克思列宁主义、毛泽东思想、邓小平理论、“三个代表”重要思想、科学发展观、习近平新时代中国特色社会主义思想为指导，为实现“两个一百年”奋斗目标和中华民族伟大复兴的中国梦而努力奋斗！

海霞：我们祝福祖国更加繁荣富强！

康辉：我们祝福人民更加幸福安康！

合：我们祝福明天更加灿烂辉煌！

“祖国万岁”方阵

第二节 庆祝中华人民共和国成立70周年大会、阅兵、群众游行“中国之声”现场直播稿

【直播片花】

回望七十载风雨兼程
礼赞七十载丰功伟业
见证国之大典的隆重与庄严
共享盛世华诞的喜悦和荣光
庆祝中华人民共和国成立70周年大会隆重举行
习近平发表重要讲话
盛大阅兵，彰显国威军威
十万群众游行，同心筑梦未来
中央广播电视总台现场直播

子文： 中央广播电视总台！

林溪： 中央广播电视总台！

子文： 各位听众，台湾同胞、港澳同胞、海外侨胞、全世界的中华儿女——

合： 大家节日好！

林溪： 这里是首都北京，我是中国之声主持人林溪。

子文： 我是中国之声主持人子文。

林溪： 今天，我们满怀喜悦迎来了新中国70华诞。960多万平方公里的神州山川，14亿中华儿女，共唱同一首歌、共享节日盛会、共祝共和国生日快乐！

子文： 庆祝中华人民共和国成立70周年大会今天上午10点在北京天安门广场隆重举行，这次大会是以中共中央、全国人大常委

会、国务院、全国政协、中央军委的名义举行的。中共中央总书记、国家主席、中央军委主席习近平将发表重要讲话。庆祝大会后，还将举行盛大的阅兵和群众游行。

林溪：今晚，天安门广场还将举办首都国庆联欢活动，党和国家领导人同首都各界群众代表一起联欢，并观看盛大的文艺演出和烟火表演。

子文：现在，我们是在位于天安门城楼上的中央人民广播电台直播席，为您播音。

林溪：中央广播电视总台所属中国之声、经济之声、音乐之声、经典音乐广播、文艺之声、中华之声、神州之声、中国交通广播、中国乡村之声、环球资讯广播、华语环球广播、南海之声并机直播庆典盛况，央广网、央广新闻客户端音频同步直播，各地人民广播电台也将同步转播。

子文：70 年前的今天，中央人民广播电台就是在这里向全世界直播了开国大典的实况，毛泽东主席庄严宣告“中华人民共和国中央人民政府成立了”，声音通过电波传向全世界，也震撼了全世界。

林溪：从 1949 到 2019，古老又现代的北京城，见证了 70 年的披荆斩棘，70 年的风雨兼程，70 年的砥砺奋进。今天，雄伟壮丽的天安门广场又一次披上了节日的盛装。处处鲜花簇拥、红旗猎猎，洋溢着浓郁的节庆气氛。

子文：广场东西两侧，200 多米的大型“红飘带”主题景观雕塑庄重、灵动，寓意着红色基因连接历史、现实与未来。“红飘带”内外两侧分别为山水景观和 56 个民族载歌载舞的人物造型，呈现出一幅山青水绿、美丽祥和的盛世图景。

林溪：70 只红灯笼分成两列，高悬在广场上空，与“红飘带”相互辉映，把广场装点得喜庆、欢愉。和天安门东西两侧的观礼台相对应，天安门广场旗杆两侧、人民大会堂北门前也搭建了多处临时观礼台，让更多的群众能够在现场观礼。现在，观礼台上已经坐满了观礼嘉宾。

子文：新中国成立 70 周年，是全国人民共同的节日。今天，来自全国各行各业、各族各界的代表，港澳台地区代表，以及海外华侨、外国友人代表，都将在这里共同欢庆中华人民共和国 70 华诞。

林溪：70 年一路走来，人民，始终是共和国的坚实根基；人民，创造了举世瞩目的中国奇迹。人民群众，也是今天各项庆祝活动的主角。比如，上午的群众游行，将有 10 万多名各界群众参加，我们熟悉的快递小哥、广场舞阿姨、农民工兄弟，都将出现在今天的群众游行队伍里。

子文：晚上的联欢活动，也将有 6 万多名首都各界群众参与。今天是一个举国欢庆的日子，让我们一起共庆新中国华诞、共享伟大荣光。

各界群众代表出席庆典

林溪：今天的庆祝活动将充分展示中华人民共和国成立70年来的光辉历程、伟大成就和宝贵经验，突出展示党的十八大以来以习近平同志为核心的党中央团结带领全党、全军、全国各族人民，进行伟大斗争、建设伟大工程、推进伟大事业、实现伟大梦想、推动党和国家事业取得的历史性成就、发生的历史性变革。

子文：庆祝活动将激励和动员全党、全军、全国各族人民更加紧密团结在以习近平同志为核心的党中央周围，不忘初心，牢记使命，为决胜全面建成小康社会、夺取新时代中国特色社会主义伟大胜利、实现中华民族伟大复兴的中国梦不懈奋斗。

【直播片花】

回望七十载风雨兼程
礼赞七十载丰功伟业
见证国之大典的隆重与庄严
共享盛世华诞的喜悦和荣光
庆祝中华人民共和国成立70周年大会隆重举行
习近平发表重要讲话
盛大阅兵，彰显国威军威
十万群众游行，同心筑梦未来
中央广播电视总台现场直播

林溪：现在，我们把目光投向天安门广场中央，金色的“国庆”字样和“1949”“2019”年号醒目树立，人民英雄纪念碑高大庄严，从纪念碑到国旗旗杆基座的中轴线上，已经铺好长长的红色地毯。人民英雄纪念碑正北方向，竖立着中国民主革命的伟大先行者孙中山先生画像。稍后，国旗仪仗队将从纪念碑出发，在全世界注视下，升起中华人民共和国国旗。

国旗仪仗队

子文：天安门前的五座金水桥，也已经铺上了红地毯，映衬着雕琢精美的汉白玉栏杆，分外华美庄严。中共中央总书记、国家主席、中央军委主席习近平将乘车从天安门通过金水桥，驶上长安街，检阅受阅部队。

林溪：今天的受阅部队由徒步方队、装备方队和空中梯队三部分组成。我们从天安门城楼向东望去，部分受阅部队已经到位，他们组成一个个方队，军容严整、斗志昂扬、铁甲生辉。方队从天安门东侧长安街一直向东延伸。这是新中国成立以来在天安门广场举行的第 15 次国庆阅兵。

子文：新中国成立以来的历次阅兵，都承载着不同的内涵。这次阅兵是中国特色社会主义进入新时代的首次国庆阅兵，是人民军队改革重塑后的首次集中亮相。

林溪：根据阅兵领导小组此前在新闻发布会上的介绍，此次阅兵设计将在隆重、热烈、务实、节俭的基调之上，凸显国庆阅兵的庆典特色，展示国之大典的隆重庄严，同时，也将全面展示 70 年来国防和军队建设伟大成就，展示人民军队在新的历史起点上重整行装再出发、阔步迈向世界一流军队的崭新风貌。

子文： 今天的阅兵规模将超过庆祝新中国成立 50 周年、60 周年阅兵和纪念抗战胜利 70 周年阅兵，部分先进武器装备会在此次阅兵中首次亮相。

林溪： 此刻，群众游行队伍也已经在东长安街沿线附近集结。今天的群众游行以“同心共筑中国梦”为主题，分为“建国创业”“改革开放”“伟大复兴”三个篇章，由 10 万群众和 70 辆彩车组成 36 个方阵。

子文： 每个方阵展现一个场景、讲述一段故事，将在长安街上徐徐展开一幅流动的新中国发展、新时代奋进画卷，带着大家一起回顾新中国成立 70 周年的成长和奋斗历程。

林溪： 在天安门城楼对面、国旗旗杆两侧，1300 人组成的联合军乐团和 3000 人组成的合唱团已经就位，他们将在两个多小时里现场演奏演唱阅兵和群众游行乐曲。

中国人民解放军联合军乐团

子文：天安门广场东西两侧的国家博物馆和人民大会堂平台上，红旗迎风招展。在它们的外侧，面向长安街竖立着四块大型电子屏幕，屏幕将全程播放庆典现场实况。

林溪：不论是今天的阅兵、群众游行，还是联欢活动，都有很多创新亮点，我们今天的直播将一一揭晓，让我们共同期待。

子文：现在我们看到，参加观礼的国内外贵宾身着正装，已经来到天安门城楼上。各处观礼台上，观礼嘉宾们都在热切等待着庆祝大会开始。再过一会儿，习近平等党和国家领导人将站在天安门城楼中央，和广场上各界群众以及全中国、全世界中华儿女一道，欢庆新中国成立 70 周年。

林溪：中央广播电视总台！各位听众，我是中国之声主持人林溪。庆祝中华人民共和国成立 70 周年大会今天上午 10 点在北京天安门广场隆重举行，中共中央总书记、国家主席、中央军委主席习近平将发表重要讲话，庆祝大会后还将举行盛大的阅兵和群众游行。现在，我和我的同事子文正在天安门城楼上为您播音。

子文：中央广播电视总台所属中国之声、经济之声、音乐之声、经典音乐广播、文艺之声、中华之声、神州之声、中国交通广播、中国乡村之声、环球资讯广播、华语环球广播、南海之声并机直播庆典盛况，央广网、央广新闻客户端音频同步直播，各地人民广播电台也将同步转播。

林溪：在新中国成立 70 周年的喜庆日子里，我们在天安门城楼向全国听众问好，向观礼嘉宾、受阅官兵、游行群众和所有为保障庆祝大会顺利举行的工作人员问好！

林溪：各位听众，现在，习近平、李克强、栗战书、汪洋、王沪宁、赵乐际、韩正、王岐山等党和国家领导人已经来到了天安门城楼。江泽民、胡锦涛同志来到了天安门城楼。他们将和全国亿万人民一起，庆祝新中国 70 华诞。

子文：在天安门城楼参加庆典的还有中共中央、全国人大常委会、国务院、全国政协、中央军委的领导同志和部分老同志代表，国家勋章、国家荣誉称号获得者代表等。

林溪：庆祝大会由中共中央政治局常委、国务院总理李克强主持。

子文：各位听众，天安门东侧的长安街上，受阅官兵军容整齐，游行群众已经就位。过一会儿，习近平主席将乘新型红旗敞篷检阅车，检阅受阅部队。

林溪：中央广播电视总台！各位听众，庆祝中华人民共和国成立 70 周年大会即将举行。中共中央总书记、国家主席、中央军委主席习近平将发表重要讲话。庆祝大会后，天安门广场还将举行盛大的阅兵和群众游行。

现在我们看到，长安街南北，数万名观礼观众手中挥舞着国旗，脸上洋溢着喜悦和期待。

林溪：庆祝大会马上就要开始了，全场正在静静等待。中央广播电视总台现场直播。

林溪：各位听众，现在广场大屏幕上，巨大的金色钟摆左右摆动，变幻出 1949、1959、1969 等年份字样，直到 2019。

子文：象征着 56 个民族的 56 门礼炮，整齐排列在正阳门前，礼炮将鸣放 70 响，代表中华人民共和国已经走过的 70 年不平凡岁月。

林溪：现在，222 名国旗护卫队队员，身着礼服护卫着五星红旗，从天安门广场中央的人民英雄纪念碑北侧平台出发，分两列绕过纪念碑正北方向的孙中山先生像。

子文：国旗护卫队踏上铺着红色地毯的中轴线，向广场北侧的旗杆行进。全场观众起立，行注目礼。

林溪：国旗护卫队从齐步变正步，他们将行进 168 步，象征中国共产党成立 98 年来的奋斗历程和中华人民共和国成立 70 年来的壮丽航程。

子文：此时，天安门广场庄严肃穆。人民英雄纪念碑正面的“人民英雄永垂不朽”8 个镏金大字，在阳光下熠熠生辉。

子文：3 名礼兵走在国旗护卫队最前面，中间的擎旗手手擎国旗，两名护旗手分列左右。

林溪：踏着铿锵有力的正步，国旗护卫队沿着红色地毯，正向天安门广场北侧的旗杆行进。中华人民共和国国旗——五星红旗，是新中国的象征，是中华民族的骄傲，带给我们的不仅是荣耀，更是爱国的情怀。

子文：这是国旗护卫队行进的坚定脚步，此时，整个天安门广场都在静静地倾听。

林溪：过一会儿，五星红旗将在《义勇军进行曲》激昂的旋律中，升起在天安门广场。让我们共同静静地等待。

升国旗

子文：现在，国旗护卫队已经到达国旗杆下。

子文：五星红旗就要在天安门广场升起了！

子文：中央广播电视总台！各位听众，庆祝中华人民共和国成立 70 周年阅兵活动开始了！

林溪：金水桥畔，东西华表前，各有 30 名标兵身穿 17 式军礼服，肩扛礼宾枪，迈着标准的正步，依次就位。

子文：从雄伟的天安门城楼俯瞰，60 名标兵构成一条笔直的队形，向着长安街东西两端延伸。铿锵的脚步声回响在广场上空。

林溪：各位听众，我是中国之声主持人林溪。

子文：我是中国之声主持人子文。

林溪：今天坐在我们直播席的还有央广军事观察员吕锡成。

吕锡成：听众朋友好，我是吕锡成。我将和两位主持人一起为您介绍阅兵的相关情况。

军事观察员吕锡成和主持人一起讲解

林溪：标兵既是一种礼兵，也是一种标识。60 名标兵将在金水河畔、东西华表两侧，每隔 5 米，依次排开。这是阅兵庆典的一种礼仪。阅兵分列式开始后，他们还可以为受阅官兵提供行进时的参照。

子文：此时此刻，60 名标兵已经全部就位。通过现场大屏幕我们看到，15 个徒步方队、32 个装备方队在天安门广场以东，沿着长安街北侧庄严肃立。12 个空中梯队也即将起飞编队。

林溪：今天的阅兵共编设 59 个方队、梯队，以及联合军乐团，阅兵总规模约 15 000 人，是近几次阅兵中规模最大的一次。阅兵活动将按阅兵式、分列式两个步骤进行，时长约 80 分钟。

吕锡成：阅兵式是指受阅部队在静止状态下接受阅兵首长的检阅，分列式则是指受阅部队在行进状态下接受党和国家领导人的检阅。

林溪：金秋十月，威武方阵，铁甲生辉。联合军乐团奏响了阅兵式号角。现在，中共中央总书记、国家主席、中央军委主席习近平已经离开天安门城楼。他将乘坐新型红旗敞篷检阅车，检阅受阅部队。

子文：现在，阅兵总指挥、中部战区司令员乙晓光上将身穿天蓝色的空军礼服，乘车从东长安街方向，向天安门城楼驶来。

子文：乙晓光上将向习近平主席敬礼。

林溪：现在，习近平主席乘坐的检阅车，向东缓缓驶去，中部战区司令员、阅兵总指挥乙晓光乘另外一辆车伴随在检阅车的右后侧。

吕锡成：从 1959 年国庆 10 周年阅兵开始，担任总指挥的都是当时担任北京军区司令员的军队领导。2015 年国防和军队改革后，我军七大军区停止行使指挥权，划设了五大战区，于是，阅兵总指挥改由中部战区司令员来担任。

子文：检阅车在缓缓行进，习近平主席神采奕奕地站在检阅车中央。今天他乘坐的检阅车是我国自己生产的最新型红旗牌轿车。

林溪：最先接受检阅的是 15 个徒步方队，其中有 7 个徒步方队是首次设置。现在习近平主席乘坐检阅车正在向东驶去。

林溪：此时，习主席乘坐的检阅车停在了仪仗方队的前面，他面向党旗、国旗、军旗行注目礼。

吕锡成：这是历次阅兵中从来没有过的环节。

子文：一声声亲切的问候，表达着习主席对将士们的亲切关怀；一次次响亮的回答，抒发了全军官兵对习主席的忠诚拥戴。刚刚习主席检阅了徒步方队，接下来将检阅装备方队。

林溪：习主席检阅时，领队的军官向习主席敬礼，其他官兵集体行注目礼。习主席问候时，他们就齐声响亮地回答。

子文：这次阅兵装备方队，是按战斗姿态受阅，按作战模块进行编组的。

林溪：装备方队共编有陆上作战、海上作战、防空反导、信息作战、无人作战、后装保障、战略打击等七大模块。

子文：这次阅兵亮相了众多新型装备，既包括了传统的陆、海、空等作战领域，还突出了网电作战、无人作战等新型作战能力。

林溪：受阅的这 70 种型号、580 台（套）装备，都是我国自主研制的，规模之大、类型之全，都创下了历史之最。

子文：受阅装备都按照作战模块编组，喷涂上了林地、荒漠、城市等各种新式迷彩，更加符合实战要求。

林溪：装备方队人员穿上了新式迷彩服，有的还佩戴有单兵综合作战系统，这些都体现了练兵打仗、强军备战的特点和要求。

林溪：金秋十月，首都北京，东长安街上，受阅官兵手持钢枪伫立在长安街旁，头微微扬起，目光炯炯有神，黝黑的脸庞上写满了新时代的自豪和自信！

子文：现在，我们看到习主席已经检阅完所有方队，正在准备返回。

吕锡成：今天的阅兵有多型装备是第一次亮相，所占比例超过 40%。大家想想看，四年之内，我国举行三次大阅兵，今天还能拿出这么多的高精尖武器装备，完全可以想见我军武器装备建设发展的速度和实力！

林溪：现在习近平主席乘坐的检阅车，已经开始由东长安街向西缓缓行驶，准备返回天安门城楼。当习主席乘车经过一个个地面受阅方队时，官兵们面向习主席，依次齐声高呼强军目标口号：听党指挥！能打胜仗！作风优良！

吕锡成：这是国庆阅兵式上第一次出现受阅官兵齐声高呼强军目标口号的感人场景。这一声声山呼海啸、撼人心魄的口号，就是要向军队统帅、向党和人民宣誓：我们是一支坚决听党指挥的军队，我们是一支能打仗、打胜仗的军队，我们是一支保持光荣传统和优良作风的军队。

子文：2013 年 3 月 11 日，在党的十八大后召开的第一次全国两会上，习近平主席郑重提出，要为建设一支“听党指挥、能打胜仗、作风优良”的人民军队而奋斗，明确提出党在新形势下的强军目标。

林溪：听党指挥是灵魂，能打胜仗是核心，作风优良是保证。这三条是建军治军的要害，决定着军队发展的方向，也决定着军队的生死存亡。

子文：阅兵是显示国威军威的隆重仪式，是国家军事实力的集中展示。今天的阅兵是以习近平同志为核心的党中央引领全党、全军和全国各族人民进入新时代的首次国庆阅兵，是共和国武装力量全面重塑后的首次整体亮相！

林溪：这次阅兵的目的就是宣示人民军队听党指挥的政治信念，反映全力推进改革强军的巨大成就，展示履行新时代使命任务的综合能力，展现建设世界一流军队的坚定自信。

吕锡成：今年的阅兵是新中国成立以来第 15 次国庆阅兵。自 1949 年开国大典阅兵到 1959 年，我国每年都举行国庆阅兵仪式。后来因为历史原因，国庆阅兵曾经中断过 25 年。1984 年，我国举行了国庆35周年阅兵。1999年、2009年，都是在十年大庆之际举行的大阅兵。

子文： 1949年10月1日，举世瞩目的开国大典上，举行了两个半小时的大阅兵，16 400多名陆海空三军官兵接受检阅，为我国此后的历次阅兵仪式奠定了基本的框架。

林溪： 1984年10月1日，国庆35周年首都阅兵，人民解放军、武警部队和首都民兵共10 370人，组成42个地面方队、4个空中梯队接受检阅，首次展示了中国自己设计制造的战略导弹，把人民军队的崭新面貌展现于世界。

子文： 1999年10月1日，在天安门广场，11 000多人组成的42个地面方队和10个空中梯队接受检阅。这是世纪之交我国举行的国庆50周年阅兵。刚组建不久的陆军航空兵、海军陆战队、武警特警部队和预备役部队第一次编队受阅。

林溪： 2009年10月1日，国庆60周年阅兵中，人民解放军、武警部队和民兵预备役部队一万多名官兵，组成的44个地面方队和12个空中梯队，在天安门广场接受检阅。这是进入新世纪后我国举行的首次国庆阅兵。在这次阅兵中，特种兵方队、通信兵方队和无人机方队首次公开亮相。

子文： 各位听众，中共中央总书记、国家主席、中央军委主席习近平已经检阅完受阅部队。现在，检阅车已经行驶到了天安门广场北侧，准备返回天安门城楼。

林溪： 在气势恢宏的分列式开始之前，我想请观察员吕锡成为听众朋友介绍一下，过一会儿我们该关注受阅方队的哪些特点、亮点。

吕锡成： 首先有7个徒步方队，是今年第一次出现。它们是：领导指挥方队、火箭军方队、战略支援部队方队、联勤保障部队方队、院校科研方队、文职人员方队、维和部队方队。

林溪： 为什么要编设这几个方队呢？

吕锡成： 在国防和军队改革中，我军组建了军委联合作战指挥机构，调整组建了 15 个军委机关职能部门，成立了火箭军、战略支援部队、联勤保障部队，划设了五大战区，领导指挥方队就是从军委机关、战区、各军兵种和武警部队抽组而成的。之所以设置火箭军、战略支援部队方队和联勤保障部队方队，是因为已经成立了这 3 个军兵种，编设方队、亮亮相很有必要。

子文：为什么要设置文职人员和维和部队方队呢？

吕锡成：国防和军队改革重塑了文职人员制度体系。部分现役人员改成了文职，还从地方招考了几万名文职人员。设置文职人员方队是情理之中。之所以编设维和部队方队，是因为自 1990 年以来，我国已向多个国家和地区派出 4 万多人次的维和人员，为维和事业作出了重要贡献。

林溪：现在，我们看到习近平主席乘坐检阅车已经返回天安门城楼。

子文：此时，通过现场的大屏幕我们看到，刚才参加阅兵式的方队正在调整队形。一队队训练有素的官兵踏着雄壮军乐的节拍，手握钢枪，跨步转身，整齐划一。一会儿的工夫，几百人的方队就顺时针旋转 90 度，从长安街北侧走到了长安街中央，面向天安门广场，等待分列式开始的号令。

林溪：徒步方队的后面，装备方队受阅人员有的成一路纵队，有的成多路纵队，迅速奔向他们指定的位置。一时间机甲轰鸣、铁流滚滚，一派生龙活虎的场面！

吕锡成：今年阅兵的第二个特点是参加阅兵的将军比以前要多很多，领导指挥方队中有一个排面全都是将军，仅仅这一个方队中就有 27 名将军。

林溪：装备方队中的战旗方队，更是有东、南、西、北、中五大战区的 5 名指挥员领队。

吕锡成：是这样的，这 5 名指挥员中有刘粤军、赵宗岐、朱生岭 3 名上将，王建武、李桥铭 2 名中将。空中梯队还有带队指挥员——

空军司令员丁来杭上将。这些将军们不仅能在战场上带领官兵冲在前、打胜仗，也能在阅兵场上当先锋、做表率。

子文：与以前的国庆阅兵相比，今年徒步方队中除了少数几个方队外，其他方队都编设了两名将军领队。徒步方队设置将军领队是近几年才有的吗？

吕锡成：不是近几年才有的，早在1955年国庆阅兵时，就有41岁的开国少将刘子云率领部队受阅，成为我军历史上第一批担任阅兵领队的将军。

林溪：2015年“9・3阅兵”和2017年朱日和阅兵中，也有多名将军领队，但今年地面方队和空中梯队中共有100多名将军，是历史上高级指挥员受阅数量最多的一次。

吕锡成：刚才的阅兵式，通过三军列阵受阅、庄严致敬、铿锵宣誓等形式，宣示了全军将士坚持党对军队绝对领导的不变军魂，坚决听从党中央、中央军委和习主席指挥的坚强意志，坚定不移忠诚核心、拥戴核心、维护核心的高度自觉。

子文：我们从大屏幕上看到，接受习主席检阅的各种武器装备让人目不暇接。这次阅兵中，方队梯队的编成涵盖战略预警、远海防卫、远程打击、战略投送、信息支援等新型作战力量。有时候，一个装备方队和空中梯队就要展示多种类型、多种型号的装备，我们想问问观察员，为什么要这样安排呢？

吕锡成：是的，混编方队比例大也是今年阅兵的一个特点，32个装备方队有19个是混编方队，12个空中梯队中有11个是混编梯队。混编方队比例大，这一方面说明，最近几年我军列装的武器装备种类越来越齐全，功能越来越完善，充分显示了我国国防科技工业发展水平的快速进步。同时，也意味着我军联合指挥、联合行动、联合保障能力不断增强。

子文：刚刚我们看到，官兵们登上战车，动作干净利落，做好了受阅准备。刚才我看受阅各个方队，官兵整齐划一，连身高都差不多。

吕锡成：受阅官兵男性普遍在 1 米 75 到 1 米 85 之间，女性身高普遍在 1 米 63 到 1 米 75 之间。

林溪：再过一会儿，气势恢宏的分列式就要开始了。受阅部队将依次按空中护旗梯队、徒步方队、装备方队、空中梯队的顺序通过天安门广场。

林溪：作为显示国力、振奋军威的一种形式，新中国每一次国庆阅兵都是对人民军队整体实力的一次检阅。当年，开国大典阅兵，我们的步兵方队还背着“三八大盖”步枪，汽车、大炮大都是缴获的日式、美式装备，空中受阅的仅有 17 架老式螺旋桨飞机。

子文：后来的几次国庆阅兵，特别是 1984 年、1999 年、2009 年国庆阅兵中，参加受阅的我军武器装备发生了很大变化，国产主战装备的现代化水平不断提高。

林溪：党的十八大以来，以习近平同志为核心的党中央坚定不移推进国防和军队现代化，坚持政治建军、改革强军、科技兴军、依法治军，人民军队体制一新、结构一新、格局一新、面貌一新。

子文：自 2015 年国防和军队改革启动以来，我军成立了陆军领导机构、火箭军、战略支援部队、联勤保障部队，调整组建了 15 个军委机关职能部门，划设了五大战区。18 个陆军集团军调整重组为 13 个，组建了军委联合作战指挥机构和战区联合作战机构，军委管总、战区主战、军种主建的格局已经初步形成。

吕锡成：近几年，我国自主研制的新一代隐身战斗机歼-20、大型运输机运-20，新型武装直升机武直-10、武直-19 先后列装部队。说起我国海军装备建设，网友们更是形象地用“下饺子”来形容，仅 2016 年，就有银川舰等 20 多艘新型舰艇加入战斗序列。2017 年 4 月，我国第二艘国产航母下水，更是举国振奋。

子文：这几年，习近平主席亲抓实抓练兵备战，全军官兵的训练热情十分高涨。各军兵种部队跨区基地化训练、军兵种互为条件训练、新型作战力量大比武，场次之多前所未有；海军航母编队首次穿越岛链，在西太平洋开展远海作战演练；空军歼-20 战机开展海上方向实战化训练，定期开展“金头盔”自由空战训练；火箭军常态开展“天剑”系列演训，组织全型号连续发射、联合火力打击……全军部队始终保持召之即来、来之能战、战之必胜的戒备状态。

林溪：70 年风雨兼程，70 年砥砺奋进。伴随着共和国的发展进步，人民军队忠实履行着保卫祖国的神圣使命，也积极投身于建设祖国的伟大事业。在三峡大坝、西气东输、青藏铁路等重点工程现场，在脱贫攻坚的村村寨寨，在北京奥运会、上海世博会的安保现场，处处活跃着绿色身影。九八抗洪，抗击“非典”，唐山、汶川抗震救灾，人民军队始终冲锋在前。

子文：现在我们看到，受阅部队官兵已经全部调整完毕。在仪仗方队的最前面，威武高大的仪仗大队官兵高擎着党旗、国旗、军旗，三面红色的旗帜迎风招展。

吕锡成：今天，仪仗方队首次在国庆阅兵中护卫党旗、国旗、军旗受阅，寓意着军旗跟着党旗走，铁心向党听指挥，这是党对军队绝对领导这一不变军魂的生动写照。

仪仗方队

林溪：从刚才的阅兵式上我们看到，有 6 个方队里的军人穿着不同军种的军服。

吕锡成：因为这些方队所代表的部队，本身就是由多个军种的官兵组成的。比如，联勤保障部队中，就有来自陆海空各军种的官兵，这也是为了适应联合作战的要求。

林溪：各位听众，阅兵分列式马上就要开始了。中央广播电视总台为您现场直播。

林溪：现在我们看到，习近平主席健步回到天安门城楼。宏伟壮观的阅兵分列式就要开始了！

[空中护旗梯队]

林溪：螺旋桨叶搅动气流发出巨大声响，空中护旗梯队飞来了！3 架运输直升机按前后顺序悬挂着党旗、国旗、军旗飞在前面，每面旗帜各有 2 架武装直升机护卫左右。

子文：在中国共产党党旗的引领下，在中国人民解放军军旗的护卫下，中华人民共和国国旗高高飘扬，三面鲜红的旗帜辉映着万里云天！

林溪：紧接着飞过来的 20 架陆航直升机组成阿拉伯数字“70”，将共和国的年轮印刻在祖国蓝天上，诠释着庆祝中华人民共和国成立 70 周年这一主题。

子文：70 年的风雨征程，70 年的奋斗足迹，70 年的灿烂辉煌，中华民族迎来了从站起来、富起来到强起来的伟大飞跃，人民共和国以崭新姿态屹立于国际舞台。

林溪：伴随着伟大祖国 70 年的发展进步，人民军队从南征北战建功业，到保卫江山铸长城；从改革开放谱新篇，到强军兴军再出发，从小到大、由弱到强，不断从胜利走向胜利，成为维护国家主权、安全、发展利益的坚强柱石。

子文：70 年来，人民军队高举着党的旗帜，脚踏着祖国的大地，背负着民族的希望，在革命、建设、改革各个时期建立了不朽的功勋。

林溪：此时此刻，天安门广场庄严肃穆，人民英雄纪念碑巍峨耸立。人民共和国永远铭记近代以来为民族独立和人民解放作出牺牲的仁人志士和革命先烈，永远铭记为新中国建设发展作出贡献的英雄模范和先进人物。

子文：注目鲜红的旗帜，回首光荣的历程，人民军队永远是党领导下的军队，永远是国家的捍卫者，永远是人民利益的捍卫者。

林溪：陆航战鹰刚刚飞过，气势磅礴的徒步方队走来了。15 个方队的队员来自战略战役联合作战指挥机构，各军兵种和武警部队，院校科研单位等。今天的徒步方队是按改革重构的中国特色现代军事力量体系编组，有 7 个是第一次设置。

［仪仗方队］

林溪：整齐威武的中国人民解放军仪仗方队高举党旗、国旗、军旗阔步走来，213 名仪仗队员身着礼宾服护卫着三面旗帜。

吕锡成：这支被誉为“军旅标兵”的英雄部队，首次在国庆阅兵中护卫党旗、国旗、军旗受阅。

［领导指挥方队］

子文：领导指挥方队走过来了！领队的是姜国平少将、陈作松少将。这支方队由军委机关、五大战区、各军兵种和武警部队军官、警官组成，27 名将军精神抖擞，走在前列。

林溪：习主席向受阅官兵挥手致意！

吕锡成：这是我军阅兵史上第一个从领导指挥机构抽组的方队，几代官兵同场受阅，既有年近 60 岁的高级指挥员，也有 20 多岁的青年军官。

［陆军方队］

林溪：现在走过来的是陆军方队，领队的是林向阳少将、唐兴华少将。他们身着陆军春秋常服，手握 03 式突击步枪，简洁有力的

“劈枪”动作整齐划一。他们是百万陆军的代表。陆军是党最早建立和领导的武装力量，经受了战火硝烟的锤炼。

子文：陆军方队的队员来自陆军 10 多个兵种，都是一线作战部队的战斗员，新型陆军正在加快实现由区域防卫型向全域作战型的转变。

［海军方队］

林溪：海军方队健步走来了！领队的是周名贵少将、梁旭少将。受阅队员身着洁白水兵服，步伐有力、整齐划一，像是洁白的浪花在大海中奔腾，彰显出海军官兵一往无前的风采。

海军方队

子文：海军方队队员有三分之一是 00 后，这也是 00 后群体首次走上阅兵场。而人民海军刚刚度过 70 岁生日，已经发展为兵种齐全的现代化战略性军种。

[空军方队]

林溪：现在走过来的是空军方队，领队的是景涛少将、赵永远少将。他们身穿空军蓝常服，手握95式突击步枪，雄姿英发！70年振翅高飞，人民空军战略打击、战略预警、空天防御和战略投送能力大幅提升。

吕锡成：这支部队舍生忘死参加汶川抗震救灾，一个名叫程强的小孩在部队回撤时打出一条横幅，上面写着“长大我要当空降兵”。今天，程强就在这个方队中接受检阅。

[火箭军方队]

子文：火箭军方队健步走来了，领队的是薛今峰少将、张凤中少将。他们身着墨绿色外套、卡其色衬衣，步伐铿锵，威武雄壮。火箭军是我国战略威慑的核心力量，是我国大国地位的战略支撑，是维护国家安全的重要基石。

吕锡成：以战略军种名义组成徒步方队接受检阅，这是火箭军历史上的首次，队员们当中有许多是导弹发射的“金手指”“神瞄手”。

[战略支援部队方队]

林溪：身穿陆海空火四种军服的战略支援部队方队正在接受检阅，领队的是王学武少将、康怀海少将。调整组建战略支援部队，是我军建设史上的一大创举，迈出了构建中国特色现代军事力量体系的关键一步。

吕锡成：战略支援部队是维护国家安全的新型作战力量。他们战斗在新领域，担负着新使命，正在全力锻造尖端技术密集的制胜奇兵。

[联勤保障部队方队]

子文：联勤保障部队方队走过来了，领队的是刘向东少将、任延兵少将。他们同样身穿陆海空火四种军服，体现出联勤保障部队“联战、联训、联保”的职能特点。

林溪：这个方队的队员是联勤保障和战略战役支援保障的主体力量，他们正在以作战思维牵引后勤保障，不断提升一体化联合保障能力。

[武警部队方队]

子文：现在走过来的是武警部队方队，领队的是赵东方少将、张卫国少将。他们身着橄榄绿武警春秋常服，手握 03 式步枪，齐步走到天安门前，领队一声令下，队员齐刷刷变成持枪正步走，枪刺闪闪发光，气势如虹。

吕锡成：在国防和军队深化改革中，武警部队全面纳入党中央、中央军委统一领导，融入军委联合作战指挥体系，确立了“多能一体，有效维稳”的战略目标。

[女兵方队]

林溪：英姿飒爽的女兵方队走过来了！领队的是程晓健少将、唐冰少将。她们身穿各军种和武警部队的五种军服，首次以挂枪形式全新编成，亮相阅兵场。军中巾帼建功国防，别有风采。

吕锡成：受阅女兵中，既有驾战鹰翱翔蓝天的飞行师师长，也有踏浪大洋、护航亚丁湾的海军官兵，还有弹无虚发、百发百中的狙击手。

女兵方队

[院校科研方队]

子文：现在走过来的是院校科研方队，领队是衣述强少将、栾复新少将。受阅队员由军事科学院、国防大学、国防科技大学的教员、科研人员和学员组成。在军事竞争的战略制高点上，他们艰辛探索、攻坚克难，将科技兴军、人才强军的旗帜高高擎起。

林溪：这是一个高学历的方队，71% 的受阅队员是硕士以上学历。栾复新少将还是军事医学领域的硕士生导师。

[文职人员方队]

子文：首次亮相的文职人员方队正在接受检阅，领队的是王海涛、王华岩。他们身穿孔雀蓝的文职人员制服，让人眼前一亮。这支队伍朝气蓬勃，有不少队员一年前还是社会青年，如今，他们阔步行进在强军兴军的伟大征程中。

林溪：我军从 2005 年开始编配文职人员，但当时数量不多。2015 年开始的军队改革重塑了文职人员体系，吸引了更多有志青年加入军队建设中。

[预备役部队方队]

子文：现在走过来的是预备役部队方队，领队的是高新江大校、预备役军官徐振刚大校。战时应战有能力，平时应急有作为。近年来，预备役体制机制改革取得重要进展，全军预备役部队与现役部队的结合更加紧密，一体化建设迈出实质性步伐。

吕锡成：这些身穿预备役军服的队员来自社会各阶层，有企业老总、退役军人、在校学生等，具有典型的军民融合、军地融合的时代特征。

[民兵方队]

林溪：现在走过来的是民兵方队，领队是赵冰清、廖炜炜。青春靓丽的女民兵身穿国旗红颜色的裙装，手握 05 式冲锋枪，代表全国 5000 万民兵接受检阅，青春的朝气映衬着对祖国的热爱。

民兵方队

吕锡成： 我们的国防是全民的国防，这些受阅女兵来自首都各行业，既有公务员、教师，也有医护人员和在校大学生，她们也是祖国的守护者。

［维和部队方队］

子文： 看，维和部队方队正向天安门阔步走来，领队的是徐有泽少将、马宝川少将，这是首次以我军海外维和力量代表组建的方队。他们身着新型荒漠迷彩作训服，右臂绣着一面五星红旗，蓝色贝雷帽正中是联合国会徽，脖子上系着蓝色丝巾，这些都是维和官兵的标志性配饰。

林溪： 我国是联合国安理会常任理事国中派出维和兵力最多的国家，从 1990 年至今，已经派出 4 万多人次的维和力量，有 13 名维和勇士牺牲，彰显了维护世界和平的大国担当。

子文： 徒步方队已经全部受阅完毕。装备方队即将入场。

坦克方队

林溪：今年的阅兵将全面展示 70 年来国防和军队建设的伟大成就，展示人民军队在新的历史起点上重整行装再出发、阔步迈向世界一流军队的崭新风貌。观察员，你觉得今年阅兵中的装备方队有哪些特点?

吕锡成：第一个特点，是受阅的这 70 种型号、580 台（套）装备，全都是国产现役装备，规模之大、类型之全，创下了历史之最。第二个特点，是受阅装备信息化程度普遍较高，指挥控制能力更强，打击精度更高，战场适应性更好，作战效能更大。第三个特点，是首次亮相的新型武器装备比重较高，能体现出我国国防科研的自主创新能力。

[战旗方队]

子文：旌旗猎猎，战旗飘扬，我们在现场看到，由解放军和武警部队荣誉功勋部队代表组成的战旗方队正向天安门驶来。

林溪：最前排 5 辆猛士越野车上，鲜红的八一军旗迎风飘扬。五大战区主要指挥员以标准军姿站立在车上。他们是东部战区司令员刘粤军上将、南部战区政委王建武中将、西部战区司令员赵宗岐上将、北部战区司令员李桥铭中将、中部战区政委朱生岭上将。

子文：战旗方队的每台车上都有四位目光如炬、高大魁梧的擎旗手。他们手中紧紧握着所在部队的荣誉战旗。这里面有奋勇当先、强渡天险的“大渡河英雄连”，也有以弱胜强、“小艇打大舰”的“海上先锋艇”，还有弯弓射天狼的“神威导弹营”等，都是我军功勋部队。

林溪：习主席向战旗方队挥手致意！

吕锡成：在国庆阅兵中，第一次编设战旗方队，是为了让人们更好地铭记历史，致敬英烈，崇尚英雄，打赢战争。

[陆上作战模块]

即将通过天安门广场的是陆上作战模块。

[坦克方队]

子文：首先开过来的是坦克方队，领队是李明少将。22 辆国产 99A 主战坦克涂着黄褐色的荒漠迷彩，排成箭形战斗队形，如同战场霹雳，长驱直入、锐不可当。

吕锡成：99A 坦克是我军先进的地面突击装备，集战场态势共享、协同攻防等多种功能于一体，具有火力猛、机动性好、防护性强、信息化程度高等特点。

［轻型装甲方队］

林溪：紧随而来的是轻型装甲方队，领队的是邝德旺少将、王永胜少将。两台履带式指挥车在前引导，15 式新型轻型坦克、04A 式履带步战车按 4×4 队形列阵前进。请教一下观察员，15 式新型轻型坦克有什么特点呢？

吕锡成：15 式新型轻型坦克是去年底正式列装的。它火力猛，能击穿第三代主战坦克的正面装甲；机动性强，更适用于南方水网、高原山地等地形。

［两栖突击车方队］

子文：现在驶来的是喷涂绿色林地迷彩的两栖突击车方队，领队是祝传生少将、沙成录少将。

林溪：受阅的 05A 式两栖装甲突击车车身前部锐角形的结构仿佛一把利剑，外形和普通步战车有所区别。

吕锡成：05A 式两栖装甲突击车火力强劲、综合防护性能好，是我军两栖作战中攻坚破障的拳头装备。锋刃般的车体能使战车迎风破浪、激流勇进，实现快速抢滩登陆。

［空降兵战车方队］

子文：精神抖擞、身着新式荒漠迷彩战斗服的空降兵们，驾驶着轻型履带步战车开过来了。方队领队是邱火林少将和陈涛少将。

林溪：这款战车看起来很小巧。

吕锡成：这是为了适合空运和空投。空降战车配备有 30 毫米机关炮和反坦克导弹。有了它，空降兵就从“一人一杆枪”的传统伞兵，成为能进行机械化作战、纵深打击的空降铁拳。

［自行火炮方队］

子文：现在驶来的是自行火炮方队，领队是张剑锋少将与何纪抗少将。方队前两排是微微扬起的八联装新型箱式火箭炮，后两排是 155 毫米车载加榴炮，有着近 8 米长的炮管。

吕锡成：这种箱式火箭炮信息化程度很高，可同时对多类型目标实施精确打击。155 毫米车载加榴炮采用智能底盘，能够适应山地、丘陵等多种地形，机动性能更为出色。

林溪：这两款喷涂着墨绿色林地迷彩的火炮就像山中猛虎，炮弹划破长空的声音似威震敌胆的虎啸。

［反坦克导弹方队］

子文：现在我们看到的是反坦克导弹方队，领队的是邹美余少将和李振领少将。两台履带式指挥车后是 16 辆红箭-10 反坦克导弹车。在履带装甲车的车身上，八联装的方形导弹发射筒看起来威风凛凛。

吕锡成：红箭-10 集侦察、打击于一体，可以超视距精确打击地面目标和低空低速飞行目标，是我军目前装备的重要反装甲武器。

［特战装备方队］

林溪：现在接受检阅的是特战装备方队，领队的是田越少将和王信民少将。前三排 18 辆喷涂黄褐色荒漠迷彩的全地形车一马当先，紧随其后的是 18 台绿色涂装的车载空中突击旋翼机。

吕锡成：一人多高的全地形车可搭载多名战斗人员，并装备有重机枪和榴弹发射器，具备良好的机动和火力支援能力。空中突击旋翼机是一种袖珍型的直升机，尺寸比普通汽车还要小，是向敌方阵地隐蔽渗透的一把利剑。

［武警反恐突击方队］

子文：现在开过来的是武警反恐突击方队，领队的是刘兴立少将和王再发少将。在墨绿色反恐突击车和防爆装甲车的车身上，全副武装的武警战士向天安门敬礼。

林溪：武警战士手中紧握的是新型 5.8 毫米口径自动步枪，身上配挂的是最新型的单兵综合系统，包括头盔上的高性能夜视仪、胸前的数字化单兵接收终端等。

吕锡成：这支受阅部队是以著名的猎鹰突击队为骨干组建的。

[海上作战模块]

子文：海上作战模块即将接受检阅。

[岸舰导弹方队]

林溪：首先开过来的是岸舰导弹方队，领队是王显峰少将和吴育红少将。16 辆导弹发射车涂着绿色林地迷彩，三联装的长方形导弹箱排成品字形，斜指向天空，像拉满弓的利箭，随时准备击发。

子文：以往国庆阅兵，岸舰导弹部队的涂装都是蓝白色的海洋迷彩，这次为什么不继续使用呢？

吕锡成：这是考虑到实战化的需要。岸舰导弹是埋伏在沿海山林、洞窟中的撒手锏，用林地迷彩涂装有利于隐蔽，有利于打仗。

[舰舰 / 潜舰导弹方队]

子文：紧随而来的是舰舰 / 潜舰导弹方队，领队是刘杰少将和姜平少将。受阅的鹰击-18 和鹰击-18A 导弹是我国新一代舰载、潜射反舰巡航导弹。

林溪：这两款银灰色的导弹弹体修长，中部有一对短短的翅膀，尾部加装了十字形的尾翼，就像是翱翔海天的一对海燕。

吕锡成：这两种导弹能远程精确打击大中型水面舰艇。一枚导弹就能击沉一艘几千吨的大型驱逐舰，是人民海军夺控制海权的利器。

[舰载防空武器方队]

子文：现在开过来的是舰载防空武器方队，领队是刘宏伟少将、张宝军少将。受阅装备分别为海红旗-9B、红旗-16、红旗-10 导弹和万发炮。它们为海上战斗群支撑起了远、中、近、末端全方位的防御网。

林溪：这万发炮 11 根炮管呈环形紧密排列，很像电影里出现的加特林机枪。

吕锡成：万发炮是海军舰艇的最后一道防线，它能在 1 分钟内打出万发炮弹，用密集的弹雨击落来犯的空中目标。

［防空反导模块］

林溪：防空反导模块即将接受检阅。

［预警雷达方队］

子文：预警雷达方队过来了，领队的是李国平少将、张磊少将。受阅装备是我国新一代高机动多功能雷达，能有效探测隐身飞机、弹道导弹等新型空天目标。

林溪：从外观上看，雷达车车体紧凑，外形和重型卡车比较相似，雷达部分也不是常规的圆弧形，而是呈长条板状。

吕锡成：现在我们看到的是处于机动状态的雷达车，硕大的雷达阵面折叠起来了。当它们展开时，大概有三层楼高，预警能力很强。

［地空导弹第一方队］

子文：现在接受检阅的是地空导弹第一方队，领队是刘明豹少将、韩宪锋少将。

林溪：受阅装备由红旗-9B 防空导弹和红旗-22 地空导弹组成，粗壮的导弹发射筒喷涂着灰白相间的城市迷彩。它俩优势互补，共同构筑起了防空反导盾牌。

吕锡成：这个受阅方队是地空导弹“英雄营”所在部队。1959 年 10 月，这个部队的官兵曾经击落一架高空侦察机，开创了世界防空史上用地空导弹击落敌机的先例。

［地空导弹第二方队］

子文：地空导弹第二方队开过来了，领队是朱瑞少将、董玉江少将。方队前两排是吊臂悬挂的双联装红旗-12A 地空导弹，后两排是红旗-6A 弹炮系统。

林溪：红旗-12A 导弹是一款中程防空武器，红旗-6A 弹炮系统主要承担末端防空任务。

吕锡成：这支受阅部队的前身参加过开国大典阅兵式。在上世纪 50 年代，他们曾经把高射炮部署在了故宫的城墙上，担负保卫首都领空安全的任务。

[野战防空导弹方队]

子文：16 辆红旗-17A 和红旗-16B 两型防空导弹车组成的野战防空导弹方队正向我们驶来，领队是张帆少将和裴晓昌少将。

林溪：红旗-16B 六具发射管剑指苍穹，显得非常威武。不过，这红旗-17A 和 16B 长得不太像，我也没看见导弹在哪儿？

吕锡成：从外形上看，17A 更像是一台装甲车，它把导弹发射装置放在了车体里面，车的顶部装有两块板状的高性能雷达。17A 和 16B 都具有很强的战场机动、快速反应和火力打击能力。

[信息作战模块]

子文：信息作战模块即将接受检阅。

[信息作战第一方队]

子文：首先开过来的是信息作战第一方队，领队是徐桂明少将、孟繁浩少将。

林溪：喷涂着荒漠迷彩的猛士车和重型卡车上，搭载有各种样式的天线和雷达，有的是圆盘状，有的像十字形状。

吕锡成：可别小看这些装备，它们是信息侦测车、数据干扰车等，具有破击节点、瘫痪体系、出奇制胜的效能。

[信息作战第二方队]

子文：现在接受检阅的是信息作战第二方队，领队是李发义少将和杨小康少将。展现在人们面前的有三种型号的侦察干扰车，还有一种区域阻拦式干扰车。它们具有多手段集成、部署灵活、机动性强等特点。

吕锡成：上世纪 80 年代中叶，这支受阅部队的前身就曾在边境作战中，成功压制敌方通信联络，被誉为“制敌神兵”。

[信息作战第三方队]

林溪：现在接受检阅的是信息作战第三方队，领队是孙宝泰少将、景贤舫少将。受阅的频谱监测车、无线电接入节点车、卫星通信车和散射通信车，能为联合作战、全域作战提供可靠通信保障。

吕锡成：这支受阅部队诞生于南昌起义，最早由“一部半电台起家”，后来他们跟随党中央南征北战。毛泽东主席曾为他们题词“你们是科学的千里眼、顺风耳”。

[信息作战第四方队]

林溪：紧随而来的是信息作战第四方队，领队是邓洪勤少将、金锋少将。喷涂黄褐色荒漠迷彩的猛士车、重型卡车上搭载有圆弧形的天线和圆盘状的巨大雷达。

吕锡成：这是气象水文观测车、地形勘测车、预报保障车、测绘导航车。它们将为我军在各种环境下打赢战争提供有力支撑。

信息作战第四方队

[无人作战模块]

子文：大家期待已久的无人作战模块即将揭开神秘面纱。

[无人作战第一方队]

子文：首先接受检阅的是无人作战第一方队，领队是姜鹏少将、顾庆友少将。此次受阅的装备有高空高速无人侦察机、侦察校射无人机、中程高速无人机和小型近程侦察无人机。

林溪：相信此时在场的所有人，都被两架通体漆黑、身躯庞大，像黑色蝙蝠的无人机吸引住了。

吕锡成：这个型号的无人机被人形象地称为“黑色幽灵”，它执行侦察任务时，“来无影，去无踪”，很难被人发现。

[无人作战第二方队]

林溪：紧随而来的无人作战第二方队，领队是王燕崎少将和乔亚军少将。第一排的是攻击-2 无人机，机翼下挂载有 12 枚导弹，火力非常强劲。

子文：第二排是首次亮相的攻击-11 无人机，通体白色，机身扁平，机翼宽大，有点像多宝鱼。它是突破敌方防空网的“踹门”利器。

吕锡成：最后一排是反辐射无人机，能压制敌方通信。

[无人作战第三方队]

子文：现在受阅的是无人作战第三方队，领队是李广泉少将、徐贵福少将。受阅装备为两型侦察干扰无人机和水下无人潜航器。

吕锡成：侦察干扰无人机能深入敌军纵深，夺取网电空间信息权。

林溪：那个无人潜航器看起来胖胖的，还挺可爱的。

吕锡成：它被官兵们亲切地叫作“大鱼”，是名副其实的海底侦察兵。

[后勤装备保障模块]

林溪：“兵马未动，粮草先行。”现在将接受检阅的是后装保障模块。

[补给供应方队]

林溪：首先过来的是补给供应方队，领队是白忠斌少将和徐宝龙少将。受阅装备为野战净水车、站台车、运加油车和主食加工方舱。

吕锡成：这些装备保障能力很强。一辆野战主食加工方舱在 1 小时内，就可以让 1000 人都吃上热乎乎的馒头。一辆野战净水车发动起来，不管水源多脏，1 小时内就能净化出 5 吨饮用水。

［抢修抢救方队］

子文：接下来接受检阅的是抢修抢救方队，领队是沈竹君少将和汤辛少将。受阅装备既有喷涂着红十字标志的野战手术方舱，还有 4 种装备抢修抢救车辆。

林溪：这就是战场上的“移动医院”吧！

吕锡成：在今年举行的中国、德国“联合救援 2019”，以及中国、老挝“和平列车 2019”卫勤演练中，我军先进卫勤装备一展身手，得到了高度评价。

［战略打击模块］

林溪：即将通过天安门广场的是战略打击模块。

［东风-17 常规导弹方队］

林溪：首先通过的是东风-17 常规导弹方队，领队是张建强少将、王新国少将。身躯庞大的 16 台导弹车威武驶来。

子文：这是东风-17 首次公开亮相，它的弹头外形从常见的圆锥形变为三棱锥，外加四个翅膀和尾翼，就像一个小飞机。

吕锡成：这种设计能让它飞行速度更快、飞行轨迹更加灵活，突防能力大大增强。有一句话形容东风系列导弹——“东风快递，使命必达”。

［长剑-100 巡航导弹方队］

子文：接下来接受检阅的是长剑-100 巡航导弹方队，领队是樊具贤少将和李家勤少将。在喷涂着绿色林地迷彩的重型发射车上，两管方形导弹发射箱并列成一排，发射口肃然扬起，就像一柄随时出鞘的利剑。

吕锡成：长剑-100 超音速巡航导弹是长剑系列的最新型号，也是首次公开亮相。它速度快、射程远，能快速突破敌人的防空网，精确打击敌方大型水面舰艇、通信指挥枢纽等高价值目标。

[东风-26 核常兼备导弹方队]

林溪：现在向天安门开过来的是东风-26 核常兼备导弹方队，领队是张继春少将、刘同江少将。这款导弹相信大家都不陌生了。

吕锡成：东风-26 导弹既能打常规弹，也能搭载核武器，是我军战略威慑体系中的一柄“重锤”。

子文：今年 1 月央视军事节目，首次曝光了东风-26 实弹发射的画面。报道中说，火箭军某旅千里机动至西北大漠，进行了东风-26 导弹实弹发射演练。目前，东风-26 已完全具备随时能战、准时发射、有效毁伤的作战能力。

[巨浪-2 导弹方队]

子文：从深海中发出雷鸣，巨浪-2 导弹方队正在接受检阅，领队的是吴栋柱少将、柳恩涛少将。

吕锡成：巨浪-2 导弹是我国第二代潜射远程弹道导弹，机动突防能力非常强，是二次核反击的主力，是维护国家战略安全的镇国重器。

林溪：我感觉它们就像一群沉默的卫士，在漆黑的大洋深处随时待命，为祖国撑起和平的蓝天。

[东风-31 甲改核导弹方队]

子文：现在通过的是东风-31 甲改核导弹方队，领队是袁德华少将、何骏少将。墨绿色的圆柱形导弹发射筒直径近 2 米，显示着大国神剑的威严。

吕锡成：东风-31 甲改可以沿公路机动部署发射，具有机动性能好、生存能力强、部署转换快、打击精度高等特点，是维护国家安全和世界和平的战略盾牌。

林溪：这支受阅的部队曾在 1984 年国庆 35 周年中携带东风-4

导弹亮相长安街，第一次揭开了中国战略导弹部队的神秘面纱。如今，同一支部队，手中的武器却已经今非昔比。

东风-31 甲改核导弹方队

[东风-5B 核导弹方队]

子文：紧随其后的是东风-5B 核导弹方队，领队是汪晓初少将和邓荣珍少将。我们看到，重型运载车分别托载着巨大的战斗部和运载火箭，气势磅礴地通过天安门广场。

林溪：它的车身比七八辆小轿车首尾相连还长，壮硕的身躯正是捍卫国家主权、维护民族尊严的坚强盾牌，也是我们国防实力的一个显著标志。

[东风-41 核导弹方队]

林溪：东风浩荡，雷霆万钧。地面方队最后出场的是东风-41 核导弹方队，领队是赵秋领少将和孙乐少将。

子文：东风-41 是一款能在公路上机动部署发射的洲际战略核导弹，个头比东风-31 甲改还要大。它是我国战略核力量的中流砥柱，是战略制衡、战略慑控、战略决胜的王牌。

吕锡成：32 个装备方队，近 600 台一流装备，如此强大的阵容、恢宏的气势，我们看了之后，心情非常激动，倍感自豪。这充分展示了新时代我军建设发展的辉煌成就，也展示出中国军队维护国家安全发展利益和世界和平的决心意志。

[空中梯队]

子文：各位听众，战略打击模块刚刚过去。由 160 多架战鹰组成的空中梯队呼啸而至，即将接受检阅。

[领队机梯队]

子文：率先飞过来的是领队机梯队，担任空中指挥员的是空军司令员丁来杭上将。带队长机是我国自主研制的空警-2000 预警机，机身背部装载着巨大的碟形雷达。它是空战中的“千里眼”和“指挥所”。

林溪：预警机两侧，八一飞行表演队的 8 架歼-10 战机护卫左右，尾部拉着赤橙黄绿青蓝紫七色彩烟。

吕锡成：其中有两架歼-10 战机是由女飞行员何晓莉、陶嘉莉驾驶的，今天是她们第二次驾驶飞机参加国庆阅兵。

领队机梯队

[预警指挥机梯队]

子文：现在飞来的是预警指挥机梯队，受阅的空警-500、空警-200 预警机和运-8 指挥通信机，各带四架歼-11B 战斗机，编成 3 个楔形编队，依次飞越天安门上空。

吕锡成：这三型预警机虽然在前几次阅兵中出现过，但经过技术改进后，它们可以看得更远、更清晰，有效拓展预警和作战指挥控制范围，信息化体系作战能力有了大幅提高。

[海上巡逻机梯队]

林溪：现在飞过来的是海上巡逻机梯队，第一队由一架空警-500H 预警机和两架运-8 反潜巡逻机组成。第二队由一架空警-200H 预警机和两架运-8 技术侦察机组成。

子文：在这个梯队中，运-8 反潜巡逻机是首次在国庆阅兵场上亮相。观察员，这款飞机有哪些特点呢?

吕锡成：它的头部下方有一个黑色球状的装置，这是大型对海搜索雷达，能 360 度无死角监视海面。机身尾部拖着一根长长的尾巴，那是固定翼反潜巡逻机的标志性装备——磁探仪，它可以探测大海下潜艇的踪迹。

[运输机梯队]

子文：3 架深灰色涂装的运-20“胖妞”和 3 架运-9 组成的运输机梯队飞过来了。

林溪：“胖妞”是广大军迷给运-20 起的一个爱称，大家都很喜欢这款胖乎乎的、载重量特别大的运输机。

吕锡成：作为新一代大型军用运输机，运-20 机翼下方有四台巨大的涡扇发动机，为运-20 提供澎湃的动力，它能够搭载着 50 多吨重的主战坦克飞上蓝天，我军战略投送能力将会更上一层楼。

[支援保障机梯队]

子文：支援保障机梯队飞过来了。这个梯队由 6 型特种飞机组成，其中有运-9 通信对抗飞机、心理战飞机、医疗救护机，还有运-8远距离支援干扰机、电子对抗侦察机、电子侦察机。它们编成了2个3机楔形编队。

吕锡成：这些电子战、心理战的飞机虽然没有像战斗机一样的强大火力，但是它们可以让敌人眼瞎耳聋，也可以瓦解敌方斗志，为我军提供有效掩护和支援。

林溪：这些支援保障机的研发列装，标志着我军空中力量正向着信息化、体系化加速转型，提高了我军联合作战、全域作战的能力。

［轰炸机梯队］

林溪：现在，轰炸机梯队带着磅礴气势飞过来了！3架轰-6N、6架轰-6K，前后分成3组，呈品字形密集编队。轰-6N是我国新型远程战略轰炸机，可以进行空中加油，打击范围更广。

子文：它和轰-6K是我国空基远程打击的中坚力量，能够实施远程奔袭、大区域巡航、防区外打击，人民空军战略威慑和战略打击能力全面提升。

吕锡成：表面看起来，轰-6N、轰-6K在外形上和图-16轰炸机相似，但内部早已是脱胎换骨，作战能力有了根本性变化。

［加受油机梯队］

林溪：由轰油-6加油机和歼-10B战机组成的加受油机梯队飞过来了。编队保持空中加油的队形，加油机从两侧机翼放出了两条加油管。

子文：两架高速飞行的飞机要在空中保持相对静止，让细细的加油管对接成功，可以想象其中的难度。

吕锡成：现在对我国空军来说，空中加油已经是驾轻就熟。能实现全疆域、全时段、全空域空中加油作业，中国航空兵远程机动、持续作战能力有了大幅跃升。

［舰载机梯队］

林溪：即将接受检阅的是舰载机梯队。我们看到，5架银白色歼-15舰载机呈楔形编队，呼啸着低空掠过天安门广场。

子文：歼-15是我国首款舰载战斗机，可挂载多种精确制导武器，是航母编队的核心作战力量。战机垂直尾翼上的“大鲨鱼”标志霸气十足。

吕锡成：现在，歼-15舰载机已经具备昼夜起降和综合攻防能力，实现了从单机向编队、从技术向战术的重大跨越，我海军航母编队体系作战能力不断提升。

[歼击机梯队]

林溪：15架歼击机正向我们飞来。5架黑色涂装的歼-20战机呈楔形编队，一马当先。紧随其后的是5架歼-16战机和5架歼-10C战机。

吕锡成：歼-20是我国自主研发的第4代超音速隐身战斗机，现在它已经列装部队并形成了战斗力。歼-16是我国研制的新型战机，具备强大的对空、对地、对海攻击能力。它们相继列装将助力空军由国土防空型向攻防兼备型转变。

[陆航突击梯队]

林溪：陆航突击梯队即将接受检阅。我现在看到，40架直升机组成4个密集编队，轰鸣着飞过来了。

子文：梯队最前面，5架直-9武装侦察直升机呈八字排列，组成侦察警戒分队。9架直-10武装直升机紧随其后，担负对地火力压制任务。梯队居中的是直升机运输分队，由3架直-19武装直升机、6架直-20通用直升机、9架直-8B运输直升机组成。最后是8架直-19武装直升机按一字横队列阵飞来。

吕锡成：今天陆航突击梯队最大的看点就是首次亮相阅兵场的直-20通用直升机。通用性是它最显著的特点，它是一个平台，能根据各军兵种需求进行改装。

林溪：在未来，直-20机型既能加装各种武器，为地面部队提供火力支援，又能到远海，为驱逐舰、航母保驾护航，将大幅提升我军空中突击能力。

[教练机梯队]

林溪：最后飞抵天安门上空的是教练机梯队。受阅飞机由 5 架歼教-10、5 架歼教-9 和 12 架歼教-8 组成。

子文：空中铁鹞展翅翱翔，绚丽彩练当空飞舞。7 架歼教-8 飞机喷拉出 7 条彩带，在蓝色天空绘出美丽彩虹，以特有的方式祝福祖国。

吕锡成：今天参加受阅的空中梯队以教练机梯队结束，这仿佛预示着一代又一代的年轻飞行员经过学习培训之后，不断加入人民空军的行列中，向着新的时代、新的高度飞翔。

林溪：各位听众，随着空中战鹰渐渐远去，庄严隆重的阅兵仪式就要结束了。受阅方队按照预定的时间接受了检阅。

子文：一往无前的徒步方队，威武壮观的装备方队，叱咤蓝天的空中梯队，人民军队用一流的组织领导、一流的武器装备、一流的精神面貌向祖国和人民，向世界展示了中国军队强军兴军的崭新面貌。

林溪：英雄的人民军队又站在一个新的历史起点上，必将在中华民族伟大复兴的征程上续写荣光，再创辉煌！

林溪：各位听众，群众游行即将开始，中央广播电视总台为您现场直播。

林溪：天籁童声来自国旗杆前的四名少先队员，他们面向天安门城楼，饱含深情，放声歌唱！

子文：这歌声从天安门广场飞向大江南北、长城内外，天涯共此时。

林溪：今天，10 万群众和 70 组彩车将组成 36 个方阵和 3 段情境式行进，以“同心共筑中国梦”为主题，分为“建国创业”“改革开放”“伟大复兴”三个篇章，一幅幅流动的画卷，讲述新中国成立 70 年的成长和奋斗历程，展现中国共产党团结带领全国各族人民从站起来、富起来到强起来的伟大征程。

［方阵 1：国旗］

子文：“国旗”方阵、“国庆年号和国徽”方阵、“致敬”方阵，拉开了今天群众游行的序幕。“国旗”方阵由高举巨幅国旗的 1949 名青年组成。

林溪：70 年前就在这里，五星红旗作为中华人民共和国的国旗与世人初次见面。70 年后的今天，她比任何时候都更加闪耀鲜艳。

子文：这一抹红色，是我们身上流淌的血液，是一颗颗澎湃跳动的中国心。无论何时何地，14 亿中国人都是五星红旗的护旗手！

“国旗”方阵

［方阵 2：国庆年号和国徽］

子文：2019 名青年组成“国庆年号和国徽”方阵向我们走来，1949 到 2019，70 年栉风沐雨，70 年砥砺奋进。

林溪：庄严神圣的国徽巍然屹立在汉白玉栏杆之中，这是我们伟大祖国的象征，代表着全体中国人民的尊严和力量。

子文：国徽的金色底座，采用“海水江崖”的中国传统纹样，寓意福山寿海、江山永固，也象征伟大祖国在历史的长河中勇立潮头、不断前行。

林溪：方阵中的2019名青年大步向前，他们高举着红色牡丹花束，摇曳的花朵，青春的神采，向共和国献上最美的生日祝福！

[方阵3：致敬]

林溪：一曲《红旗颂》奏响，青年们手持红旗，组成箭头形状，引领着21辆礼宾车组成的“致敬”方阵徐徐驶来，这一刻天安门广场无比庄严。

子文：双层大巴式礼宾车两侧，红旗环绕着巍峨的万里长城，五星浮雕和国庆70周年活动标识点缀其上。

林溪：礼宾车上，是老一辈党和国家、军队领导人亲属代表；老一辈建设者和家属代表；新中国成立前参加革命工作的老战士，老一辈军队退役英模、民兵英模和支前模范代表。

子文：一个有希望的民族不能没有英雄，一个有前途的国家不能没有先锋。每一个闪光的名字背后，都有气壮山河的故事。英雄们胸前的勋章和奖章凝结着人民的敬意，后代手中的荣誉牌和纪念物铭刻着国家的记忆。

林溪：走得再远，都不能忘记来时的路。广场大屏幕上，依次出现了井冈山、古田会议会址、于都长征渡口、遵义会议会址、延安宝塔山、中国人民抗日战争纪念馆、西柏坡纪念馆、红旗渠、“两弹一星”元勋雕像等画面，先辈们的奋斗历程，永恒地镌刻在天地之间，斗转星移，山河不改。

子文：共和国不会忘记，亿万人民不会忘记，为了民族独立、人民解放和国家富强、人民幸福，无数先辈筑起了坚不可摧的血肉长城，铸就了坚强不屈的民族脊梁，换来了我们今天的美好生活。

林溪：21辆礼宾车分成了7组，每组以“品”字形队列驶过天安门城楼。礼宾车上的老同志、老战士向天安门方向行注目礼或军礼，“理想之光不灭，信念之光不灭”！

林溪：现在我们看到，习近平主席向着礼宾车挥手致意！让我们再次向共和国的英雄和先锋致敬！

子文：在这个特殊的日子，我们最好的庆祝，就是不忘初心，牢记使命，担好我们肩上的历史责任。今天，我们比历史上任何时期都更接近、更有信心和能力实现中华民族伟大复兴的目标，老一辈的革命理想、优良传统和时代精神将继续激励我们，砥砺前行、接续奋斗。

[方阵 4：开天辟地]

林溪：群众游行第一部分“建国创业”由 5 个方阵组成，首先向我们走来的是“开天辟地”方阵。

子文：“中国产生了共产党，这是开天辟地的大事变。”

林溪：“开天辟地”彩车上，层叠的红旗浮雕上镌刻着中共“一大”会址、嘉兴“南湖红船”的轮廓，这里是中国共产党起航的地方，是 9000 万党员心中永不褪色的精神丰碑。红旗前方是奋勇向前的战士群雕，象征着我们党不畏牺牲的奋进决心。

子文：方阵中的青年手持火把登上彩车，取来信念的“火种”，点亮革命的火炬，渐次传递，绵延铺展，“星星之火”渐成燎原之势。

林溪：从开天辟地到改天换地，《没有共产党就没有新中国》这首真理之歌，凝结了一个民族刻骨铭心的磨难与觉醒、一个政党矢志不渝的奋斗与探索、一个国家波澜壮阔的崛起与进步。

[方阵 5：浴血奋战]

子文：“浴血奋战”方阵中，三辆以红色绶带为造型的彩车齐头并进。彩车上，八一勋章、独立自由勋章和解放勋章熠熠生辉。

林溪：八一勋章是授予中国工农红军时期参与战斗有功人员的勋章，独立自由勋章是授予中国人民解放军在抗日战争时期有功人员的勋章，解放勋章是授予中国人民解放军在解放战争时期参加革命战争而无重大过失人员的勋章。

“浴血奋战”方阵

子文：为有牺牲多壮志，敢教日月换新天。中国共产党团结带领中国人民浴血奋战 28 年，谱写了一曲气壮山河的英雄赞歌。

林溪：我们看到，方阵中青年学生手持的红花化作一条条绸带，他们挥舞着绸带，向天安门城楼致意。牢记革命历史，传承红色基因，我们必将从胜利走向新的胜利！

[方阵 6：建国伟业]

林溪：簇拥着毛泽东同志巨幅画像和“坚持毛泽东思想”标语的“建国伟业”方阵向我们走来。

子文：以毛泽东同志为主要代表的中国共产党人，创立毛泽东思想，团结带领全党全国各族人民，取得了新民主主义革命的胜利，建立中华人民共和国，中华民族发展进步从此开启了新纪元。

林溪：中国人民，站起来了！五洲寰宇，换了人间！

[方阵 7：当家作主]

林溪：红旗漫卷，红绸翻飞，现在走过来的是“当家作主”方阵。彩车上的巨型雕塑，再现了“人民代表意气风发步出人民大会堂”的经典场景。

子文：彩车底座上，环绕装饰着新中国成立时的经典宣传画和欢庆鞭炮图案，有 1953 年到 1954 年的基层民主选举，有参加国庆 5 周年游行的队伍抬着宪法模型通过天安门，还有参加第一届全国人民代表大会的女代表……一幅幅经典画面，诉说着中国人民，终于成为国家的主人、社会的主人、自己命运的主人。

林溪：彩车上下，人们跳起热情欢腾的《红绸舞》，表达亿万中国人民当家作主后的喜悦心情。中华人民共和国的土地上，人民当家作主，一切权力属于人民。

[方阵 8：艰苦奋斗]

子文：“艰苦奋斗”方阵向我们走来。彩车车体展示出新中国第一艘万吨轮、第一辆解放卡车、第一辆东方红拖拉机，还有油田井架、“两弹一星”等造型。彩车上屹立着王进喜、时传祥、孟泰等劳模群雕。

林溪：钢花飞溅、铁水奔流、石油流淌、麦浪滚滚，社会主义建设初期的火热场景仿佛就在昨天。钢铁工人、纺织女工和农民群众干劲十足，他们挥舞着毛巾、小红旗，举起麦穗，满怀豪情地走在游行队伍当中。

子文：这段激情燃烧的岁月也告诉我们：幸福不会从天降，社会主义等不来。今天的新时代，依然是属于奋斗者的时代！

[情境式行进一：青春万岁]

林溪：听！清脆的自行车铃声响起了。长安街上熙熙攘攘的自行车流开启了第一段情境式行进“青春万岁”。

子文：今天的群众游行活动中，三段情境式行进，将带着我们穿梭时空，连接过去、现在和未来。

林溪：穿着白衬衫、蓝裤子的少年，头戴花环，身穿鹅黄、浅蓝、浅绿、桃红连衣裙的少女，还有包里塞满了书信的邮递员，他们拨响车铃穿梭而过，扑面而来的青春气息挥洒在热闹非凡的长安街上。

子文：和着轻快的《青年友谊圆舞曲》，一群青年男女停下了自行车，手挽手翩翩起舞，他们脸上洋溢着喜悦，舞步散发着活力，纱巾随着旋律飞扬，歌颂着“青春万岁”。

林溪：天安门广场的大屏幕上，一张张老照片，定格了一代人最闪亮的青春面孔和最美好的青春记忆，青春永不褪色，他们与祖国共芳华！

子文：在自行车流的环绕下，广场上的舞者欢快地变换着舞步与阵形，时而簇拥在中央，时而展开双臂围成同心圆，时而旋转，时而跳跃，在广场上画下一幅自由、欢愉的青春图景。

林溪：少女裙摆飞扬，她们轻盈跃上单车后座，少年疾驰如风，洒下一路欢声笑语，一条条红色长纱巾流动成一个个梦想之圆，青春最美，青春万岁！

［方阵 9：关键抉择］

林溪：群众游行第二部分“改革开放”由 9 个方阵组成。簇拥着邓小平同志巨幅画像和“坚持邓小平理论”标语的“关键抉择”方阵正向我们走来。

子文：以邓小平同志为主要代表的中国共产党人，团结带领全党全国各族人民，创立了邓小平理论，作出实行改革开放的历史性决策，确立了社会主义初级阶段基本路线，成功开创了中国特色社会主义。

林溪：改革开放，是决定当代中国命运的关键一招，实现了中华民族从站起来到富起来的伟大飞跃！

［方阵 10：希望田野］

子文：中国革命，从农村出发；中国改革，从农村突破。来自安徽凤阳小岗村、浙江安吉余村等地的农村改革领头人和农民群众代表组成“希望田野”方阵，带着丰收的喜悦向我们走来。

林溪：彩车以 1980 年国产东风牌收割机为主体形象，收割机之后，绿色梯田层叠错落，一簇簇巨大的金黄麦穗弯下了腰，包孕着丰收的希望。

子文：方阵中的人们摘下了草帽，草帽翻转，展露出黄绿两色的飘逸抖纱。“我们世世代代在这田野上生活”，这是一块永远孕育着希望的田野。撒上火种，它就燃起燎原的烈焰；吹过春风，它就涌起翻滚的麦浪。

［方阵 11：春潮滚滚］

林溪：“春潮滚滚”方阵中，开荒牛雕塑勇立潮头，彩车上，深圳、厦门等经济特区的代表性建筑群，万丈高楼平地起。

子文：十一届三中全会的春雷响彻中国大地。从农村到城市、从沿海到沿江沿边、从东部到西部，天地间荡起滚滚春潮，征途上扬起浩浩风帆。

林溪：“春潮滚滚”彩车上的楼体向上节节升高，再现了“时间就是金钱，效率就是生命”的“深圳速度”，彩车上站立着改革开放过程中的代表性人物。

［方阵 12：与时俱进］

林溪：簇拥着江泽民同志巨幅画像和“坚持‘三个代表’重要思想”标语的“与时俱进”方阵向我们走来。广场大屏幕上，同步播放着江泽民同志的影像。

子文：以江泽民同志为主要代表的中国共产党人，团结带领全党全国各族人民，形成了“三个代表”重要思想，在严峻考验面前捍卫了中国特色社会主义，开创了全面改革开放新局面，成功把中国特色社会主义推向 21 世纪。

林溪：世纪之交，风云际会，辉煌的成就，证明了中国特色社会主义制度的蓬勃生机和光明未来。

［方阵 13：一国两制］

子文：巨大的金紫荆花、金莲花在蔚蓝色的海浪纹底座上灿然绽放。金紫荆花、金莲花之间，是《香港特别行政区基本法》和

《澳门特别行政区基本法》雕塑。

林溪： 港澳台同胞和各界群众组成了“一国两制”方阵。

他们挥舞旗帜，手持红色中国心，打出了“香港明天会更好”“澳门明天会更好”的标语，他们欢呼致意，和观礼嘉宾热情互动，共同祝福伟大的祖国！

“一国两制”方阵

［方阵 14：跨越世纪］

子文： 岁月如斯，不舍昼夜。历史年轮掀开了新的日历。“跨越世纪”方阵中，彩车上的圆形日晷流转着金色的光芒，世纪之门雕塑寓意时间的跨越。

林溪： 方阵中，有人举着“2000”字样的纪念牌，有人挥舞着帽子、围巾，他们与彩车共同构成一幅曙光初照、流光溢彩的画面，象征着中国与世界共同迎接新世纪到来的生动场景。

子文：世纪之初呱呱坠地的“世纪宝宝”们，如今已是英姿勃发的有为青年。源远流长的古老中国，历久弥新；跨越世纪的青春中国，风华正茂！

［方阵 15：科学发展］

林溪：簇拥着胡锦涛同志巨幅画像和“坚持科学发展观”标语的“科学发展”方阵正向我们走来。广场大屏幕上同步播放着胡锦涛同志的影像。

子文：以胡锦涛同志为主要代表的中国共产党人，团结带领全党全国各族人民，形成了“科学发展观”，形成了中国特色社会主义事业总体布局，成功在新的历史起点上坚持和发展了中国特色社会主义。

林溪：以人为本民心皆暖，和谐世界天下共赢。

［方阵 16：众志成城］

林溪：参与抗击“非典”的医护工作人员，参与汶川重建的解放军和武警部队官兵、救援队员、消防指战员、医疗队员、志愿者和各界群众组成“众志成城”方阵。

子文：彩车上，三座“人”字形山体组成一个“众”字，寓意万众一心、众志成城。在无情灾害面前，我们始终举国同心，创造了抢险救灾和灾后重建的双重奇迹。

林溪：彩车上汶川县的映秀小学，红白镇的红顶民居，阿坝州的古堡新寨，这些都是在废墟上建立的新家园。建筑周边布满盛开的油菜花，展现重建后的幸福生活。

子文：还记得当年汶川地震的“敬礼娃娃”吗？当年用稚嫩的小手向营救他的解放军叔叔敬礼的娃娃今天也站在了彩车上，如今的他已长成阳光少年。

［方阵 17：圆梦奥运］

子文：“圆梦奥运”方阵欢呼进场。可爱的福娃、福牛走来了，还记得他们的名字吗？“贝贝”、“晶晶”、“欢欢”、“迎迎”、“妮妮”和“乐乐”。“北京欢迎你”，这熟悉的旋律一下子把我们拉回到

2008 年那个盛夏。

林溪：“圆梦奥运”彩车以祥云火炬为底座，以螺旋上升的奥运五环为主体，我们熟悉的 2008 年北京奥运会和残奥会冠军代表正站在彩车上，向大家挥手！百年奥运，百年梦圆。我们不会忘记那个夏天，圣火点燃在世界最高峰，祥云火炬在鸟巢上空熊熊燃烧，各国奥运、残奥健儿，志愿者，火炬手为我们奉献了一届无与伦比的奥运会。

子文：光荣与骄傲，在 2008 年定格成永恒的经典。2022 年冬奥会，让我们继续相约北京！

[情境式行进二：东方雄狮]

林溪：激昂雄壮的鼓点催人奋进，900 名少年带来了中国功夫和舞狮表演的互动组合，开启了第二段情境式行进“东方雄狮”。

子文：天安门广场的大屏幕上，正同步播放着祖国各地的壮丽河山和各领域的建设发展成就。

林溪：方阵两侧，可爱的小狮子欢腾跳跃，憨态可掬；方阵中央，数百只雄狮闪转腾挪，威武勇猛；手持绣球的武术少年们一招一式，英姿飒爽，彰显出中华民族自强不息的精气神。

子文：曾经，中国被比喻为一头沉睡的雄狮，如今，睡狮早已醒来，雄狮昂首东方，这头东方雄狮正迸发出前所未有的激情与力量，巍然屹立于世界民族之林。

林溪：舞狮表演和武术少年们在行进中变换着阵形，方形队列在长安街上迅速变幻出四个巨大的圆形图案。

子文：圆形方阵又幻化成狮阵长龙，武术少年们跳跃、奔跑着向中央聚拢，四个巨大的圆形汇聚成一个五彩缤纷同心圆，天安门广场热闹欢腾、喜气洋洋。

林溪：在阵阵擂鼓声中，几百位武术少年一齐抛出了手中的彩球，圆心搭起了一座四层人塔，我们看到，塔尖的少年拉出“祝福祖国”的条幅！

子文： 全场欢呼，祝福祖国步步登高、蒸蒸日上！

林溪： 少年强则国强。美哉，我少年中国，与天不老！壮哉，我中国少年，与国无疆！

情境式行进“东方雄狮”

[方阵 18：伟大复兴]

林溪： 群众游行第三部分“伟大复兴”由 18 个方阵组成。簇拥着习近平同志巨幅画像和“贯彻习近平新时代中国特色社会主义思想”标语的“伟大复兴”方阵正向我们走来。

子文： 党的十八大以来，以习近平同志为核心的党中央，团结带领全党全国各族人民，进行伟大斗争、建设伟大工程、推进伟大事业、实现伟大梦想，创立了习近平新时代中国特色社会主义思想，推动党和国家事业发生了历史性变革、取得了历史性成就。

林溪： 中国特色社会主义进入新时代！中华民族迎来了从站起来、富起来到强起来的伟大飞跃！

子文： 我们看到，习近平主席正向着方阵挥手致意！

[方阵 19：创新驱动]

子文：《时代号子》铿锵唱响，科技创新领域的代表组成“创新驱动”方阵，自信昂扬地向我们走来。

林溪：创新驱动彩车的设计别具一格，它由排成一字形的三辆单体彩车组成，分别是高铁“复兴号”造型、“天宫二号”空间实验室造型和“蛟龙号”载人潜水器造型。三辆彩车的上方，搭载着“天眼”“北斗”“C919 大飞机”“长征三号”“天河二号”等大国重器。

子文：三辆彩车在行进中首尾相连，组成一列高速飞驰的“复兴号”列车，驰骋在科技强国的征途上，驶向更加美好的明天。

林溪：科学技术是第一生产力，创新是引领发展的第一动力。今天的我们，能上九天揽月，能下五洋捉鳖，更能以一日千里的“中国速度”，推进中国制造向中国创造跨越。

[方阵 20：区域协调]

子文：紧随着“创新驱动”方阵的是“区域协调”方阵。彩车底座宛如四条龙舟，龙舟头部突出京津冀、长江经济带、粤港澳、长三角“四大战略”，尾部展示西部开发、东北振兴、中部崛起、东部率先发展的“四大板块”。这里有你的家乡，也有我的家乡。

林溪：百舸争流，奋楫者先。四条龙舟你追我赶，龙舟之上旋转的巨型“魔方”气象万千：首都新机场、港珠澳大桥……多面屏上，变化呈现出各区域协调发展的新面貌，大格局、大蓝图，正在广袤的天地之间破土、生长。

[方阵 21：乡村振兴]

子文：农村致富带头人、劳动模范和农民群众组成的“乡村振兴”方阵走来了。

林溪：“乡村振兴”彩车上，北京四合院、徽派民居、陕北窑洞等不同区域的农村新民居层叠排列，村口的大柳树柳枝摇曳，院内海棠花嫣然绽放，新民居的墙面上一幅幅农民画描绘出新时代产业兴旺、生态宜居、乡风文明、治理有效、生活富裕的美丽乡村图景。

子文：游行群众舞动五彩绸扇，迈开欢快舞步，讲述着乡村振兴的喜悦故事。中国要强，农业必须强；中国要美，农村必须美；中国要富，农民必须富。

林溪：随着乡村振兴战略的推进落实，看得见山、望得见水、记得住乡愁的美丽乡村，将不再只是梦中的田园。

[方阵 22：民主法治]

子文：在一辆汉白玉石阶造型的彩车上，八位礼兵吹响了《宣誓号角》，“民主法治”方阵正向我们走来。

林溪：全国人大代表、全国政协委员、民主党派和无党派代表人士、宗教界代表人士、全国优秀公务员代表站立在彩车上。

子文：庄严神圣的宣誓台两侧，一双金色大手托起《中华人民共和国宪法》和人民大会堂的穹顶造型。五星穹顶星光灿烂，《中华人民共和国宪法》庄严神圣，这是我们共同捍卫人民民主的决心，是我们共同捍卫宪法法律尊严的承诺。

[方阵 23：民族团结]

子文：56 个民族 56 枝花，56 族兄弟姐妹是一家。各族群众身着节日盛装，手拉手跳着自由欢愉的民族舞，引领着“民族团结”方阵在前进。

林溪：彩车上“石榴瓶”光彩夺目，瓶身彩绘着 56 个民族兄弟姐妹的形象，象征着各民族像石榴籽一样紧紧抱在一起，血脉相连，风雨同舟，谱写中华民族团结奋进的赞歌。

子文：方阵中，各族人民簇拥着石榴瓶彩车，结成“民族团结同心圆”，共同祝福伟大祖国。我国是统一的多民族国家。新中国成立后，我们确立了以民族平等、民族团结、民族区域自治和各民族共同繁荣为核心的民族政策；今天，我们拥有了一个经济发展、文化繁荣、社会稳定、民族团结的大家园。

[方阵 24：凝心铸魂]

林溪：一个国家、一个民族，不能没有灵魂。现在走来的是“凝心铸魂”方阵。

子文：彩车由巨型火炬、基石和多彩年轮组成，“人民有信仰，国家有力量，民族有希望”，15 个大字刚劲有力，寓意着习近平新时代中国特色社会主义思想的火炬凝聚起强大的精神力量。游行群众激情豪迈、昂扬前进。

林溪：时代楷模、全国道德模范、最美人物和宣传文化战线先进模范代表高举火炬，站立在彩车四周，他们为党和人民继续前进提供强大的精神激励，强信心、聚民心、暖人心、筑同心，为国家立心，为民族立魂。

“凝心铸魂”方阵

［方阵 25：中华文化］

子文：新时代的新青年身穿中国风礼服闪亮登场。他们自信而洒脱地行进在“中华文化”方阵前方。

林溪：中华文化灿若星河，源远流长，它是流淌在每一个炎黄子孙身上的血脉基因。彩车以 4 朵五彩缤纷的花朵为主体形象，花朵下方圆形舞台相连。圆形小舞台上，箜篌、笙、古琴等八音迭奏，古典《采薇》舞摇曳生姿，戏曲表演精彩绝伦，多种艺术形式各展芳华，百花齐放、好戏连台。

子文：文化兴则国运兴，文化强则民族强。文艺工作者代表们站立在彩车上，更多有筋骨、有道德、有温度的文艺作品，正在为时代画像、为时代立传、为时代明德，谱写盛世华章。

［方阵 26：立德树人］

林溪：“老师好！”“同学们好！”“立德树人”方阵中的师生代表们身穿学生服，挥舞着各个学校的校旗，簇拥着彩车从青春的歌声、欢快的节拍中走来。

子文：教育是国之大计、党之大计。绿色操场和山丘组成彩车的底座，彩车以“打开的书本”和硕果累累的“知识树”为主体形象，数据链组成的树干上耸立着“教育云”。德、智、体、美、劳，各种师生教学互动场景呈现在彩车上，仿佛能让人感受到悠悠书香、琅琅书声。

林溪：今年，我国第一个以教育现代化为主题的中长期战略规划已经出台。培养什么人？怎样培养人？为谁培养人？答案，在同学们生动的面庞上，在他们坚定的脚步里。

［方阵 27：体育强国］

林溪：小轮车尽情穿梭，披着“70”字样披风的轮滑女孩潇洒酷炫，广场舞、啦啦操热情奔放，“体育强国”方阵正在向我们走来。

子文：今天，距离 2022 年北京冬奥会开幕还有 857 天，“体育强国”彩车充分凸显了冰雪运动元素，以“首钢滑雪大跳台”的造型为车体，以北京冬奥会“冰丝带”速滑馆造型为底座。车身上展示足球、篮球、排球、乒乓球、羽毛球、网球、自行车等各类运动的场景。冬奥会冠军代表们站在彩车上，向大家挥手！

林溪：我们看到，2022 年北京冬奥会、冬残奥会吉祥物——憨态可掬的熊猫“冰墩墩”和灯笼宝宝“雪容融”也来了！

子文：它们正在彩车上，向大家招手致意！热情地邀请全世界的朋友在 2022 年相约北京，相约冬奥会、冬残奥会，共赴一场冰雪奇缘。

[方阵 28：脱贫攻坚]

子文：走在小康路上，一路歌美花香。“脱贫攻坚”方阵的游行群众挥舞着向日葵和红旗，欢欣鼓舞。贫困地区驻村“第一书记”代表和脱贫群众代表的脸上充满了喜悦和希望。

林溪：“脱贫攻坚”彩车以一本巨大的日历为主体形象，环绕着日历的联合收割机、农业大棚、农村公路、新民居等场景展示贫困地区脱贫后的新景象。

子文：现在，日历不断翻页，显示出自 2013 年以来年度脱贫人口数量变化，日历最后定格在 2020 年，“打赢脱贫攻坚战”七个红色大字，是党和国家的庄严承诺。

林溪：6 年时间，8000 多万人脱贫，这是中国减贫史上的壮举，这是人类社会难以想象的奇迹！

[方阵 29：美好生活]

林溪：美好生活是什么？是环卫工人呵护的整洁环境，是快递小哥带来的便捷物流，是医生护士的悉心照料，是最美家庭的幸福相伴，是老年模特队的神采奕奕，是残障人士的方便出行。

子文：“美好生活”方阵中，有很多我们日常生活中熟悉的朋友，外卖小哥、环卫工人，是他们默默守护和保障着我们的幸福生活。

很想对他们说一声：谢谢！

林溪：“美好生活”彩车以穿越长安街东西的北京“大 1 路”公交车为主体，一道彩虹拱卫着车身。

子文：“大 1 路”公交车驶过了天安门城楼前，“幼有所育、学有所教、劳有所得、病有所医、老有所养、住有所居、弱有所扶”的美好生活场景呈现在我们面前。

［方阵 30：绿水青山］

林溪：青山悠悠，绿水荡漾，这是我们共同的家园，也是我们最宝贵的财富。生态环保战线的工作者组成的“绿水青山”方阵正在走来。

子文：方阵由一大两小三辆彩车组成彩车群，三辆彩车都以连绵起伏的青绿色山峦为主体形象，既体现了中国山水画的古典意境，又诠释着“绿水青山就是金山银山”的发展理念。

林溪：沙漠变绿洲，荒岭变青山。洁白的朱鹮在方阵中振翅欲飞，白鳍豚跳跃戏水，游行群众翻转着手中的帽子，在圆形的方阵中荡起阵阵涟漪。大屏幕上，滚动播放着祖国各地绿水青山的美丽画卷。

子文：江山如此多娇！这一山一水、一草一木，就是我们的祖国，我们的家乡，也是我们留给子孙后代的“绿色银行”。

［方阵 31：中华儿女］

林溪：从碧波滚滚的南海到白雪飘飘的北国，从小河淙淙的东部到大山巍巍的西部，“我爱你，中国”是中华儿女的共同心声。

子文：鲲鹏造型的彩车徐徐展开翅膀，象征着中华民族生生不息、扶摇直上的腾飞气势。

林溪：在鲲鹏彩车的引领下，包括海外侨胞在内的“中华儿女”方阵向我们走来。这是群众游行中最长的方阵。

子文：由各省、直辖市、自治区和香港、澳门、台湾地区精心设计制作的 34 辆彩车将依次通过天安门前。

林溪：广场的大屏幕上，同步展示着各地的人文风情和新时代的发展成就，与彩车、方阵一起，描绘出一个流动的中国、一个多彩的中国、一个奋进的中国。

子文：最前方是“首善北京”彩车，雨燕掠过红墙，“四个中心”战略定位牢固确立，我们伟大祖国的首都正焕发出新的勃勃生机。

林溪：河海灵动孕育着希望，人与自然和谐共生的天津，高举旗帜，奋进新时代。

子文：“千年大计，国家大事”，“盛世雄安”河北彩车彰显规划建设雄安新区的宏伟蓝图。

林溪：“奋进山西”彩车以鼓舞山河为主题，展示了山西继承革命传统、牢记殷殷嘱托、开创美好未来的奋进姿态。

子文：“美丽的草原我的家”，内蒙古彩车上骏马驰骋，绿色飞扬，草原儿女守望相助，共筑美好家园。

林溪：“展翅腾飞”辽宁彩车，寓意今日辽宁正在全面振兴的新征程上，凤凰涅槃，重振雄风。

子文：“速度吉林”彩车，展现了白山松水各族儿女新时代全面振兴发展的壮志豪情。

林溪：“中华粮仓”黑龙江彩车，巍巍兴安织云锦，茫茫“三江”谱华章。

子文：“奋进上海”彩车，象征上海建设国际经济、金融、贸易、航运、科技创新中心，朝着社会主义现代化国际大都市的目标迈进。

林溪：“江苏智造”彩车，展现了“强富美高”新江苏在智能科技产业化方面的新成就。

子文：“潮涌之江”浙江彩车，展现浙江儿女在中国革命红船的引领下，干在实处、走在前列、勇立潮头。

林溪：“美好安徽”彩车，展现了多姿多彩的徽风皖韵，奏响争当改革先锋的时代强音。

子文：“高素质高颜值新福建”彩车，展现了加快建设“机制活、产业优、百姓富、生态美”的新福建，生态“高颜值”，发展“高素质”。

林溪：“金色赣鄱”彩车，描绘了新时代江西人民“传承红色基因，厚植古色文化，加快绿色崛起，汇聚金色发展”的新画卷。

子文：“国泰民安”彩车，展现了山东乘着新时代的巨轮，劈波斩浪，逐梦前行，勇于走在时代前列。

林溪：“出彩中原”河南彩车，表达了河南儿女创新开放谋发展，同心共筑中国梦的壮志豪情。

子文：“光耀湖北”彩车，体现了湖北不断向着更快更高更强迈进的豪迈气势。

林溪：“潇湘今朝”湖南彩车，展现了湖湘儿女大力实施创新引领开放崛起战略，奋力建设富饶美丽幸福新湖南。

子文：“扬帆大湾”广东彩车，彰显了广东推进粤港澳大湾区建设、改革开放再出发的担当和决心。

林溪：“壮美广西”彩车，展现了壮美广西，风光旖旎，文化绚烂，民族团结。与东盟陆海相连，改革开放谱新篇！

子文：“美好新海南”彩车，展现了三十而立、蓄势待发的海南，正加快探索建设自由贸易试验区和中国特色自由贸易港。

林溪：“魅力重庆”彩车，展现出新时代重庆推动高质量发展，创造高品质生活，建设山清水秀美丽之地的绚美图景。

子文：“逐梦兴川”彩车，以四川治蜀兴川新成就，表达了巴蜀儿女对新中国 70 华诞的美好祝愿。

林溪：“多彩贵州”彩车，描绘了实施大扶贫、大数据、大生态三大战略行动的美好蓝图。

子文：“七彩云南”彩车，展示了云南各族人民团结奋进、跨越发展、实现梦想的新时代风采。

林溪：“幸福西藏”彩车，描绘了西藏民族团结、蓬勃发展、生态优美、人民幸福的美好图景。

子文：“壮阔三秦”彩车，表达陕西“五个扎实”谱新篇、追赶超越再出发的豪迈气概。

林溪：“交响丝路　如意甘肃”彩车，展现了奋力开创脱贫攻坚、富民兴陇的新局面。

子文：青海彩车展现了“中华水塔”三江源滋养华夏大地的美丽图景。

林溪：“建设美丽新宁夏”彩车，刻画了宁夏各族儿女团结拼搏、共圆伟大中国梦的奋进场景。

子文：“美丽新疆”彩车，象征新疆各族儿女像石榴籽一样紧紧抱在一起。

林溪：“香港，进”彩车，寓意东方之珠乘风破浪，追求发展，突显亚洲国际都会地位。

子文：“莲花绽放”澳门彩车，展现了澳门回归祖国二十年来的繁荣发展。

林溪：“宝岛台湾”彩车，彰显了“两岸一家亲，共圆中国梦”的主题，充分展现两岸同胞携手推动两岸关系和平发展、推进祖国和平统一进程、同心共创中华民族伟大复兴美好未来。

子文：我们看到，在天安门城楼上，习近平主席正向着“中华儿女”方阵鼓掌。

[方阵 32：人类命运共同体]

子文：一曲《千年之约》，婉转悠扬。中外青年携手前行，组成“人类命运共同体”方阵，向着观礼群众挥手致意、祝福，是他们共同的语言。

林溪：彩车上，五彩风帆象征着世界五大洲，底座上沙漠、陆地和海洋代表着“丝绸之路经济带”“21 世纪海上丝绸之路”，黄蓝色的桥体象征着互联互通，中欧班列承载着各国人民的美好期望，驰骋在“一带一路”上。

子文：中国发展离不开世界，世界发展也需要中国。今天的节日，属于中国人民，属于爱好和平的世界人民。

[方阵 33：从严治党]

林溪：没有规矩，不成方圆。“从严治党”方阵以党章为主体形象，错落有致的岩石构成车身，寓意筑牢从严治党的“压舱石”。

子文：全国先进基层党组织代表和全国优秀党务工作者代表，站立在彩车上。中央“八项规定”精神、“民有所呼，我有所应”、“学习强国”等新时代党建成果在彩车上生动呈现。

“从严治党”方阵

林溪：70 年前，我们党从西柏坡进京赶考。70 年过去了，共产党人向人民和历史交出了优异的答卷。今天，中国特色社会主义进入新时代，党内政治生态展现新气象，反腐败斗争取得压倒性胜利，全面从严治党取得重大成果。

子文：站在新的历史节点上，9000 万党员面临的“赶考”远未结束，全面从严治党，将永远在路上。

［方阵 34：不忘初心］

林溪：紧随着“从严治党”方阵走来的，是“不忘初心”方阵。彩车上，金色山体托起党徽，焦裕禄、孔繁森、杨善洲、罗阳、廖俊波、黄大年、李保国、王继才、谷文昌等各时期优秀共产党员的群体彩塑屹立山肩，20 位全国优秀共产党员代表环立山腰。

子文：为中国人民谋幸福，为中华民族谋复兴，中国共产党的初心和使命，坚如磐石，从未改变。

［方阵 35：扬帆远航］

林溪：70 载惊涛拍岸，九万里风鹏正举。“扬帆远航”方阵中，“中国号”巨轮乘着新时代的浩荡东风，承载着 14 亿中国人民的梦想，劈波斩浪，扬帆远航。

子文：游行群众穿着蓝白相间的服装，手持蓝白色气球，如同蔚蓝大海卷起白色浪花，又好像碧蓝天空飘荡着朵朵白云。

子文：在天安门城楼前，巨轮两侧的云帆徐徐升起，展现“直挂云帆济沧海”的意境。

林溪：我们有中国共产党的掌舵领航，我们有全国各族人民的扬帆划桨，“中国号”巨轮加满油、把稳舵、鼓足劲，向着实现中华民族伟大复兴的光辉彼岸，奋勇前进！

［情境式行进三：同心追梦］

子文：鼓点激昂、红旗翻飞，2019 名朝气蓬勃的少先队员组成的行进乐团和旗舞队开启了今天的第三段情境式行进“同心追梦”。

林溪：少年旗手们舞动着手中金、红两色的旗帜，行进管乐队身穿蓝色制服，在闪闪的红五星指挥棒指引下，踏着鼓点，整齐有序地来到天安门前。

子文：广场东西两侧的大屏幕上，一幅幅纯真烂漫的儿童画，以稚嫩的笔触、绚丽的色彩，描绘出新时代中国儿童眼中幸福生活的模样。

子文：此时，旗舞队和行进乐团在广场上交叉间隔排列。行进乐团奏响了旋律高亢的中国少年先锋队队歌。“我们是共产主义接班人，继承革命先辈的光荣传统。爱祖国、爱人民，鲜艳的红领巾飘扬在前胸。”

林溪：今年，同样也是中国少年先锋队建队 70 周年。1949 年 10 月 13 日，在新中国的阳光下，在五星红旗的指引下，英雄的中国少年有了光荣的名称——中国少年儿童队。1953 年 6 月，“中国少年儿童队”改名为“中国少年先锋队”。70 年来，中国少年先锋队的成长壮大，始终紧随着共和国的发展历程。

林溪：方阵不断变换阵形，一群旗舞队员奔跑着向方阵中心聚拢，迅速定格成星星火炬的图案。金星闪耀，火炬燃烧。中华民族伟大复兴的中国梦，终将在接续奋斗中成为现实。

子文：在一片欢呼声中，少先队员挥动着手中的旗帜，奔向长安街两侧，等待着最后一个方阵——“祖国万岁”的到来。

[方阵 36：祖国万岁]

林溪：“我和我的祖国，一刻也不能分割”，多么熟悉的歌声响起了。国标舞者自由奔放、舞姿曼妙，引领出今天群众游行的最后一个方阵——“祖国万岁”。

子文：一只十多米高的花篮呈现在祖国万岁彩车上，巨型花篮上，灿然绽放万紫千红的锦簇花团。飘动的红绸在车身上盘旋上升，随着方阵的行进，锦绣花篮缓缓旋转，美不胜收。

林溪：彩车行进到天安门城楼前，5000 名群众手捧花束，簇拥着花篮，在金水桥前形成一片欢腾的花海。

林溪：少先队员们一边摆动手中的红旗，一边向天安门城楼挥手。“我的祖国和我，像海和浪花一朵”，这是我们心中永远的歌。现在我们看到，刚刚以11连胜的骄人成绩卫冕世界杯冠军的女排姑娘正在彩车上，向大家挥手致意！

子文：7万羽和平鸽从广场四周腾空而起，展翅高飞，像挥洒的水墨点染天地，如跃动的音符拨动阳光，描绘出新时代的万千气象。

林溪：此时此刻，全体中华儿女用最动听的歌曲、最动人的舞姿、最灿烂的笑容，向祖国母亲送上最衷心的祝福和最美好的祝愿！

子文：七十载风雨兼程，七十载岁月峥嵘。

林溪：七十载沧桑巨变，七十载春华秋实。

子文：我们的祖国、我们的人民在这70年里，创造了波澜壮阔、惊天动地的历史。今天，一个充满生机的中国，一个充满希望的中国，已经巍然屹立在世界东方。

林溪：现在，全场合唱《歌唱祖国》，嘹亮的歌声回荡在天安门广场。

子文：7万只气球腾空而起，承载着一个个光辉灿烂的梦想，飞向天空、飞向远方、飞向960多万平方公里的锦绣河山，凝聚起奋进新时代的磅礴力量。

林溪：让我们紧密团结在以习近平同志为核心的党中央周围，高举中国特色社会主义伟大旗帜，以马克思列宁主义、毛泽东思想、邓小平理论、“三个代表”重要思想、科学发展观、习近平新时代中国特色社会主义思想为指导，为实现“两个一百年”奋斗目标、实现中华民族伟大复兴的中国梦而奋斗！

子文：昂扬奋进新时代，同心共筑中国梦。

林溪：祝福我们的祖国繁荣富强！

子文：祝福我们的人民幸福安康！

合：祝福我们的明天灿烂辉煌！

林溪：中央广播电视总台！

子文：中央广播电视总台！

林溪：各位听众，台湾同胞、港澳同胞、海外侨胞、全世界的中华儿女，庆祝中华人民共和国成立70周年大会就为您直播到这里。今天晚上，天安门广场上将举行盛大的首都国庆联欢活动，党和国家领导人同首都各界群众代表一起联欢，观看盛大的文艺演出和绚丽的烟火表演。

子文：中央广播电视总台所属中国之声、经济之声、音乐之声、经典音乐广播、文艺之声、中华之声、神州之声、中国交通广播、中国乡村之声、环球资讯广播、华语环球广播、南海之声将从晚上7点45分开始为您并机直播首都国庆联欢活动的实况。

林溪：听众朋友们，再见！

子文：再见！

第二章　追求“世界一流、历史最好”的目标

第一节　一支忠诚坚毅、高科技武装的传媒铁军

一、总台国庆直播报道大气磅礴、浓墨重彩

2019年10月1日上午，庆祝中华人民共和国成立70周年大会、阅兵和群众游行在北京天安门广场隆重举行，神州大地万众欢腾，整个世界为之瞩目。承担为此次活动提供电视直播公共信号任务的中央广播电视总台直播报道团队（简称直播团队），以高度的政治自觉和高水准的专业能力，为全国和全球的电视观众奉献了一场大气磅礴、震撼人心的视觉盛宴。整场直播报道行云流水，一气呵成，浓墨重彩，充分展示了东方大国领导人的领袖风范，尽情书写了神州大地的军民风采，生动体现了砥砺奋进的时代品格，堪称历次国庆直播报道中最为精彩、最有创意、最佳呈现的一次电视实践。

行云流水的直播报道，得益于一套异常复杂、科学高效的运作系统的强力支撑，1500多个直播分镜头创下中外电视媒体直播报道

的新纪录。

为了全面生动地直播报道庆祝新中国成立70周年大会活动，中央广播电视总台早在2019年2月26日就开始组建报道力量，成立了由何绍伟同志担纲总导演的直播报道团队，抽调精兵强将投入国庆报道这项“重中之重”的工作之中。

中宣部副部长，中央广播电视总台党组书记、台长慎海雄明确指出，此次直播报道责任重大，使命光荣，要有“世界一流、历史最好”的目标追求，“要细抠每一个细节，做到行云流水、有条不紊”。直播报道团队形成了“掌握活动的要点、重点、亮点和难点，组织成艺术看点”的工作思路，明确制定了“安全稳定保高原、出新出彩争高峰”的工作原则，有效采取了“固化、优化与突破并举”的工作方法，在对本次活动的整体内容和各重点环节的特点、功能、定位进行分析梳理的基础上，规划设计出了一个高效合理的直播运行体系。

这套直播体系由1个总系统、6个分系统共91个机位组成，另有34个微型摄像机安装在受阅装备和群众游行队伍中，实现全4K超高清制作，堪称新中国电视史上规模最大、投入最多、设备最先进、技术最复杂的直播系统。

总系统工作照

在长达 2 小时 45 分钟的时间里，六大系统要在职责明确、分工把守、协同作战的基础上，在行进拍摄中实现无缝衔接，精确到秒，万无一失，形成强大的战斗力和创造力。这对于参与报道的人员而言，是一场严峻而巨大的考验。

2019 年 7 月 18 日，直播团队正式进驻阅兵村，陆续投入力量进行直播演练。在每次要素较全的演练之后，及时刻盘送军方和地方阅研，并认真听取对方意见，不断改进提高。在 70 多天的备战过程中，直播团队结合我国历次国庆报道的成功经验和俄罗斯红场阅兵的精彩之处，通过多次合练、实地演练，以及对多个训练场地的多次走访踏勘，及时总结经验，不断完善拍摄方案，精雕细刻，精益求精，最终形成了共计 1500 多个直播分镜头的脚本。这些分镜头细化到了每一个时间节点、每一个活动环节、每一个动作细节，力求充分展示活动内容，完美呈现活动亮点，并在最后的直播中得到了严格执行，成就了中外电视媒体在重大活动报道中画面最为丰富、镜头最为多元、效果最为壮观的一次新闻直播报道，实现了“世界一流、历史最好”的目标。

震撼人心的直播报道，得益于一个个敢为人先的技术创新和细节之处的深情呈现，成为一场扬国威军威、展大国形象最为成功的国际传播。

此次国庆直播报道，政治要求高，报道任务重，社会影响大，人民群众充满期待。为确保活动的完美呈现，总台整个报道团队以高度的政治自觉、强烈的使命担当和过硬的业务素养，全神贯注地投入这项工作之中，脚踏实地在细节上下功夫、做文章，力求以最佳时机、最佳角度、最佳景别和最佳运动方式，形成最佳画面构图和最佳镜头组合，把新中国成立以来最为壮观的国庆庆典活动生动准确地展示在观众面前。

为此，新中国成立 70 周年的直播报道在电视直播方面实现了七大突破。

第一次使用升降塔拍摄时政画面。使用升降塔可以选择在合适时段升起拍摄，在不需要的时候降低高度，减少对其他机位拍摄效果及领导人观礼视线的影响，从而确保了整个时政新闻的画面饱满、鲜活、生动，党和国家领导人的形象熠熠生辉。

第一次在阅兵沿线外侧使用移动拍摄车跟随拍摄。增加侧面移动拍摄车首次实现了从侧面用平视角度拍摄首长问候与对应方队应答的同框画面，使时空关系高度一致，现场感强烈。

第一次实现离中心区更近的索道摄像机架设。与“9·3阅兵”相比，本次架设的跨长安街索道离活动中心区近了70米，镜头的表现力和视角的覆盖面得到极大提升，给观众留下了国旗、受阅部队及群众游行队伍、天安门城楼三层关系同框的经典画面，令人心潮澎湃。

第一次在领导人阅兵移动拍摄车上增加陀螺仪，大大地提升了画面稳定性，党旗、国旗和军旗迎风飘扬，色彩鲜亮，角度绝美，给观众留下深刻印象。

第一次设置近距离贴地机位，效果逼真震撼。本次直播中，在部队整齐线、长安街路面花岗岩条砖和柏油路的结合部，在柏油路面上自路北向中心开挖一条长32.5米、宽1厘米、深3厘米的线槽，预埋了电缆，徒步方队经过之后，装备方队过来之前安装贴地微型摄像机拍摄装备方队，展现受阅装备迎面而来的冲击力、震撼力。

第一次自主研发，提升了仿真系统的“仿真”作用。在活动主办方建立全程仿真系统的基础上，直播团队自主研发，通过叠加直播机位进行建模，对机位设置的合理性进行了验证，对拍摄效果进行了预览，以具有实地架设可能性的真水平角、真垂直角和真运行轨迹的机位进行“真仿真”，最大限度地接近了现场的真实效果。

第一次采用陀螺稳定和图像跟踪技术用于飞机编队的拍摄，对飞机进行快速锁定后可自动稳定跟踪，摄像师不必通过人工操控来完成飞机跟拍，只需在跟踪的基础上通过操控杆对构图稍做调整，

安装贴地微型摄像机

确保焦点聚实即可。这大大减轻了摄像师的操控难度，同时拍摄画面也非常稳定，构图更加精准，极大地提升了直播效果。此设备由航天十三所与总台联合研制，历时两个月完成了设备改造和直播任务。图像跟踪技术是光电侦察吊舱中应用比较成熟的技术，但是将空对地跟踪改为地对空跟踪，将军用技术改为民用，为影视特拍领域首次应用。

在创作方式上，此次直播更是创新不断，亮点频出，恢宏场面大气磅礴，细节展示精巧鲜活，显示出国家电视台过硬的业务素养和娴熟的驾驭能力。

在庆祝大会开篇中，直播节目通过直升机航拍镜头展现天安门广场、故宫的实时画面，使古老与现代的建筑形成强烈的对比与辉映，营造了一种历史的厚重感，突出了庆典活动的恢宏现场与浓烈氛围。尤其是通过广场东侧国家博物馆上设置的高点机位、广场中心区域的升降塔等特种设备，提供高点、全景、广角等多种角度的构图，流畅地展现了礼炮的威武、国旗护卫队的庄严，以及升国旗、奏国歌的神圣肃穆，将现场活动推向一个小高潮。

在习近平总书记发表重要讲话时，直播节目以最佳角度和构图，展现领导人饱满的精神气质和魅力风采，通过配合各界人士认真聆听、激动鼓掌等细节展示，现场官兵们列队整齐、表情坚毅等特写画面，既有效呼应烘托了讲话的感染力、感召力和启迪价值，又展现了官兵群众继往开来的坚定信念，为整场庆典活动奠定了昂扬向上的主旋律基调。

在习总书记检阅过程中，直播节目通过特殊视角和富有内涵的构图，以拍摄领导人检阅并亲切问候官兵的车上机位为主，以拍摄官兵应答并行注目礼的多个地面机位为辅，充分展示了方队整齐划一、军旗迎风招展、官兵口号洪亮、装备排山倒海的宏大场面，精准到位的切换和流畅的镜头语言生动表达了受阅官兵向领袖、向祖国表达人民军队忠于党的坚毅决心和钢铁意志。

在精彩的分列式直播报道中，节目通过多角度全景、高空索道摄像正面纵深跟踪移动、接力航拍等镜头语言，呈现出分列式排山倒海的宏大场面，完美地将政治性、时代性、战斗性、纪念性和历史性融为一体，全面呈现；通过比例合适的关系镜头，展示方队前方飘扬的旗帜、整齐划一的队列和精神抖擞的官兵，传递出红色基因发扬光大、新时代强军成效显著的内涵。观众的爱国热情被点燃，自豪感喷薄而出。

在欢快热烈的群众游行环节，直播节目则通过多种镜头语言，对参加群众游行的共和国老兵、伟人后代、少先队员、媒体工作者、奥运冠军、快递小哥、广场舞大妈等来自各行各业的普通群众，进行了全景式呈现；充分展示了老一辈革命家艰苦奋斗的历程，具体体现了新中国取得的成就和变化，生动刻画了人民群众对美好生活的向往，营造了自由、生动、欢愉、活泼的现场氛围。

此次直播，堪称中央广播电视总台勇于创新、砥砺奋进、迈向世界一流新型主流媒体的里程碑式事件，其成功实施预示着总台在世界传播格局中的强势崛起。

E 系统特种设备——联合研发地空自动跟踪陀螺仪

精彩纷呈的直播报道，给观众留下无数难忘的记忆瞬间，同时也带给人以感动与前行的力量，但许多幕后故事只存在于所有参与报道的电视人心里深处，鲜为人知。

在此次直播报道过程中及其结束后，无数的电视观众和网友纷纷发表感言，为祖国点赞，为人民喝彩，为幸福讴歌，同时也为总台的直播竖起了大拇指，认为“大阅兵直播荡气回肠，精彩纷呈，是最完美的一次电视直播”。

为了确保这场直播顺利完成，中央广播电视总台上下一心，倾尽全部，殚精竭虑。这是有史以来重大直播活动中投入力量最大、参与报道人员最多的一次，也是传播效果最好的一次。总台直接参与整个报道的人员多达 2800 人。

直播团队的 820 多名一线人员在长达 7 个多月的艰苦努力中，披星戴月，风雨无阻，奔波于南口阅兵村、北京市训练场和长安街之间，不辞辛苦，勤勉努力。他们起得比部队和群众早，收工则更晚，认真研磨每一个镜头，精心设计每一个画面。

通过小型拍摄设备拍摄受阅装备和群众游行队伍的F系统，仅当天提供的直播信号就达34路，还有51个录制机提供珍贵独特的主观视角和空中梯队镜头，为总台多平台报道提供了丰富的素材。而架设在地面的“最牛行车记录仪”，成功在首次亮相的直-20机外设置的直播机位，在彩车部分设计的360度旋转直播机位，以及首次实现5G+4K的直播，都是摄制人员经过上百次的研发、磨合而最终得以呈现的。

为了确保达到最佳效果，直播团队还请来八一电影制片厂的专家，和他们一起座谈，虚心听取他们的意见，完善直播方案。与此同时，前方后勤保障系统高效运转，服务前置，有力干练。5次阅兵村演练、3次天安门实地演练，加上最后一次实战直播，近千名报道人员的进场、撤场和通行，井然有序，无一差池。电视解说团队从文稿的初次撰写到最终定稿，历经一百多次反复修改，文案用纸高达近两米，主播康辉和海霞完整的串词演练就有20多次，可谓斟字酌句，精益求精。

后方新闻报道团队组成超强的策划编播阵容，一丝不苟，全力以赴。他们与前方密切配合，无缝衔接，精心策划直播特别节目，精心采制配合报道，最终把最精彩的直播画面、最丰富的节目内容、最生动的节目解说和最优质的电视信号，展现在全国观众面前，展现在整个世界面前。

此次国庆活动中，有59个受阅方队梯队和40支群众游行队伍参与其中。在所有参与直播报道的人员心中，直播团队就是“第100个方阵”，同时接受着党、国家和人民的检阅。对他们而言，“世界一流、历史最好”不仅是目标和追求，也是一种记录历史、不负重托的使命担当。

二、详解直播任务分工及亮点

在这次国之大典直播报道的筹备阶段，直播团队对活动的设计理念和需要表达的内涵进行了深入研究，就直播设想与主办方进行了深入交流。在总台宣传领导小组的协调下，直播团队与相关机构建立了良好的工作关系，得到了军地双方的大力支持。

总台要求直播团队“找有关业内专家交流，避免过去的不足”。直播团队反复研析中俄两国多次阅兵的视频，召开专项会议听取八一电影制片厂专家的意见、建议，在机位设置、拍摄角度、拍摄景别、组接节奏等方面得到了启发，通过消化借鉴，对此次直播报道方案进行了优化。

这次直播报道搭建了中国电视史上最大的直播系统，实现了全4K 超高清制作。直播团队在对本次活动整体和各部分的特点、功能和定位进行分析梳理的基础上，规划了科学合理的直播体系，明确了各分系统的主要任务。

（一）各分系统主要任务

A 系统有 29 个机位，主要任务是：拍摄分列式、群众游行、观礼台的各界人士，配合其他系统完成首长检阅的出发和返回拍摄。

B 系统有 11 个机位，主要任务是：拍摄在天安门城楼观礼的党和国家领导人、最高领导人发表重要讲话、活动主持人，以及其他观礼人员。

C 系统有 22 个机位，主要任务是：拍摄鸣礼炮，护旗队行进，升旗，军乐团、合唱队表演，以及阅兵总指挥向首长报告、部分分列式、群众游行方队和广场南侧的观礼观众。

D 系统有 20 个机位，主要任务是：拍摄首长乘车检阅全过程，以及受阅部队调整队形、登车。

E 系统有 9 个机位，主要任务是：拍摄全景画面和空中梯队。

F 系统有 34 个机位，主要任务是：通过布置在受阅装备和群众游行队伍中的小型拍摄设备，呈现主观视角和特殊视角。

在本次直播报道中，直播团队和技术部门通过提前预判、提前研发、提前准备等，最终将多种特种设备运用到直播报道中，大大提升了直播报道效果。

（二）直播理念及亮点分析

各个篇章和段落聚焦主题主线，分段设计镜头表达和操作实施，让整个仪式过程既有起承转合的流畅感，又有抑扬顿挫的节奏感。直播团队以格式化与个性化相结合的电视语言表达各篇章、各段落的主体和内涵，以最佳时机、最佳角度、最佳景别和最佳运动方式，形成最佳组合，达到最佳效果。

B 系统的工作人员在架设设备

第一篇章：开篇	
内容说明	**镜头表现**
此部分分为两个段落。 段落 1：主持人宣布大会开始、鸣礼炮、国旗护卫队行进。 段落 2：主持人宣布升国旗、奏国歌及升旗仪式全过程。 在鸣礼炮和国旗护卫队行进阶段，通过沿着红色道路前进的队列、整齐而有力的脚步和万众歌唱的场景，体现“历尽苦难，上下求索”“坚定信念，风雨兼程”“勇往直前，继往开来”的历史进程。	• 用直升机航拍镜头展现天安门广场、故宫的实时画面，古建筑和现代建筑的交融，突出庆典活动恢宏的现场氛围。一开始就营造一种历史的厚重感，反映中国强大的凝聚力和影响力。整体镜头节奏由弱变强，营造序幕即将缓缓拉开的期待感。 这一阶段，在天安门广场有多路机位覆盖广场观众临时观礼台、军乐团合唱团、礼炮阵地等多点。 • 通过广场东侧国家博物馆上设置的高点机位、广场中心区域的升降塔等特种设备提供高点、全景、广角等多种角度的构图，流畅展现礼炮的威武、国旗护卫队的庄严，升国旗、奏国歌的庄重肃穆。将现场活动推向一个小高潮。 • 当国旗护卫队从纪念碑走向国旗杆那一刻开始，用定点和移动交织，特写与全景交替，军乐声、礼炮声和脚步声交融。

（续表）

内容说明	镜头表现
此次的国旗护卫队与以往有所不同，护卫队将由三军组成，列队方式也有较大的变化和调整。直播团队根据队伍服装、列队、动作等的调整变化进行了机位的优化，充分展现变化和这个阶段设计感的同时优化表达，将开篇的庄严感、历史感和仪式感充分调动出来，为整场庆典活动的进行和接下来的领导人发表重要讲话做好铺垫。	• 用两台斯坦尼康摄像机移动拍摄从纪念碑到国旗杆之间国旗护卫队的行进和升旗仪式。 • 用 16 米摇臂动态拍摄国旗护卫队走下台阶的全景，展现出刚柔并济的美感和国旗护卫队前进的动感。 • 多点机位捕捉升国旗、唱国歌现场，领导人、受阅部队、现场观众等不同身份的人物的不同表情，以及万人同唱国歌的宏大场面，展示广场区域的庄重气氛，共同体现出万众一心、团结在一起的含义。
第二篇章：领导人发表重要讲话	
内容说明	**镜头表现**
领导人发表重要讲话时，在适当环节以规范的时政模式完整地切出所有领导人。 紧紧围绕活动主题，结合领导人讲话内容，缅古怀今，突出展现中华人民共和国成立 70 周年的飞跃式发展。	• 用索道摄像机全景展示天安门广场的建筑和群众，烘托领导人发表重要讲话的气氛。 • 在这个阶段，按照时政画面拍摄规定，出好全套时政镜头。展现领导人和人民群众上下一心的良好风貌。

（续表）

内容说明	镜头表现
以最佳角度和构图，展现领导人风采；在恰当时机把恰当人物的恰当动作、表情等穿插其中（如聆听、鼓掌等），以具有共鸣感的声画元素，有效呼应、烘托重要讲话内容，体现讲话中蕴含的深刻哲理，体现讲话的感染力、感召力和启迪价值。	• 在此阶段，配以各界人士认真聆听、激动鼓掌等细节，捕捉现场官兵列队整齐、表情坚定等细节，展现官兵群众继往开来的坚定信念。为整场庆典活动奠定主旋律的基调。
第三篇章：领导人检阅	
内容说明	**镜头表现**
此篇章主要由六部分构成。 主持人宣布检阅开始； 标兵就位； 领导人乘坐检阅车出发，阅兵总指挥报告； 领导人向党旗、国旗和军旗行注目礼（新增环节）； 检阅全程； 领导人回城楼后，官兵登车、军乐团演奏候场。	• 整个标兵就位过程由全景、游动机位提供的中景、特写，伸缩臂提供的大全、近景等画面互相配合组成。配以标兵整齐的脚步声，营造重点环节即将开始的气氛。 • 在领导人乘坐检阅车出城楼、接受报告等环节，直播团队通过优化机位和准确掌握行车路线、切换节奏，拍摄领导人镜头更为正面，同时有效规避周边杂乱背景，突出展现领导人的高大形象。 • 特别增加一个移动机位，沿长安街南侧拍摄领导人检阅全程，首次实现领导人问候与受阅官兵应答同框的时间性和空间性高度统一。

（续表）

内容说明	镜头表现
整个检阅过程充分展示领导人庄严大气的领袖风采，记录官兵威武雄壮的精神面貌。表现好官兵对领导人敬礼、行注目礼、回应领导人问候，生动体现“人民军队忠于党”的内涵，宣示军队听党指挥、拥戴核心的理念。 从检阅部分开始，围绕“坚定维护核心”“展现时代品格”“彰显国威军威”“激发爱国热情”等主题，着力体现我军组织指挥、战纪素养、精神风貌、武器装备等改革强军的成就，顺应新格局、构建现代中国军事力量的发展变化。与以往历次阅兵相比，此次阅兵有许多新亮点，如：新增领导人向三面旗帜行注目礼环节，首次增设了领导指挥方队、文职人员方队、维和部队方队、战旗方队，等等。体现时代性，展现新时代首次阅兵的隆重热烈，体现创新性，反映新风貌，同时体现联合性。	• 在专门拍摄领导人近景和特写的两台移动拍摄车上更新安装了陀螺仪和高性能的减震镜头，可以更加稳定地拍摄领导人检阅画面，以及受阅官兵的整齐列队。 • 专门增设机位，拍摄新增的向三面旗帜行注目礼的环节，展现这一环节的庄重氛围和领导人的高大形象。 • 在长安街南侧沿街搭建索道摄像机，连续移动拍摄整装待发的受阅官兵和装备接受检阅。营造受阅部队一望无际的纵深感。 • 与“9·3阅兵”相比，索道摄像机向西调整了位置，从原来的东单—邮通街路口向西调整到大华路—台基厂大街路口，不但可以兼顾徒步方队和装备方队，搭建方式有所优化，也可以有效减少长安街边灯杆和树木对检阅拍摄的影响，在长距离的空间内从平视角度最大限度地连续展现整个受阅队伍。 • 专门机位跟拍5名战区指挥员的注目礼。

（续表）

内容说明	镜头表现
整个阅兵过程通过特殊视角和富有内涵的构图，以拍摄领导人检阅并问候官兵的车上机位为主线语句，以拍摄官兵应答并行注目礼的多个地面机位为逗号，方队整齐划一，军旗猎猎，官兵口号洪亮，装备排山倒海，力求用准确的切换和流畅的镜头语言表达受阅官兵向领袖、向祖国表达“人民军队忠于党”的坚毅决心。以动静相宜的镜头、清晰明亮、亲切动人的声音，展现领袖庄严大气的风采；用各种角度的镜头表现官兵对领袖敬礼、行注目礼、回应领袖问候，以及震耳欲聋的应答声与强军口号，展现世界一流军队的自信。	•移动机位常备捕捉两侧观礼台观众画面，以备领导人检阅回程招手示意时捕捉精彩画面。 •领导人检阅返回城楼之后，借鉴朱日和阅兵直播的经验，在此阶段直播官兵登车环节，展现我军联合作战的机制体制下，精干化、一体化、模块化、多能化等特征越来越突出，以及反应迅速、作风优良的新型现代化军队优良形象。 •采用多种小型特种设备，如带有十字轨道的摇臂等，力求从不同角度和方式展示受阅官兵坚毅的面孔和铿锵有力的口号，做到每个方阵各有侧重，各有特色。
第四篇章：分列式	
内容说明	**镜头表现**
本次阅兵分列式部分共有 59 个方队梯队，分为徒步方队、装备方队、空中梯队等。首次增设了领导指挥方队、文职人员方队、维和部队方队等；仪仗方队之后的领导指挥方队将军排面在前，体现我军领导身先士卒	•在领导人观看分列式阶段，与分列式队伍恢宏气势的镜头相呼应，适时穿插领导人的反应镜头。

（续表）

内容说明	镜头表现
的精神面貌；徒步方队之后的战旗方队展示五大战区历史沿革的荣誉旗帜，猎猎战旗彰显了我军不忘初心、牢记使命，新时代继续砥砺奋进的血脉传递、精神发扬光大的内涵传承。 为有效体现政治性、时代性、战斗性、纪念性和历史性，以高低有别、组接有序的镜头，用多角度全景、高空索道摄像正面纵深跟踪移动、接力航拍等镜头语言，呈现出分列式排山倒海的宏大气势；以比例合适的关系镜头，展示好方队前飘扬的旗帜与整齐划一的队列和精神抖擞的官兵，传递出红色基因发扬光大、新时代强军成效显著的内涵；利用精心设计的节点镜头，清晰表现方阵的空间关系和逻辑关系；按时空顺序清晰、准确、连续地把主体的时空运动过程、主体的特征和细节，以及主体与环境的关系，展现得及时充分、丰富多彩。	• 采用多种特种设备：航拍直升机、升降塔、伸缩臂、摇臂摄像机、轨道摄像机、索道摄像机等，全方位多角度从天安门南北、广场东西高低角度、地空全覆盖表现各支受阅方队。 • 在展现方队的同时，通过高点的机位、曲臂车、摇臂镜头、航拍等，全景展示活动现场热烈的气氛，用镜头语言准确恰当地展现阅兵的各个元素之间的关联。做到不丢要素，完整表现要素，完美展现要素。 • 索道摄像机此次更靠近中心受阅区域，可以更近距离拍摄受阅方队迎面而来的滚滚人流车流，以及以国旗为前景，以天安门城楼为背景，受阅方队经过的经典场景。 • 两台斯坦尼康摄像机贴近受阅方队拍摄，捕捉受阅官兵的表情，从而反映他们内心的情感变化（激动、自豪、感慨等）。 • 反复研究各个徒步方队的特点，确保从空中到地面，从广场高点到地面，从长安街北侧到南侧，从队列到个人，从不同角

（续表）

内容说明	镜头表现
完美呈现受阅方队线条构成的几何美感，动作形成的程式和程序，躯干与四肢动静结合形成的韵律，脚步声和音乐声形成的节奏；突出展现受阅方队经过天安门广场前“头线、手线、枪线、腿线、胸线、帽线”的“六线合一”；特别是注意以华表、人民英雄纪念碑、天安门城楼、人民大会堂等为前景或后景，形成具有深广含义的关系镜头，让历史与今天在一个画面中得到完美统一。 在分列式阶段，还会在机位设置角度上，注意使用略俯的角度体现好分列式队列形成的横、竖、斜、平等线条，表现逆光在受阅官兵头上、肩上、装备上勾勒的轮廓，以减少逆光带来的影响。	度展现徒步方队整齐划一、排山倒海的雄壮军威。同时，通过机位的变化和镜头的切换，展现不同方队各自的特质。 • 在领导指挥方队，针对将军排面的设计等，重点捕捉将军们的沧桑面孔，唤起历史感，引发人们的内心共鸣。 • 在装备方队，根据装备的特点，用不同的角度和镜头语言展现我军威武之师的精良装备，突出展示此次阅兵“装备技术空前”“技术力量空前”“体制机制空前”这三个“空前”。同时，选取一些更适合表现装备的角度设置机位。在一些装备上安装微型摄像机，用主观镜头的方式表现装备经过天安门城楼前的现场实况，从而体现我军改革后新的指挥体系变化、规模结构和力量编成的变化、结构调整的变化等，突出展现强军新风貌。 • 针对空中梯队速度快、造型变化多等特点，分别通过空中直升机跟拍、地面摄像机追拍等，展现空中梯队的造型变化，突出单机装备的近景画面，展示近年

（续表）

内容说明	镜头表现
布置在地面和空中的受阅装备内外的特种拍摄设备，带来新角度和新感受；展现受阅官兵和“我们来了”的激动心情，让观众更好地触摸活动的脉搏和温度。	来我国空军事业的发展成就。针对以往从北侧拍摄飞机逆光的问题，此次专门在长安街南侧增加多个机位，并在北侧北京饭店顶增加两个机位，充分展现空中装备的色彩、装备特色。 • 分析空中三面旗帜的符号含义，根据陆航空中梯队在地面装备方队中间出现等特点设计不同的镜头拍摄和切换节奏，将历史性与现代性有机结合。 • 多个机位游动近中景捕捉现场观众的丰富表情，通过互动镜头表现“全民性”这一活动特点。
第五篇章：群众游行	
内容说明	**镜头表现**
本次群众游行由10万群众和70组彩车组成36个方阵和3个情境式行进，沿长安街由东向西通过天安门核心区，以自由、生动、欢愉、活泼的形式呈现“同心共筑中国梦”的主题。游行分“建国创业”“改革开放”“伟大复兴”三个篇章，展现中国共产党团结带领全国各族人民从站起来、富起来到强起来的伟大征程。	• 采用航拍直升机、升降塔、伸缩臂、摇臂摄像机、轨道摄像机、索道摄像机等特种拍摄设备，全方位多角度从天安门南北、广场东西高低角度、地空全覆盖表现游行队伍。

（续表）

内容说明	镜头表现
游行群众既包括工人、农民、教师、学生、医生、公务员等各领域的群众代表，也包括快递小哥、广场舞大妈、新的社会阶层人士等新兴领域的群众代表，还包括港澳台同胞、海外侨胞、外国友好人士代表等，他们组成一个个方阵，鲜活描绘新中国70年来发展的辉煌成就，形象概括中国人民70年来走过的伟大道路，生动展现新时代中国人民意气风发的精神风貌。	•在展现群众游行队伍通过天安门核心区的同时，通过高点的机位、曲臂车、摇臂镜头、航拍等，全景展示现场热烈的气氛、用镜头语言准确恰当地展现游行群众和现场各个元素之间的关联，让观众既看到局部，也看到整体。 •深入解读每个方阵的内涵，有针对性地进行阐释，使仪式镜头、大场面镜头和特写镜头交融交织，既有“大写意”，又有“工笔画”。 •在领导人观看群众游行时，适时地穿插领导人的反应镜头，与游行队伍恢宏气势的镜头呼应。 •前三个方阵将实现联合叙事，先将直播镜头推到1949名青年托起的巨幅国旗上，让所有屏幕上满屏的中国红，而后镜头慢慢抬起，让巨大的国庆年号和国徽进入画面，继而21辆致敬方阵的礼宾车徐徐驶进画面，用这种层层递进的叙事致敬中华人民共和国的缔造者、建设者、捍卫者和奋斗者。

（续表）

内容说明	镜头表现
为充分展现群众游行自由、生动、欢愉、活泼，针对不同篇章、方阵的特点设计镜头语言，有的以传达庄严肃穆为主，有的以展现辉煌成就为主，有的以抒情共情为主……总之，挖掘并展现了每个方阵所表达的思想内涵。运用多角度全景、高空索道摄像正面纵深跟踪移动、接力航拍等镜头，呈现人流涌动的盛大场景；采用精心设计的节点镜头，清晰表现36个游行和3个情境式行进的时空关系和逻辑关系；采用多种拍摄手段，既讲好每个方阵的故事，又铺陈好新中国发展，新时代奋进的画卷，让观众产生“在场”感，拥有较强的沉浸式体验。	同时，通过提前放置在致敬车队上的直播子系统，拍摄礼宾车上代表的面孔和表情，表达人民的敬意，传承时代的精神。 • 多个游动机位，穿插进情境式行进队伍中，用第一视角将观众带入现场的氛围，让观众感受自由欢愉的气氛。 • 利用特种设备的优越性，全方位展现各省、自治区、直辖市和中国香港、中国澳门、中国台湾的彩车。通过大全、中景、特写等镜头展示彩车细节，同时穿插特写镜头，展示彩车上、下群众的自信、自豪的笑脸。 • 多个机位游动近中景捕捉现场观众的丰富表情，通过互动镜头表现“同心共筑中国梦”的主题。

D 系统特种设备——组装国产开放式陀螺仪组合移动拍摄车“天蝎座”

三、直播技术创新点和成果

（一）全 4K 超高清直播及 8K 制作

1. 首次在重大时政直播中构建节目制作、传输、播出全链路 4K 制播体系

全面贯彻总台全流程 4K 超高清制播总方针，现场 4K 超高清转播系统及设备实现全系统复杂级联，全流程 4K HDR 超高清制作。前方大型 A 类 4K 超高清直播车内部信号采用 SMPTE 2110 标准，作为 4K 超高清视频和音频信号的传输协议。

2. 转播报道系统规模创历史最高

现场设置 6 个分系统，采用 103 个 4K 超高清机位，4 套 4K 超高清转播系统，复兴路 800 平方米 4K 超高清演播室接收分系统 4K 超高清信号进行总成包装，完成公共信号制作任务。

3. 确保 4K HDR 超高清和高清同时播出的图像质量

针对此次超大规模全流程 4K 超高清 / 高清直播，技术部门设置

了技术质量专项工作组，总体把控各分系统每一台 4K 超高清摄像机的图像指标、色彩一致性和下变换准确性；研判并协调各环节对全链路音视频信号时延进行调整，确保声画同步，确保 4K 超高清 / 高清同播画质。

4. 首次采用双机编队完成直升机航拍

直播团队在一片作业空域内同时使用 2 架直升机，双机编队协同航拍并配置 2 套 4K 超高清航拍直播系统；在空中指挥、双机协同、拍摄手法等方面取得新突破。

5. 首次使用 8K 超高清进行阅兵及联欢活动全流程拍摄制作

在阅兵活动中，共使用 6 套 8K 摄像机，力求在每个角度突出高画质、宽色域，充分展现阅兵气势及 8K 超高清画幅特点。在联欢活动中，共架设 8 套 8K 摄像机，画面追求大气，突出大景观，力争用 8K 超高清呈现细腻多彩的真实画面。

8K 机位严阵以待

（二）5G、微波 4K 超高清传输

1. 首次将 4K 移动微波传输设备应用在领导人阅兵新闻采访车信号传输中

在有限载波带宽内，实现了高视频码率传输，微波传输端到端延时低至 20ms；首次采用 4K 固定微波传输设备传输 ABCD 四个系统的 PGM 信号，码率达到 65Mbps，微波端到端延时最低达到 99ms。

2. 实现装备方队移动微波无人值守传输

直播团队充分利用微波 7GHz 频率特性，实现地面装备方队和彩车特殊角度机位的信号传输；采用微波滚进式接收，实现信号在有效窗口内覆盖。

3. 首次使用 5G+4K 技术完成室外移动场景下大规模超高清视频直播活动

在庆祝新中国成立 70 周年活动的直播报道中，共有 5 个特殊机位镜头使用 5G+4K 技术进行直播，信号稳定，画面清晰。总台联合三大运营商及华为公司就长安街沿线 5G 信号的覆盖情况进行了百余次实地传输测试、比较和验证，实现了东单至天安门西 5G 信号的连续无中断覆盖。使用 5G 独立组网（SA 方式）商用网络，设置了专用网络通道，规划了专属频段，并对直播终端设置了专有优先级，在避免外部干扰的同时有效保证了网络速率和容量。

4. “5G+4K”直播实现全流程采用国产技术

拍摄端采用了国产 4K 微型摄像机，在前期与摄像机厂家详细确认了设备拍摄参数，满足了总台 4K 超高清电视节目制播技术规范要求。此外，直播团队采用了总台与国产编解码器厂商联合研发的国产化便携式 5G+4K 直播背包设备，实现了背包设备的轻量、便携和可移动。高度集成的 5G 移动背包全面支持总台 4K 超高清电视节目制播技术规范，具备 4×3G SDI、12G SDI、HDMI 等多种接口输入及 USB 数据传输接口，待机时间基本符合常规直播要求。

5. 首次在直播中运用 5G 网络捆绑、编解码纠错、5G 切片、AES 数据传输加密等新技术

这些技术的应用保证了 4K 超高清画面在长距离移动中多基站切换时传输的质量及稳定性。总台技术部门与三大运营商、华为公司以及编解码设备厂商密切合作，成功实现了多路 4K 超高清画面同时通过 5G 网络安全稳定回传总台，经新媒体信号调度分发系统将 4K 超高清信号分别发送至现场 A 系统转播车、央视新闻客户端和 5G 新媒体平台，为电视大屏和央视新闻、央视网、咪咕等新媒体客户端提供了独具特色的 5G+4K 超高清主观镜头画面。

（三）AI 助力新媒体 70 小时播出

1. 新闻云有效支撑国庆庆典活动新媒体报道

总台技术部门以“全球电视和新媒体一体化新闻生产协同，全球素材资源共享，电视和新媒体融合制作”为工作目标，形成以台本部为核心，以海外区域制作中心为外延，覆盖全球的新一代新闻采编网络。为适配新闻新媒体中心的报道需求，技术部门将 70 路前方各系统信号以 IP 方式全部送入总台新闻云系统，同时汇聚了总台国内外记者自采新闻素材以及地方台和国际通讯社新闻素材，有效支撑了总台新闻新媒体中心——央视新闻客户端 1+7 路 70 小时的直播报道和微视频制作。

2. 人工智能视频剪辑初试啼声

技术部门为此次庆典的新媒体报道专门开发了基于 AI 技术的视频智能剪辑平台，实现了每个受阅方阵、游行队伍通过观礼台时的精彩视频的自动剪辑。视频智能剪辑平台以图像识别技术为基础，结合语音识别等 AI 技术，设计开发了队伍方阵识别、有效镜头检测和自动合成剪辑三类 AI 处理模型。

AI 技术的引入，改变了节目生产方式，提高了内容生产效率。

采用AI自动跟踪拍摄系统实现对空中目标的锁定和稳定跟踪

视频智能剪辑平台的应用，是总台首次将多种人工智能技术综合运用于大型新闻报道中，是总台应用推广新技术、新产品和实践创新的重要一步，将全面推动总台新媒体内容生产智能化发展。

3. 5G、4K、VR等多来源、多渠道的新媒体内容集成与分发助力新媒体全方位报道

作为总台新媒体内容汇聚和多渠道分发枢纽的新媒体集成发布平台，在国庆当天承担了阅兵多角度信号、5G+4K回传信号、VR直播信号、晚会直播信号以及晚会新媒体信号的多来源汇集、收录，成功面向总台包括央视新闻客户端、央视频H5直播、央视网、央视影音客户端、央视综艺客户端、CCTV微视、央视戏曲客户端、央视音乐客户端，以及台外包括微博号、头条号、百家号、快手号、企鹅号等第三方渠道的新媒体直播分发。本次直播保障来源多、渠道多、形式多、时段多，是总台新媒体平台投入使用以来最为复杂、最为重要的一次。

（四）大量特种装备丰富镜头语言

采用多种类型4K超高清特种拍摄设备，应用多款自主研发、自主改造和积极适配节目需求的装备，极大丰富了直播画面的镜头语言。

首次在移动新闻车上使用4K超高清陀螺仪稳定摄影系统，拍摄

领导人检阅盛况。

首次采用新研发的重型陀螺仪升降塔作为重点时政机位，拍摄领导人画面。

首次采用 4K 超高清微型遥控伸缩塔拍摄城楼正中反打镜头。

首次使用双头轨道系统拍摄阅兵队伍通过天安门的近景画面。

首次采用 AI 自动跟踪系统拍摄空中梯队。

首次使用系留无人机系统作为高点景观机位之一，从高角度展现北京中轴线的全景画面。

全新 4K 超高清改装的二维有线传输索道摄像机系统“天鹰座”，极限跨度首用天安门广场。

VR 全景转播设备迎接国庆节的第一缕阳光

D 系统特种设备——国产改装 4K 陀螺仪

A 系统特种设备——国产 4K 遥控微型摄像机

A 系统特种设备——研发二维有线 4K 索道摄像机系统“天鹰座”

大量采用国产 4K 超高清光传输设备，实现特种设备全 4K 超高清直播。

（五）呈现完美三维环绕立体声体验

首次在重大时政转播中实现环绕声音频直播。其间，在天安门广场和阅兵沿线进行环绕声声场空间制作，首次在 D 系统移动车上随车进行环绕声声场移动中拾取。

首次使用总台第一辆 IP 架构三维声录音车和三维声标准制式话筒参与直播，用来拾取广场大场面的宏观音效。

首次运用 AOIP（Audio over IP）技术，从耳房到总台现址，通过光纤实现 IP 远端传输，极大拓宽了远端回传带宽，最大限度缩短了声音回传延时，实现了声音互传。长达 7 公里的距离，传输音频信号延时量仅为 0.1ms。

现场各系统共计超过 300 路信号进行了原始声音素材的多轨记录，为后期精品节目生产和出品三维声版本、配合 8K 节目制作等奠定了基础。

（六）4K 超高清影院直播

新中国成立 70 周年活动直播报道中，总台首次将庆祝活动在影院进行直播观影呈现，这是 4K 超高清时代电视与电影相融的有益尝试。

此次直播，技术部门通过国家电影局的卫星传输通道，将数字电影文件拷贝的传统途径用于直播信号的传输，利用广播卫星高可靠、广覆盖的特点，快速打通了 4K 超高清直播节目在 70 家影院播出的实时传输通道。通过对既有电影播放设备的兼容性适配，充分利用影院现有条件，实现了广播电视 4K 超高清信号的兼容播出。

（七）多重手段提高技术保障能力

现场各分系统重要机位交叉设置，实现系统间机位互为备份。

AC 系统集群设置，方便新建 4K 转播系统集中测试、调试与传输，进一步提高安全播出技术保障水平。

D 系统不再采用多台电子新闻采集（ENG）单机的回传方式，首次设置转播系统并布设至转播前方，全部使用可进行质量把控的有线讯道摄像机，并解决声画同步难题，确保拍摄质量；

前方转播系统（ABCD）首次采用全 IP 通话方式，实现通话面板间全 IP 信号交换，提高了系统的可扩展性和延伸能力；

部分特种设备首次通过远距离 IP 光纤传输方式，实现了通话、TALLY 等复杂控制。

后方总合成的 800 平方米 4K 超高清演播室、新闻频道直播的 No.7 新闻高清演播室、4K 超高清频道直播的 E16 4K 超高清演播室和为影院直播搭建的 4K 超高清演播室系统，分别制定了有效可行的应急预案，同时相互间完成了系统级备份，确保直播万无一失。

D 系统技术人员在进行过线槽铺设

第二节　全平台、多终端融合传播主导舆论场

一、《日出东方　盛世华典》：重大主题宣传报道融合传播创新

2019 年 10 月 1 日，中央广播电视总台的 15 个电视频道和 15 个广播频率，以及各主要新媒体平台同步直播国庆盛典。其中粤港澳大湾区之声首次使用粤语全程直播报道，观众规模、新媒体视频直点播收看次数、新媒体话题总阅读量、新媒体端收听量等数据均创历史纪录。

（一）守正创新　融媒体传播优势赢取创纪录流量

中央广播电视总台新闻新媒体中心提前策划，精心组织，充分发挥新媒体优势，坚持守正创新，以“庄重”“大气”“喜庆”“祥和”为主基调，围绕国家勋章颁授仪式，烈士纪念日敬献花篮，庆祝大会、阅兵及群众游行，联欢活动等多场重要活动，延伸场内场外，通过特别节目、新媒体直播、图文特稿、微视频、H5 页面、海报、微博互动话题、VR 直播、线上线下联动等丰富多样的新媒体手段和产品，全方位多角度充分报道国庆盛典，展现领袖风采，弘扬爱国情怀，营造喜庆氛围，取得了很好的传播效果。

2019 年 9 月 29 日凌晨 6 时至 10 月 2 日凌晨 4 时，央视新闻重磅推出 70 小时不间断直播《日出东方　盛世华典》。70 多路记者（包括 26 路新媒体记者）、100 余路信号，创下节目时长、海量观看、全网阅读等多项纪录，最终获得 27 亿人次总观看量（含快手、微博、百家号等），全景观盛典 H5 产品总观看量达 12.7 亿人次。央视新闻微博平台互动量达 689 万人次，评论量达 37.6 万条，分享量达 57.1 万人次。

《日出东方　盛世华典》以国家勋章颁授仪式，敬献花篮仪式，庆祝大会、大阅兵及群众游行，联欢活动等 4 场重大活动的直播为主线，延伸场内场外报道，全方位立体式展现国家大典，充分体现了总台新闻新媒体坚持守正创新的理念和追求。守正：4 场重大活动与总台新闻频道完整并机直播，确保安全播出。创新：以“三多”实现“三最”，即多路直播信号汇成整体内容优势，多形态新媒体节目构成表达手段优势，多平台分发形成传播渠道优势，从而实现节目直播时间最长、观看量最大、网友互动最热烈的传播效果。

截至 10 月 7 日 11 时，央视新闻客户端及其合作媒体账号共发布国庆相关报道 2000 余条。所有新媒体平台国庆相关报道总点击量超过 180 亿人次，全网二次传播放大倍率超过 200 倍。其中，9 月 29 日至 10 月 4 日，央视新闻客户端累计完成 50 余次重大时政消息的递进式推发。10 月 1 日当天，央视新闻新媒体各平台发布国庆相关报道 450 余条，总阅读量超过 5 亿人次。其中，央视新闻客户端发布独家视频 300 余条，总阅读量超过 5000 万人次。截至 10 月 7 日 10 时，国庆盛典全程共制作 400 余条《独家 V 观》视频，一经发出便迅速被全网转发刷屏。

（二）发力“前沿 + 后展” 以移动直播特性放大信源优势

《日出东方　盛世华典》从策划阶段就“有所为，有所不为”。“有所不为”是指充分共享三大直播系统：庆典直播系统、联欢会直播系统以及新闻频道单边直播系统。“有所为”是指做好 10 月 1 日庆典核心时段直播之外的“前沿 + 后展”，要做盛大庆典背后的伟大工程。总台的定位是焦点和着力点，关注整场新中国成立 70 周年庆典活动如何有条不紊地组织起来。总台聚焦的不是“钢铁”本身，而是全过程展现“钢铁是怎样炼成的”。这么大的活动能够做到有条不紊，本身就是一项世界级的工程。

《日出东方　盛世华典》在高度共享总台视频资源的同时，创新设计了《晨光里的中国》《盛典朋友圈》《多路记者探秘盛典》《光华路下午茶》《总台拉片会》《华灯璀璨》等一系列新媒体直播版块，充分发掘了移动直播的优势，装备的轻巧化增强了直播的贴近性。10 月 1 日凌晨，央视新闻记者通过手机 4G 信号，在阅兵训练场直播了难得一见的仪仗队誓师场面，捕捉到了士兵眼中噙着泪花的画面；在大阅兵开始前数小时，另一路记者启用高骏移动直播背包，在长安街逐个方阵进行探访直播，关注度极高，直播中一闪而过的士兵“比心”等细节，被很多社交媒体截图进行二次传播。

除了单边直播，《日出东方　盛世华典》还精心制作了一系列推介短片，包括《日晷版》总片头，以及《VR 视角看盛典》《总台幕后宣传片》《东方日出荟萃》《记者探秘盛典》《航拍盛典》《华灯璀璨精编》等，持续吸引和提升人们对庆典直播的期待。

与此同时，推出揭秘阅兵训练及群众游行组织方面的系列短视频。其中，2019 年 9 月 25 日就开始投放的“阅兵训练场的故事”系列贯穿阅兵前后，回应了网友对于阅兵装备、方队等方面的好奇，解疑释惑，同时展示了参阅官兵、参与盛典的群众，以及直播幕后工作者的无私奉献和家国情怀。

（三）激活全网互动　将视频报道高度转换为舆论场热度

如何将总台的独家资源延伸为互联网舆论场的引领优势，是 70 小时不间断直播的一大命题。新闻新媒体中心“两微一端一抖”一盘棋，在互动话题提炼、微视频，以及 15 秒超短视频提炼方面精心设计，持续发力，提前一周将 100 多条视频切条位置和文案备好，分配给 3 名编辑接力剪辑，做好演练。2019 年 10 月 1 日当天，微博以平均每条 1—2 分钟的剪辑速度发布视频，引领全网，成为引用来源。10 月 1 日的热搜前 20 名，央视新闻的话题占据半壁江山。

央视新闻微博话题“日出东方　央视新闻70小时大直播”阅读量超5.6亿人次，“国庆阅兵”阅读量达74亿人次，遥遥领先于其他媒体。直播单条微博阅读量达1.7亿人次，点赞量达693万人次，转发量达57.1万人次。央视新闻微博共发布196条话题，其中有47条登上热搜前10名。

国庆期间，“烈士纪念日祭英魂”阅读量超过1亿人次；从记者探访中提炼出来的话题“兵哥哥的靴子里也有麦克风”阅读量超过6.3亿人次，微博单条《阅兵式上震撼的脚步声从哪儿来？兵哥哥的靴子里也有麦克风！》阅读量达2748万人次，视频播放量达2737万人次，总阅读量达5485万人次；话题“‘00后’双胞胎国旗护旗兵”阅读量超过2.9亿人次，微博单条发布《帅气！看“00后”双胞胎国旗护旗兵的一天》总阅读量近4000万人次。另外，微博话题“阅兵训练要穿坏多少双鞋”总阅读量达1.8亿人次；话题“兵哥哥用阅兵勋章求婚”登上微博热搜榜，阅读量累计达2.7亿人次；微博单条《带着牺牲战友照片接受检阅：我们约定一起走过天安门》总阅读量达6066万人次；《真不是舱门掉了！网传受阅飞机掉落物实为航拍器》阅读量达4399万人次。

值得一提的是，《日出东方　盛世华典》新媒体直播演播室增加了特殊的融媒体互动设计。在《盛典朋友圈》环节，前方数十路记者以共建微信群发朋友圈的形式，将在阅兵现场的实时图片和短视频，以秒计算的速度发送至主持人所在的演播室大屏上，之后主持人再通过与众多网友肉眼可见的真实互动，实现演播室大屏与网友手机屏之间的二次传播，众多网友的精彩留言及时被主持人点读，增强了用户的同场感、代入感与参与感。

从东方既白到华灯璀璨，从“雄鹰”呼啸苍穹到“铁马”驰骋长街，从VR直播到AI剪辑，70小时不间断直播《日出东方　盛世华典》，将每一个匠心独运的镜头对准每一个雷霆震撼的方阵，聚焦盛大庆典背后有条不紊的伟大工程。三天两夜，精彩不断，收获天文数字的流量背后是中央广播电视总台新媒体人持续升温的创新努力，凝聚着总台深化融合发展的强大合力。

二、网络传播报道创新特点

央视网在庆祝中华人民共和国成立 70 周年宣传工作中，以安全为根本，以融合为抓手，守正创新，坚持差异化发展，在完成各项直播任务的同时，积极应用 AI、VR、4K 等新技术，在领袖报道、融合 IP、视听特色和互动体验等方面精准发力，推出一系列报道产品，全力聚焦领袖报道，全景展现庆祝活动，全情烘托浓重热烈的喜庆氛围。

（一）依托坚实的技术保障，首次实现开门即视，重大活动直播数据创历史新高

央视网联合央广网和国际在线，共同推出“庆祝中华人民共和国成立 70 周年”首页置顶号外，并于 10 月 1 日直播期间首次尝试在号外直接开启直播窗口。用户访问央视网首页时，自动播放并首屏呈现直播画面，实现了开门即视的畅快体验。为优化直播体验，央视网创新技术，升级为兼容性更强的 H5 播放器，并运用 AI 智能转码技术提升视频画质，智能识别标识、台标、字幕、人脸并使其更加清晰，实现动态大场景环境中画质增强。同时，进行资源扩容，保障带宽 38TB，支撑 1500 万用户同时在线。2019 年 10 月 1 日上午，央视网对庆祝大会、阅兵和群众游行的直播报道，页面设计精美，画面高清流畅，取得了显著的传播效果，多终端累计收视用户达 2.88 亿人，视频收视人次达 4.89 亿，最高同时在线人数超过 1106 万人，直播最高并发数较 2015 年的“9・3 阅兵”直播报道增长 78%，创历史新高。在脸书平台，央视网对 450 多万香港用户和 1800 万台湾用户进行定向推广，共吸引超过 156 万香港用户和 117

万台湾用户观看直播，相当于每 3—4 个香港用户或每 15 个台湾用户中就有 1 人观看了直播。

在对外传播方面，央视网充分发挥海外社交平台 CCTV 系列账号传播优势，主打微视频与直播，全景式展现新中国成立 70 周年庆典盛况。截至 10 月 3 日，相关帖文总浏览量超过 3.2 亿人次，总互动人次超过 1235 万。截至 10 月 3 日，央视网统筹本网 PC 端、手机央视网、移动客户端、IP 电视、手机电视、海外社交平台等 6 个终端及平台，4 场庆祝活动直点播报道累计收视人次达 15.81 亿，其中直播收视人次达 7.14 亿。

（二）多点发力推动融合创新，打造新媒体精品报道，为总台庆祝新中国成立 70 周年报道贡献力量

1. 时政品牌栏目持续发力领袖宣传

《央视快评》专栏推出《在新征程上创造新的历史伟业》《团结是铁　团结是钢　团结就是力量》《伟大出自平凡　平凡造就伟大》等三篇评论员文章，深入阐释习近平总书记在庆祝大会、国庆招待会等重要活动上的讲话精髓。《联播 +》专栏推出《创造新的历史伟业！　习近平发出时代号召》《习近平与功勋模范在一起》《平凡造就伟大　习近平这些话振奋人心》等特稿。《绘心绘语》专栏推出《明天必将更加美好！　习主席这些话震撼人心》。央视网多篇专栏报道获中央网信办推荐全网通发。全景 CG 大片《史诗 70 年》采用全场景三维动画形式，利用 CG、动作捕捉、扫描等技术手段，将新中国成立 70 年来不同地域的伟大变迁，从宏大建设场景到微观生活画面一一展现。同时，开篇和结尾引用习近平总书记在庆祝大会上的讲话原声，收尾呼应，极具震撼力。时政微视频《时代勋章》采访钱七虎、景海鹏、李万君等各个领域的国家最高荣誉获得者，以习近平总书记为他们授予勋章为切入点，传递习近平总书记亲民爱民、鼓励人才的情怀。截至 10 月 3 日，全网播放量超过 2000 万人次。8

期系列图解《强国图志》以“邮票”形式，从军事强国、外交强国等八方面切入，系统展现习近平总书记治国理政新理念新思想新战略，全网总阅读量超过 3000 万人次。

2. 现象级产品掀起线上线下互动热潮

总台三网倾力打造“AI+媒体”全新应用产品《课本里的新中国》，以“我和主播读给你听”为主题，由用户和领读人共同完成课本中耳熟能详的经典课文朗读。课文上半段，由方明、康辉、海霞、撒贝宁等总台知名播音员、主持人作为领读人诵读；课文下半段，作为用户的创作空间，吸引用户参与课文朗读创作和分享，点燃受众爱国热情。截至 10 月 3 日，微博话题“课本里的新中国”阅读量超过 10.2 亿人次。大型音乐文化全媒体活动“歌唱祖国·一首歌一座城”已完成线上推选，共收到各地选送歌曲近 300 首；线下“大篷车巡游演唱”录制活动已走完北京、成都、西安等 8 站。截至 10 月 3 日，活动微博话题阅读量超过 4252 万人次，抖音“一首歌一座城”挑战赛播放量超过 31 亿人次。

3. 打造永不落幕的网上展馆，全景展现 70 年辉煌成就

央视网承建“伟大历程　辉煌成就——庆祝中华人民共和国成立 70 周年大型成就展”网上展馆。网上展馆运用全景观展技术，采取多媒体互动叠加图文、音视频等形式，360 度全景展示展览现场，以 1600 张照片、230 个视频以及 220 段解说词生动再现展览全貌。广大网友可以通过网上展馆详细了解展览内容，获得沉浸式、漫游式观展体验，身临其境感受新中国成立 70 年来伟大历程和辉煌成就。

4. 特色视听作品吸引网友观看点赞

原创动漫微电影《破风之翼》以国产大飞机适航试飞的真实故事为原型，通过三维动漫人物造型和背景设计，运用闪回、交叉等蒙太奇手法，展现国产大飞机给中国人民带来的骄傲与自豪。截至 10 月 3 日，全网播放量超过 3800 万人次，点赞量超过 57 万人

次。“‘筑’福——7 项标志工程 VR 全景看祖国壮丽 70 年”系列报道，应用 VR+4K 等新技术手段，串联起新中国成立 70 年来在惠民措施、生态治理、科技进步等方面的成果。全网播放量超过 1088 万人次。创意纸模微视频《点亮中国》运用导电墨水笔和纸模型，结合三维生长动画，全方位立体展示新中国成立 70 年来取得的伟大成就和伟大进步，手法新颖独特，极富观赏性和趣味性。系列微视频“中国面孔”精选钱学森、袁隆平、屠呦呦等 30 个典型人物的故事，展现新中国成立 70 年来的巨大变迁，海外社交平台总浏览量超过 5811 万人次。

截至 10 月 3 日，“央视网快看”抖音号发布国庆相关作品累计播放量突破 100 亿人次，其中 12 条播放量超 1000 万人次，5 条点赞量超过百万人次。最高单条点赞量达 1548 万人次，播放量超过 2.55 亿人次。

（三）全员全力，多措并举，确保国庆报道播出安全

为确保庆祝新中国成立 70 周年庆典报道工作安全平稳运行，央视网组织召开动员大会及 4 次专项会部署报道工作，高度强调以安全为根本，信息安全、技术安全、综合保障等多措并举，全员全力严格工作纪律，确保万无一失。在信息安全方面，一是全网 30 个内容部门及分公司和子公司签订信息安全责任书，明确责任目标及责任主体；二是升级页面巡检标准，实施全终端零报告制度；三是严格执行内容审查把关制度，发稿审查上升一级，互动信息采取最严尺度审核把关；四是梳理并处置外网合作域名 16 个；五是做好指令传达处置。在技术安全方面，确定 9 月 25 日 18:00 至 10 月 7 日 24:00 为重保期，严格执行 7×24 小时值班制度，加强巡检督查。与上级单位召开技术安全保障专项会议十余次；完成重要网络设备切换、安全攻防等全部九大类 51 项重要系统应急演练，共清查漏洞 253 项；与 49 家合作单位及技术支持厂商签署网络与信息安全责任书。10 月 1 日当天，央视网网络安全监控系统检测到威胁告警数据总计 11 829 条，均未产生实际影响。在综合保障方面，对各办公区进行全面专项综合安全检查，严格落实安防措施，确保综合安全。加强保安团队管理和门岗值守。与属地派出所和管片民警建立 24 小时联络机制，确保突发情况应急处置效率。

三、融合传播亮点分析

新中国成立 70 周年报道力求全网融合，网站、客户端、微信、微博、微视频等渠道全面呈现，涌现出许多新手段、新形式、新思维，形成了聚焦主线、多渠道融合、线上线下联动的立体化传播格局。

（一）70 小时直播全景观呈现阅兵盛事，《央视新闻多视角全景看盛典》吸引 12.7 亿人次

总台推出《日出东方　盛世华典》，70 小时不间断直播揭开了“新中国成立 70 周年”阅兵报道序幕，同时率先在网络端为受众近距离感受阅兵盛世开启了窗口，成为主流媒体中开启时间最早、观看人数最多、报道内容最广的直播活动。微博平台，央视新闻账号主持的话题“国庆阅兵”阅读量达 44.5 亿人次，话题“日出东方央视新闻 70 小时大直播”阅读量达 3.9 亿人次。《日出东方　盛世华典》微博直播同时在线观看人数最高达 3.2 亿人次。同时，总台将 7 路特殊视角镜头引入 H5 产品《央视新闻多视角全景看盛典》，在微信渠道推出线上观礼券，带动受众深度参与互动。截至 10 月 2 日凌晨 4 时，累计达 12.7 亿人次通过专属虚拟席位观看新中国成立 70 周年阅兵，超过 4.3 亿人次通过该 H5 产品为中国点赞。

（二）全平台、多终端融合传播强势引领舆论场

新中国成立 70 周年报道以“台网并重、先网后台、移动优先”为策略，着力构建立体化、全方位矩阵传播，打通网站、微信公众平台、移动客户端、微博、微视频、小程序等各种渠道，实现了精准传播，有效覆盖。10 月 1 日，总台 15 个电视频道、15 个广播频率，以及各主要新媒体平台同步直播国庆盛典，其中大湾区之声首次使用粤语全程直播，电视观众规模、新媒体视频直点播收看次数、新媒体话题总阅读量、新媒体端收听量等各项数据均创历史纪录。新中国成立 70 周年庆典活动直播，总台自有新媒体平台和第三方合作平台总体阅读浏览量达 45.98 亿人次，微博相关话题总阅读量达 355 亿人次。

总台将短视频传播作为本次国庆报道的重要方式，相关报道第一时间在社交平台、短视频平台等实时分发，第一时间触达短视频受众。在微博平台，总台共发布 111 条阅兵相关视频，截至 10 月 1 日 24: 00，视频播放量达 5.2 亿人次。在抖音平台，总台共发布阅兵相关内容 95 条，累计获得 2800 万人次点赞。在快手平台，总台共发布阅兵相关的 78 条视频，播放量累计达 3.3 亿人次。从具体报道内容来看，央视新闻账号发布的短视频《参加国庆阅兵的全体受阅官兵集结完毕》在微博渠道获得转发量达 42.8 万人次，评论量达 1.3 万人次，点赞量达 46.5 万人次，带动的话题“全体受阅官兵集结完毕”阅读量达 4.7 亿人次。

（三）融媒体产品爆款频出，网民参与度高

在新中国成立 60 周年时，新媒体报道形式相对简单，主要以文字、图片、视频等报道为主，而 70 周年报道通过 H5、AI、VR、AR、5G 等技术，产生了许多传播广、互动性强、科技含量高的融媒体产品。这些产品找准网言网语的着力点，抓住引爆传播的触发

点，以精彩创意获得传播优势，引发网民参与热情。总台三网倾力打造的“AI+媒体”产品《课本里的新中国》，号召广大网友通过朗读经典课本中的片段，集结总台核心优势打造成为富有传播力的产品。央视新闻设计制作原创 H5 产品《预约专属席位　全景观盛典》、H5 互动产品《正步走》等，前者邀请网友广泛参与直播互动，32 小时内迅速取得超过 1900 万观看量。央视频围绕阅兵推出《身份认证》《阅兵手册》《武器解锁大挑战》《VR 带你看人民军队强盛阵容》等多款 H5 新媒体产品，以小切口切入，支持跨平台传播和交互行为，选取具有高黏度、强共鸣的用户场景，充分体现科技感和互动感。

（四）构建新场景，电视直播与院线联手推出“直播电影”

新中国成立 60 周年庆典报道时，央视联合全国 30 余家电视机构，推出“江山如此多娇”大型电视活动，当时电视端还是强势的观看场景。而到了国庆 70 周年，媒体用户场景更加多元化。央视频出品 4K 超高清直播电影《此时此刻——共庆新中国 70 华诞》，将国庆盛典的 4K 超高清信号接入全国 70 家影院，创造出“直播电影”这一电影家族新的种类，创造了中国重大活动直播进院线的历史，不仅在中国电影发展史上具有划时代意义，在中国电视史上同样具有里程碑意义。

从移动媒体回归电视媒体，再到开拓院线大银幕，将内容的时效性与影院的高品质放映相结合，为观众带来超大屏、身临其境的直播观看体验，可以说是为观众参与场面宏大的重大庆典和社会公共活动，例如春节晚会、阅兵典礼、重大体育赛事等探索出新的方式。未来，车载屏、柔性屏、智能音箱、智能机器人等新终端，正在不断为用户提供新使用场景。这标志着“屏屏可传播、处处皆入口”的全媒体传播时代已经到来。

新中国成立 60 周年、70 周年国庆直播报道情况比较

	新中国成立 60 周年	新中国成立 70 周年
报道平台	以电视报道为主	“台网并重、先网后台、移动优先”，除电视端外，还通过央视网、央广网、国际在线进行互联网直播。其中央视网通过 PC 端、手机央视网、移动客户端、IP 电视、手机电视、海外社交平台等多终端、多平台同步视频直播。发挥“网、端、微、屏”全媒体矩阵优势
新媒体渠道	重点新闻网站和主要商业网站，论坛、博客、播客（视频分享）等互动平台	网站、短视频平台、微信公众平台、移动客户端、微博、微视频、小程序等
内容形式	文字、图片、动漫、音视频作品	H5 互动产品、微电影、Vlog、VR、AR 产品、游戏等

（五）线上线下双向联动刷屏，不断引发舆论热议

央视新闻在微博上发起“我和国旗同框”活动，带动全民积极参与“挂国旗、迎国庆”。同时，央视新闻同步线下活动，走进北京、上海、南京等城市，不仅掀起“同框”热潮，而且又开启了“表白祖国”“国庆”等主题灯光秀、无人机表演等，舆论热度持续高涨。截至 10 月 6 日，微博话题“我和国旗同框”阅读量达 23.3 亿人次，讨论达 182.4 万条，成为全民参与表达爱国情怀的主要方式。9 月 17 日，央视发布“我和国旗同框”“快闪”等活动的 MV。其中，“快闪”因其独特新颖的传播方式吸引大众眼球，脱颖而出。腾讯指数大数据显示，新中国成立 70 周年“快闪”系列活动在 35 岁以下网民群体中热度最高。各式各样的线下庆祝活动经媒体报道、短视频传播、社交媒体等渠道放大，在线上引发舆论热议。

（六）创意 H5 汇聚网友为“阿中哥”庆生，“人民方队”集结人数达 3452 万

顺应新媒体传播特点，总台推出一系列融媒体产品。其中，央视新闻与腾讯地图合作，推出“我为阿中哥包大屏”活动。用户点进 H5 链接，即可上传头像与各地大屏合照为祖国送祝福。微博平台，此次活动主话题“我为阿中哥包大屏”话题阅读量近 2000 万人次，用户讨论热情极高，多个微博大 V 账号参与转发。由央视频推出的 H5 产品《2019 国庆大阅兵》集结了来自全球 154 个国家和地区的 3452 万人，欢聚一堂共同为祖国祝福，截至 10 月 1 日 24: 00，浏览量达 6327 万人次。央视网微博发起互动话题“70 年我的国与家”，话题以全景游戏、微视频、打卡等形式为新中国庆生。全景 VR 解密类游戏 H5《回到那年》通过三维立体图像，结合实景搭建，使用户置身于不同年代的室内场景。邀请 8 位明星作为时光旅行者，依次穿越时空，回忆记忆中的缝纫机、小人书等具有鲜明时代印记的童年回忆，从侧面印证新中国成立 70 年来我国人民生活方面的巨大变化。

（七）创新表达方式，深度挖掘新闻报道“关键词”，话题“全场唯一站着不动接受检阅的队伍”阅读量达 3.4 亿人次

在本次国庆直播活动报道中，总台以强大融媒体实力呈现阅兵画面的同时，也以更具亲和力的姿态关注阅兵活动中的个体感受，对细微情绪的感知力让本次直播活动报道更为人性化，充满细节感，“全场唯一站着不动接受检阅的队伍”“中国最帅天团”“打卡我家的彩车”等关键词纷纷上榜微博热搜。其中，央视新闻账号在微博渠道发布《全场唯一站着不动接受检阅的队伍！转发，解锁联合军乐团“彩蛋”！》，获得点赞量达 52.6 万人次，带动形成的微博话题“全场唯一站着不动接受检阅的队伍”阅读量达 3.4 亿人次，持续霸

占热搜榜达 11 个小时。对备受网友喜爱的仪仗队出场，央视新闻以“中国最帅天团”为关键词，迅速吸引受众注意力。截至 10 月 1 日 24:00，“国庆阅兵上的标兵太帅了”等两条微博相关话题阅读量累计达 6.6 亿人次，转发量达 5.7 万人次，点赞量累计超过 35 万人次。相关话题吸引众多媒体及网友主动参与。

（八）“5G+4K/8K+AI”应用实现超高清画面与传播速度，“天鹰”等实现我国直播技术多个“首次”或“之最”

为了满足群众观看国庆盛典过程中的多元化需求，总台作出了严密的统筹规划，运用“5G+4K/8K+AI”等技术手段，带来了 5G 时代的国庆盛典的全新看法。

首先，运用 5G+4K 直播，高分辨率、高帧率和高动态范围让画面中接受检阅的人民军队的飒爽英姿展现得一览无余。宽色域、高色深和三维全景声技术让强军风采得到了前所未有的真实呈现。

其次，为了呈现全景观盛典的体验，总台运用自主研发的“天鹰”系统。“天鹰座”在空中架设了 400 米长的索道，这是目前世界上最长的二维索道摄像机。摄像机在索道上不仅能上能下、能来能往，还能以最大视角拍到广场。在近 3 个小时的直播中，“天鹰座”的镜头从广场各个方位、各个角度向核心区推拉摇移，拍出了众多不同寻常的表现场景。在整个庆祝活动收官阶段，近两分钟的移动长镜头，在以往历次重大活动直播中从未有过。

本次总台投入了两架载有 4K 拍摄设备的直升机，进行空中 360 度无死角的拍摄，还有藏在各种角落的微型摄像机，通过鱼眼镜头捕捉了舱内驾驶、舱外俯瞰阅兵以及战车上的细节画面。最为独特的镜头来自摄像师在阅兵开始前放置在长安街中线的地面 4K 摄影机，使观众可以贴地观看铁流滚滚和呼啸而过的战车，效果相当震撼。

此外，对 AI 的创新使用成为本次国庆盛典报道中的靓丽风景线。AI 是有“灵魂”的剪辑师，能够充分利用每一路信号画面进行完整组接，从而展现每个方队、方阵经过天安门的全部过程，时长达 1 分钟以上。央视新闻在客户端、微博及微信等多维渠道推出《AI 剪辑！大阅兵》专题，通过 AI 智能剪辑不同方阵的阅兵短视频，保证现场画面剪辑迅速实现“一键出片”。

第三节 4K 超高清直播电影树立媒体创新范本

一、我国首次将央视 4K 超高清直播信号引入院线，《此时此刻——共庆新中国 70 华诞》全国 70 家影院同步播出

2019 年 10 月 1 日，总台央视频出品、我国首部进入电影院线的“直播大片”《此时此刻——共庆新中国 70 华诞》在全国 70 家影院同步播出。这是我国历史上首次将 4K 超高清信号引入院线。全国十余个省份的观众有机会在影厅中，通过中央广播电视总台回传的 4K 超高清信号，身临其境地感受新中国成立 70 周年庆祝大会、盛大阅兵和群众游行的震撼场面。

2019 年 9 月 27 日上午，总台与国家电影局联合在北京丰台万达影城举办 4K 超高清直播电影《此时此刻——共庆新中国 70 华诞》启动仪式。中共中央宣传部副部长，总台党组书记、台长慎海雄，国家电影局、国家广播电视总局及全国十多家主要院线负责人出席仪式。

慎海雄在启动仪式上讲话时表示，这是深入学习贯彻习近平总书记对中央广播电视总台工作的一系列重要指示批示精神，坚持守正创新，加快推动高质量发展，积极构建“5G+4K/8K+AI”全新

战略格局的又一创新实践。将重大主题宣传报道的直播信号历史性引入电影院线，就是要通过超高清电视和电影院线的“握手”，向创新要活力，更加嘹亮地唱响新时代最强音，汇聚起实现“两个一百年”奋斗目标的磅礴力量。

为把恢宏大气的国庆盛典画面完美呈现给全国观众，总台提前半年派出直播团队进行实地踏勘、机位预演和全要素演练，创造性将画面、声效、镜头语言和现场同期巧妙糅合，首次实现全流程、全要素 4K 超高清和 5.1 环绕立体声直播。专家认为，这在中国电视史上同样具有里程碑意义，是对新中国 70 华诞的一次深情礼赞。

二、4K 超高清直播电影《此时此刻——国庆 70 周年盛典》发布粤语版

2019 年 10 月 2 日下午，中央广播电视总台、中央人民政府驻香港特别行政区联络办公室与国家电影局联合举办 4K 超高清直播电影《此时此刻——国庆 70 周年盛典》粤语版发布会。中共中央宣传部副部长，总台党组书记、台长慎海雄，中央人民政府驻香港特别行政区联络办公室副主任杨健，国家电影局副局长李国奇，总台国广副台长胡邦胜，总台央视副台长孙玉胜，总台央视分党组成员姜文波等出席发布会。

在发布会上，孙玉胜介绍了 4K 超高清直播电影《此时此刻——国庆 70 周年盛典》进院线及其粤语版情况。孙玉胜表示，此次中央广播电视总台国庆盛典宣传首次实现了慎海雄同志所说的“电视直播与电影院线的历史性握手”，观众纷纷用“画质非常清晰”“信号非常稳定”“音效非常震撼”等评价直播进院线效果，总台的直播信号成为连接国家盛典和社会记忆的纽带。4K 超高清直播电影粤语版的发布，是落实习近平总书记关于“坚持‘和平统一、一国两制’

的方针，保持香港、澳门长期繁荣稳定”的重要讲话精神的具体举措，让包括港澳同胞在内的海内外中华儿女共享新中国70年的光荣与梦想，感受祖国发展的脉搏，不断提升和凝聚与祖国同呼吸、共命运的最大公约数。

《此时此刻——国庆70周年盛典》4K超高清直播电影粤语版由总台央视频出品、央视频和大湾区之声联合推出，广东的华美星美影城等20多家影院，香港百老汇院线、MCL院线、英皇院线，以及澳门永乐戏院等共80多家影院率先播映，观众可在影院身临其境般重温新中国成立70周年庆典的震撼场面。

2019年10月9日上午，总台央视频、总台大湾区之声、华南电影工作者联合会联合主办，《此时此刻——国庆70周年盛典》4K粤语版电影在香港西九龙圆方戏院举行首映式。全国政协常委、香港贸易发展局主席林建岳，特区政府商务及经济发展局副局长陈百里等主礼嘉宾，与200多位社会各界代表一同参加首映仪式，并观看影片。该影片由总台粤语主持人专门配粤语解说，符合香港观众的观影习惯。香港观众可以在香港MCL、英皇、百老汇等院线旗下13家影院身临其境般重温新中国成立70周年庆典的震撼场面，切身感受祖国的强大和繁荣。

2019年10月11日，由总台推出的《此时此刻——国庆70周年盛典》4K超高清直播电影粤语版在澳门永乐戏院举行首映仪式。首映仪式在雄壮的国歌声中拉开序幕，澳门社会各界有200多位嘉宾出席。

4K超高清直播粤语版电影发布并登陆粤港澳大湾区影院的消息引起了中央媒体及大湾区媒体的高度关注。《人民日报》在要闻版第二版刊发文章，对总台这一极具创新意义的举措做了重点报道。新华社播发了新闻通稿。《新华每日电讯》要闻版、《光明日报》要闻版、《经济日报》、《南方日报》要闻版、《广州日报》要闻版、《深圳特区报》头版、《南方都市报》要闻版等分别在显要位置刊登相关消息。广东电视台、深圳电视台、福建电视台、北京电视台、三沙电视台等也做了相关报道。

港澳主流媒体也对4K超高清直播粤语版电影发布并登陆粤港澳大湾区影院的消息进行大规模报道。香港《文汇报》A10国庆70周年专版、香港《大公报》A10中国版、文汇网、大公网、香港商报网、紫荆网、橙新闻、港人讲地网、坚料网，以及今日正言、点击香江、HKG报、紫荆等媒体纷纷在第一时间或显要位置刊发报道，推介这部4K超高清直播粤语版电影。

三、4K超高清直播电影《此时此刻——国庆70周年盛典》发布少数民族语言版

2019年10月10日上午，中央广播电视总台、国家民族事务委员会与国家电影局在北京联合举办《此时此刻——国庆70周年盛典》4K超高清直播电影少数民族语言版发布仪式。中共中央宣传部副部长，中央广播电视总台党组书记、台长慎海雄，国家民族事务委员会副主任郭卫平，国家电影局常务副局长孟祥林，中央广播电视总台相关领导孙玉胜、姜文波、刘晓龙，国家民委文化宣传司副司长钟庭雄等出席仪式。

总台编务会成员刘晓龙在致辞中表示，总台发挥蒙古语、藏语、维吾尔语、哈萨克语、朝鲜语等5种少数民族语言优势，再现新中国70周年盛典，将带给少数民族观众独有的亲切之感，让各民族群众共同感受伟大祖国的繁荣富强，不断提升作为中国人的幸福感和自豪感，让各民族中华儿女激发强大爱国热情。这是总台贯彻落实习近平总书记在全国民族团结进步表彰大会上重要讲话精神的具体举措，也是总台探索以民族语言扩大传播面的一次全新尝试。

《此时此刻——国庆70周年盛典》4K超高清直播电影少数民族语言版由总台央视频出品、央视频和民族语言节目中心联合制作，包括蒙古语、藏语、维吾尔语、哈萨克语、朝鲜语等5个语种。少数民族群众将通过自己熟悉的民族语言，感受新中国成立70周年盛典带来的震撼与感动，体味新中国70年来取得的不凡成就，感受作为中华儿女的豪迈与激情。

四、六种外语版4K超高清直播电影《大阅兵·2019》面向全球发行

2019年10月13日上午，由总台央视频出品，总台影视翻译制作中心、中国国际电视台、央视频联合推出的6种外语版4K超高清直播电影《大阅兵·2019》在北京正式发布。这一系列多语种版本的国庆盛典直播电影包括英语、俄语、法语、西班牙语、阿拉伯语、葡萄牙语等6种语言，覆盖全球30多亿人口。中共中央宣传部副部长，总台党组书记、台长慎海雄，总台副台长阎晓明，总台编务会成员孙玉胜、姜文波等出席发布仪式。

总台国广副总编辑任谦在致辞中表示，多语种版4K超高清直播电影《大阅兵·2019》通过世界大多数国家观众熟悉的语言和天安门广场壮丽场景带来的震撼体验，更加直观地展示自信开放的中国取得的非凡发展成就和举国同心的精神风貌。全片采用4K超高清画面和5.1环绕声制作，配以海外观众熟悉的本土语言解说，为他们带来精彩绝伦的视听盛宴。

此外，总台将根据世界各国媒体和受众的需求，用40种其他外语对这部电影进行译配，陆续向全球150多家影视合作伙伴提供这部4K超高清直播电影。

五、4K 超高清直播电影《此时此刻·2019 大阅兵》首映

2019 年 10 月 26 日，中央广播电视总台、国家电影局在北京万达影城联合举行《此时此刻·2019 大阅兵》首映式。中共中央宣传部副部长，总台党组书记、台长慎海雄，国家电影局副局长白洁，中国电影集团公司党委书记、董事长焦宏奋，总台相关领导孙玉胜、姜文波、黄传芳、任谦、董为民，万达影视集团总裁兼万达电影总裁曾茂军等出席首映式。

慎海雄在致辞中表示，继推出《此时此刻——共庆新中国 70 华诞》4K 超高清直播电影、《此时此刻——国庆 70 周年盛典》4K 超高清直播电影粤语版、少数民族语言版，以及《大阅兵·2019》外语版 4K 超高清直播电影之后，这次普通话版 4K 超高清直播电影《此时此刻·2019 大阅兵》的推出，是深入贯彻落实习近平总书记对中央广播电视总台工作一系列重要指示批示精神的重要举措，也是总台积极践行“四全”媒体建设理念，构建“5G+4K/8K+AI”战略格局，以技术优势赢得发展优势，以创新驱动跨越式发展的又一硕果。

慎海雄指出，总台的国庆宣传报道获得中央领导同志的高度肯定，赢得社会各界的广泛赞誉，实现了“世界一流、历史最好”的目标。作为此次国庆宣传报道的亮点之一，系列 4K 超高清直播电影的推出，实现了电视直播与电影院线的历史性“握手”，创造出“直播电影”这一电影家族新的种类，创造了中国重大活动直播进院线的历史，不仅在中国电影发展史上具有划时代意义，在中国电视史上同样具有里程碑意义。《此时此刻·2019 大阅兵》普通话版进一步满足了全国观众在影院身临其境重温国庆盛典，感受领袖风范、军民风采、时代风貌，共享共和国荣光的良好愿望，让更多人民群

众更真切地参与并见证国家重大历史时刻。

《此时此刻·2019 大阅兵》优化了现场细节，对画面进行了逐帧调整和颜色矫正，每一个镜头均采用 4K 超高清信号收录和 5.1 环绕声制作，提升了视觉表现力和感染力。精心制作的这部阅兵大片，为观众带来了一次全新的视听体验。

《此时此刻·2019 大阅兵》首映式特邀国庆阅兵仪仗方队的三位旗手，他们与观众分享了参与国庆阅兵的心路历程与荣耀感。国庆当天在天安门广场童声领唱的小朋友们也来到现场，与在场观众互动。

专家表示，中央广播电视总台以“世界一流、历史最好”为标准，开拓了重大活动直播进院线的崭新空间，为重大事件的全媒体传播提供了极富价值的行业范本。

六、观众反响强烈

2019 年 9 月 27 日，4K 超高清直播电影《此时此刻——共庆新中国 70 华诞》即将上映的消息公布后，观众非常期待。参与直播的影院每天都接到多达数百通咨询电话。此次直播电影是公益活动，不对外公开售票，有些影城采取组织周边学校的学生、社区居民等参与，有些影城则采取赠票形式，观众的抢票热情高度踊跃。深圳的一家影院于 2019 年 9 月 30 日 10 点公布抢票电话，半小时内 317 张票就被一抢而空。乌鲁木齐的影院于 2019 年 9 月 28 日启动预约赠票，近千张观影票不到两小时即被预订一空。

4K 超高清直播电影《此时此刻——共庆新中国 70 华诞》通过全新的传播方式讴歌伟大祖国，赞颂伟大时代，在观影群众中引发强烈反响。

2019 年 10 月 1 日，参与直播的全国 70 家影厅座无虚席，一些影院通道两旁还站满了热情高涨的观众。3 个小时的 4K 超高清直播视音频信号流畅，超高清的画面与震撼的音效让观众如同身临其境。阅兵中受阅战士飒爽的英姿，以及众多先进武器的亮相，数次推高影院现场气氛——惊叹声、欢呼声和热烈的掌声此起彼伏。不少观众表示，就是要亲身体会这样的激情与震撼，与人民共情，与时代同步，与祖国同行。

在深圳的一家影厅，一个兴奋到满脸通红的小伙子对记者说，受阅官兵的每一步都好像从他身边走过，飞机就像从他头顶飞过。作为一个军迷，看到那么多新式国产装备亮相，他着实过足了眼瘾，也对新中国成立 70 周年来的科技成就和国防军事成就深感自豪。这一切都是我国综合国力的体现。

直播结束后，许多观众久久不愿离场，在影厅唱起了《我和我的祖国》，很多人眼眶泛起了泪花。大家一致的评价是，4K 超高清直播把他们带到了国庆观礼的现场，“震撼人心”“自豪感爆棚”。

七、新中国成立 70 周年主题音像制品发布

2019 年 10 月 17 日，由中央广播电视总台主办、中国国际电视总公司承办的“新中国成立 70 周年主题音像制品发布会”在北京举行。

活动现场发布了《庆祝中华人民共和国成立 70 周年大会、阅兵式、群众游行和联欢活动》《此时此刻——国庆 70 周年盛典》《大阅兵・2019》，大型文艺晚会《奋斗吧　中华儿女》，大型文献专题片《我们走在大路上》等 6 种主题音像出版物。其中，《庆祝中华人民共和国成立 70 周年大会、阅兵式、群众游行和联欢活动》中文简装版已于国庆期间率先推出，上市一周内发行量即超过 1.9 万套。

据介绍，这批音像制品包括六大节目，内容丰富，除了中文普通话和粤语版本之外，还有 5 个少数民族语言版和 6 种语言国际版本。在形式包装上，出版发行了普通装 DVD 版、精装 DVD 版、U 盘

收藏版等多种形式。在渠道发行上，不仅面向全国实体书店，还同步上市网络平台。

中央广播电视总台调动多方资源，集中优势力量，以最快速度和最高质量译制多语言版本，第一时间向国内外发行音像制品，向全国观众，乃至全世界观众，全景展示新中国成立 70 周年庆典活动的盛况。

八、历史意义

（一）百姓客厅与院线影厅的一次“时空跨越”

一直以来，客厅是千家万户收看实况直播的主渠道。4K 超高清直播电影的出现，把百姓的客厅完美移植到了影院剧场之中，把电视的时效性与影院的高品质精彩结合，让广大受众既能实时观看电视直播带来的实况画面，又能享受院线影厅独特的视听震撼，还能增强参与国家重大历史进程的仪式感。超高清电视和电影院线的首次“握手”，是广播电视内容时效性与影院放映环境高品质的精彩结合。这是电影时效的一次历史性提升，中国电影的历史写下新的一页。

（二）“全民合家欢”的一次完美体验

通常影院上映的每部影片都有自身相对固定的受众群体。这次中央广播电视总台通过院线直播 70 周年国庆盛典，满足了广大人民群众共同的精神文化需求。《此时此刻——共庆新中国 70 华诞》4K 超高清直播大片是一部老少咸宜的院线电影，更是一部全民关注的庆典大片。在影厅中与亲朋好友及其他观众共同感受震撼与激情，让情怀得以共振，让激情找到共鸣。大家共同分享新中国成立 70 周年这一重大历史时刻的荣耀与自豪，成为全国人民的共同文化印记。

（三）推动媒体融合向纵深发展的一次创新探索

习近平总书记强调，要运用信息革命成果，加快融合发展步伐，巩固全党全国人民团结奋斗的共同思想基础。中央广播电视总台将重大主题宣传报道的直播信号创新引入电影院线，就是要用融合实践和创新举措，持续巩固壮大主流思想舆论，更加嘹亮地唱响新时代最强音，汇聚起实现“两个一百年”奋斗目标的磅礴力量。此次直播创新，也让人看到了总台因势而谋、应势而动、顺势而为的自觉，以及总台提升主流媒体强大传播力、引导力、影响力和公信力的能力。

九、技术创新：让每一帧画面都经得起大银幕考验

由总台与国家电影局联合推出，央视频出品的 4K 超高清直播电影《此时此刻·2019 大阅兵》登陆全国院线，与广大观众见面。

这场直播也是总台成立后的首场国庆阅兵直播。用镜头传递情怀，用极致的视听盛宴礼赞新中国。

纵观整场直播，既有始终如一的威武震撼、欢乐祥和，又有紧扣时代脉搏的守正创新；既有气势恢宏的壮观场面，又有触动泪点的温暖瞬间；既有民族精神与现代多元文化的碰撞表达，又有 4K、5G、AR 等技术参与、多屏多渠道融合传播的全面联动……

为了拍摄这次国庆系列庆祝活动，中央广播电视总台用了哪些“大招”呢？

国庆系列直播的技术总负责人姜文波讲述了总台的技术准备工作和技术亮点：“我们首先确定的是用 4K，因为它在色彩和亮度上有优势。其次，为了呈现出各种角度的精彩镜头，我们大量采用了特种设备，一共有 125 个机位，有一大半都是特种设备的拍摄角度。同时，制作层面也采用了一些电影的制作手法，使画面

看起来更加震撼。为了更好地呈现这种效果，我们把视频同步到电影院，在 70 家影院进行了电视直播，这也是第一次让电视照进电影。”

总台的 4K 频道去年刚刚开通，这次直播也是第一次运用 4K 超高清技术直播。姜文波坦言，这项技术在实施的时候也面临诸多难点。

“除了转播系统使用的纯 4K 系统，我们还投入了大量携带 4K 拍摄设备的特种设备，这个以前是从未有过的。”据中央广播电视总台转播工程师陈辰介绍，正是这些设备中的“特种兵”，给观众带来了意想不到的视觉效果。

从高空俯瞰，从地面仰视，从远处遥望，从近处细观，走进装甲车内部看细节，跟随飞行员视角看全景；古建筑和现代建筑交融，历史的厚重感缓缓拉开新时代的期待感；定点镜头和移动镜头交织，展现出刚柔并济的美感和方队前进的动感……

（一）诸多“第一次”呈现最佳视角

此次直播运用了电影中的时空结构，也使用了最先进的特种设备和拍摄方法。

第一次在金水桥头正中位置架设可移动升降塔，第一次在阅兵沿线外侧使用移动拍摄车跟随拍摄，第一次实现离中心区更近的索道摄像机架设，第一次在前导移动拍摄车上增加陀螺仪，第一次设置近距离贴地机位。

这些全新的机位和设备，增强了国庆阅兵的冲击力、震撼力、感染力、穿透力、表现力……

每一帧都是大片，每一秒都是骄傲。

阅兵直播带给全国亿万观众大气、雄壮、震撼的视觉体验和冲击：透过华表看阅兵，历史激荡；长安街视角看方队，气势如虹；贴地视角看装备，势不可挡；高点仰角看机群梯队，豪情满怀；观礼台视角享盛宴，身临其境。

“在阅兵分列式和群众游行中，粗略估计有900多个镜头，要保证在准确的时间拍到准确的人、准确的情绪等。所有的镜头我们叫榫卯结构，这三秒只能出这个镜头，不可能替换镜头。因为那个位置要么穿帮，要么表现力不够，所以这900多个镜头真的是熬出来的。有时候我们开玩笑说，我们不是A系统，我们是‘熬系统’。一帧一帧地熬，一个镜头一个镜头地熬，一点点摸索出来的。”在直播团队A系统导演张君的眼里，这场直播也是他们在接受“检阅”。

（二）“新融合”构建跨屏视听新生态

阅兵刚结束，上千分钟的视频素材便立即被送到中央广播电视总台光华路办公区的4K超高清制作岛，由4K超高清直播电影团队赶制。

后期制作优化了现场细节，对画面进行了逐帧调整和达芬奇调色，每一个镜头均采用4K超高清信号收录和5.1环绕声制作，提升了视觉表现力和感染力。

4K超高清制作岛

电影《此时此刻·2019 大阅兵》的首映现场，多位参加国庆盛典活动的亲历者作为特殊观众观看了时长 97 分钟的影片。影院的大银幕高清画质、杜比全景声、重新编排的画面、封闭的环境、沉浸式视听体验，这部精心制作的阅兵大片为观众带来一次全新体验。

（三）让每一帧画面都经得起大银幕的考验

去影院看阅兵，是中央广播电视总台以“世界一流、历史最好”为标准，创造了重大活动直播进院线的崭新空间，为重大事件的全媒体传播提供了极富价值的行业范本。

新中国成立 70 周年的盛大庆典活动是技术性、新闻性和艺术性的完美结合。好的内容应该突破传输和展现的介质，所以它不应该只局限在移动端的小屏和电视的大屏。把它拓展到电影院的大银幕上，打破了空间和时间的限制，将会在以后的很长时间里持续产生效果。

4K 超高清直播电影制作团队审片

如何实现和在电视端的不同呢？影院的沉浸感非常强，有 4K 超高清画面，有 5.1 环绕立体声，在后期制作剪辑的时候强化了这些要素，对每一帧画面都做了非常精准的调色。

除此之外，后期制作团队对直播当天一些不够理想的画面进行了删减或替换。影院中放映的 97 分钟版本包含国庆庆祝大会和阅兵，去掉了群众游行的场景。

用电视节目的制作手段来完成一部电影，确实是一个非常大的技术挑战，因为电影和电视从画幅、从声音，到色域、帧率都不一样。电视人一直以来注重的都是时效性，但电影是慢工出细活，所以从整个镜头的衔接到技术转换，整个团队熬了很多个通宵。

除此之外，在院线发行还面临着 DCP 封装打包的步骤。DCP 是数字电影包，用于存储和转换数字影像的音频、图像等各种数据，这是决定电影能不能实现在院线上映的重要一步。

线上 4K 做的是 50 帧，电影局那边院线通用的帧数是 24 帧，时长是有变化的。转换打包的时间，4K 大概是 1∶3 以上，出一版打包封装就得一天一夜。

（四）全媒体传播　呈现“国家档”

这是中国第一次把直播拓展到电影院线，国外也没有类似的尝试。这种呈现方式开发出一个全新的品类——“国家档”。

媒体新融合打破了“时空”局限，带来了这份新鲜体验感。为此，负责电影制作的团队前前后后加起来一共有六七十人，大家在通力合作、加班加点的情况下，完成了多个语种版本的制作。

为了展示中国的正面形象和中国荣誉，通过电影媒介传递出去，电影制作了西班牙语、法语、俄语、阿拉伯语、葡萄牙语、英语等多国语种，通过影院渠道、发行 DVD 渠道和电视渠道向海外观众传播，6 个语种能覆盖全世界 30 多亿人口。

第三章　盛典直播报道幕后的故事

第一节　五千人“大兵团”就这样打赢

一、直播团队：一起走向胜利

总台的直播团队，前后方直接参与人员接近1000名，来自台本部、台属公司以及社会机构，形成节目、技术、运行三大系统。大家在讨论方案时可以吵得面红耳赤、火花四溅，在实施方案时拧成一股绳、分工不分家，所以走向了胜利。

有位总台领导讲过：“媒体讲政治是第一位的，但你们是媒体，就要讲专业；你们讲政治，要通过专业来讲。”对此，我们的理解是：讲政治，要讲对方向，也要讲对方法。这次，直播团队深入学习研究，提前对国庆当天总书记重要讲话的结构进行了预判；为了实现“以具有共鸣感的观众元素对讲话内涵进行有效呼应”的创作构想，我们细分到以一二百人为单元，对什么身份的人会坐在什么位置了如指掌，并做了拍摄准备，这样才能在重要讲话段落，精准表现讲话内容与听者的情绪互动。最终结果证明，预判的准确度达到了90%。在领导指挥方队喊“向右看”的时候，我们马上切出领导人的镜头，并在将军敬礼时切回去，时机把握要极为精确，而且还要总分系统联动切换。这是用高难度的专业能力来讲政治。政治上用心，业务上用功，才能走向胜利。

电视讲专业，更重要的是讲技术。用 4K 进行这样大规模复合系统的全链条制作，世界罕见。不少拍摄设备、传输设备，甚至转播车，带着工厂的温度和味道就上场了。对技术和节目人员而言，操作难度和心理压力可想而知。在 2019 年 9 月 27 日最后一次技术协调会上，直播团队再次向台领导请示，如果国庆当天真的有 5G 信号，4K+5G 机位是不是可以进转播车？领导认真想了一阵，说可以。其实，这是有风险的。但无限风光在险峰，为了创新而敢于担当，才能走向胜利。

电视讲业务，关键还要讲创意、讲内涵。架设跨越长安街的索道摄像机，是为了呈现出国旗、受阅部队与天安门城楼的三层空间关系，实现“以国旗为主的视觉符号形成直播框架”的创作理念。在长安街中心线架设贴地微型摄像机，是为了用扑面而来的视觉效果呈现受阅装备的碾压感和力量感。与航天十三所联合开发人工智能自动跟踪机位，把飞机拍得又大又稳，是为了体现大国重器的理念。在受阅队伍、群众游行队伍里安装微型摄像机，不仅是为了以视角出奇制胜，也是为了体现参与人员内心的激情——“祖国，我们来了！”

“第 100 个方阵”讲业务，也是通过讲情怀来体现的。这次最终实现了 4 个 5G+4K 机位的直播，使用了 16 秒直播画面。为了短短的 16 秒，20 多人在 3 个多月里全部泡在彩车拼装线上同步工作，几十次不断测试和优化，也多次承受可能下马的心理压力。F 系统，特别是 5G 机位的同事，他们心里明白：忙活几个月，设备未必能架成，架成了也未必能直播成。但他们心里更明白：要尽最大努力，用独特视角为共和国历史留下珍贵的影像纪录。何况，即使这些机位没直播出去，以后播放也很有价值。为此，他们时刻准备着。

讲情怀，还体现在直播团队努力站在全台的角度考虑问题，在直播团队组建的第一次会议上，总台就提出了机位设计要充分考虑新媒体的需求，建议新媒体进行多路信号并发直播。4K 超高清直播信号进电影院的想法也是率先由直播团队的成员提出的。只有想着大家，大家才会更好，才能走向更大的胜利。

直播团队最后一版分镜头脚本设计了 1500 多个镜头，最终直播呈现的大约有 1380 个。在直播报道中，有些镜头令人耳目一新，有些镜头组接得行云流水，但有些镜头的构图、焦点、运动或切换并不理想。所以，传播效果的成功，并不意味着我们在业务进取的道路上可以骄傲自满。看到不足，看清差距，才能不断走向胜利。

精益求精，一丝不苟，追求完美，永远在路上。

（撰稿：直播团队总导演何绍伟）

直播团队合影

二、音响保障指挥部：国庆大典“中国最美好声音”炼成记

2019 年 10 月 1 日上午，天安门长安街，旌旗飘展，三军雄列，14 亿中国人目睹了自新中国成立以来规模最大、受阅人数最多的一次阅兵。本次阅兵是一次胜利的阅兵。70 年来，新中国从一个胜利走向另一个胜利。在阅兵过程中，每个中国人都感动于受阅部队英姿飒爽的身姿，感动于威力十足的装备，感动于整齐划一、铿锵有力的步伐，在观众声声呐喊中感受到作为中国人的自豪与骄傲。无论是在天安门现场还是在电视机屏幕前，看过国庆阅兵式，相信你一定被整齐划一的官兵脚步声所震撼，相信你一定被雄壮有力的军乐所感染。国庆大典“中国最美好声音”是如何经过千锤百炼而淬炼成钢的？这里我们将揭示这次国庆大典背后音响保障的故事。

国庆大典现场的音响，通常人们可能不会刻意关注。但是无论是在现场还是电视机前，观众所能感受的两个基本元素——视觉和听觉，音响都必不可少。音响一旦发生问题，或者效果不佳，会对国庆大典立即产生直接的重大影响。为保证国庆大典的顺利进行，其背后音响保障指挥部所承担的工程量、克服的困难、付出的艰辛等都是难以想象的。

音响保障指挥部工作具有工程量大、人员少、分布广、技术难度大、时间精度要求高、协调面广等特点。

人员少。音响保障指挥部国庆当日进行现场运行保障的人数为 395 名，是人员最少的指挥部之一，但是担负的任务、协调量等与其他指挥部不相上下。

分布广。东至国际饭店，西至西单，南至建国门，北至天安门城楼，共 65 个点位，人员分布广，敏感点位多，车辆 100 余台，设备 600 余套。

技术难度高。天安门广场范围极大，加之各种临时大型设施的搭建，大量长距离的无线拾音系统，表演区与观礼区距离近，演练与庆祝活动当日时间、温湿度、广场人数等要素差异很大，红飘带的搭建等导致声场异常复杂，在音响系统设计、检测、评估、实际操作等方面面临巨大的技术难题。

时间和配合精度要求高。“国庆大典的现场拾音与扩声不同于一般音乐会或演出，其重要性不言而喻。”音响保障指挥部总指挥钱岳林一语道尽现场音响保障工作的最大难点。相对而言，音乐会或演出都是提前预定好的，演出时只要按照既定流程按步骤推进即可，一般不容易出问题。如果是节目录制，也有多次录制机会，还有时间进行后期编辑。但国庆现场的音响保障会遇到很多无法预测的情况，尤其是阅兵检阅时，方阵应答、敬礼等环节都非常精准，如何把握每一个稍纵即逝的“瞬间”，对音响保障指挥部来说是巨大的考验。因点位分布广，新中国成立 70 周年庆祝活动的音响操作，对 60 余个点位人员配合要求极高，时间、操作动作等要精确到秒。音响操作发生纰漏，尤其涉及领导人讲话、国歌、部队应答等关键环节，会对庆典活动造成明显影响。

工程量大。音响施工要对天安门广场地区及长安街沿线的线缆和音柱改造，别看区域不大，但是工程量大得惊人。总计敷设固定、流动线缆 590 余公里，使用各类话筒 524 支、各类音箱 701 台，更新固定声柱 161 条。用这次国庆阅兵总指挥乙晓光上将的话讲:“音响线缆 590 多公里，我就是开战斗机也要飞半个多小时……”具体施工中音响指挥部克服工期紧、施工时间窗口短、协调量大难度高、不利天气等各种困难，每晚 23 点至凌晨 4 点撤除天安门广场和长安街沿线灯杆音箱。每个音柱重达 350 公斤，需要专用车辆吊装，每晚最多拆 8 个，再择日安装 8 个，还要避开雨天施工、国事活动等，总共持续了两个月全部更换完毕，按期完成全部灯杆音柱和线缆安装敷设。施工前还需要大量协调工作，如施工方案需报公安局备案，设备运输车辆要协调交管局，涉及管井需要 11 个社会单位协调所属单位配合，涉及绿地需要协调市园林局，在天安门地区施工需要协调天安门管理委员会，涉及广场红飘带需要协调群游指挥部和建工集团，施工现场安保需要协调市公安局，施工用电需要协调市电力公司，等等。在 5 月至 8 月两个多月的时间里，在整个社会毫无感知的情况下，音响指挥部悄然完成了整个天安门地区及长安街沿线的音响系统改造工程。

在工程施工完成进入运行保障阶段后，2019 年 8 月，音响保障指挥部成规模参加阅兵联合指挥部（南口）演练共计 5 次。通过演练，熟悉了阅兵式和分列式的基本流程，初步掌握了受阅部队各战术动作的完成时间，完成了部分设备实际应用中的测试和安装调整，特别是在阅兵式答词声、标兵脚步声、分列式方队领队口令声、徒步方队脚步声、劈枪声等重要声音要素的拾取方面，与受阅部队官兵及阅兵联合指挥部的信息通信保障部队相互配合，形成默契，在声音拾扩需求上达成一致并固化流程模式。为参加南口演练，音响指挥部克服路途远等困难，参加演练人员提前一天进驻。每次演练，音响保障团队早上 5 点 30 分之前就要从驻地赶赴场地，等到撤场时，已经连续工作近 8 小时。此外，音响指挥部还分别与国旗卫队、礼炮、阅兵联合指挥部等进行小规模磨合演练 15 次。

进入 9 月，音响指挥部先后保障了 4 次天安门现场演练。在天安门现场，音响指挥部共有 64 个基站负责传输信号，有近 60 张调音台投入使用，每个人的操作都关系到整个庆典活动的效果。平时，出现疏忽或失误还有机会弥补，但在这种大型庆典活动出现疏忽或失误，是没有任何机会弥补的，这就要求全体人员必须具备高度的责任心和技术技能。

在天安门现场实地演练和庆典活动中，天安门城楼现场的讲话、扩声是万众瞩目的焦点。城楼音响保障特殊而关键，因此城楼上使用的话筒、音响、调音台等设备都是最先进的设备。与前两次阅兵时使用的模拟调音台相比，今年首次使用的数字调音台精确度更高。为确保万无一失，除主备数字调音台外，指挥部还把模拟调音台作为最后备份。城楼复杂的声音环境，给音响保障带来巨大挑战。比如：从广场方向传来的声音，会撞击到城楼红墙上返回，还会在城楼的回廊顶部区域产生环绕，造成混响。这种混响不仅会让人听着难受，更有可能对城楼的话筒形成干扰。此外，城楼音响和主扩，二者比例关系如何调整，也是一个难点。如何协调军乐团、现场解说、重型装备声等比例关系，找到它们的平衡点，只能一点点尝试。每次演练，城楼调音师、主扩声调音师、广场军乐团拾音调音师一点点摸索，一次次打磨，再确定送到广场和城楼音量的比例。就是凭着这种“工匠”精神，确保让每一位嘉宾听到的声音更清晰响亮，完美还原阅兵现场雄壮的气势。

总系统两位调音师正在对照工作流程单

各级领导对音响保障指挥部的工作也高度重视，组织审议音响保障总体工作方案，每次天安门实地演练结束后都立即召开会议对演练情况进行复盘，提出音响具体改进意见和建议。为更好体现重大庆典的效果，各级领导把脉开方，探寻合适的解说语速，并进行了多次试验，使得解说声音的清晰度、可懂度等明显改善。音响指挥部历次演练后也及时进行总结和整改，调整系统，完善流程，使得天安门现场音响保障工作更趋顺畅，技术更趋完善，配合更趋默契。

国庆当天，音响保障指挥部严格按照工作流程，准时完成人员、设备等的进场和接电，系统连接调试，以及与各指挥部的试音工作，流程执行准确率达100%。在庆祝大会和联欢晚会过程中，完整拾取各类声音并扩声，声音清晰饱满，层次分明；同时为各类媒体提供了清晰稳定的国际声信号，圆满地完成了新中国成立70周年天安门庆祝活动的现场音响保障服务工作，终究千锤百炼，淬炼成钢，成就了国庆大典“中国最美好声音”，向党、向祖国、向人民交上了一份满意的答卷。

（撰稿：音响保障团队负责人师雄）

三、宣传报道统筹团队：不辱使命　接续奋斗

宣传报道统筹团队按照中宣部统一部署和总台具体工作安排，紧扣庆祝新中国成立70周年这条主线，围绕7场国庆重要活动直播，组织好各项重大宣传报道工作，规划好选题，分配好资源，推送好产品，确保全媒体传播效果最大化，全力保障宣传报道精彩圆满成功。

（一）提前规划统筹，当好“先行军”

为圆满完成总台成立以来的首次国庆直播任务，自2018年10月开始，宣传报道统筹团队就开始收集整理总台各频道、频率、新媒体等平台重点项目，进行一体化统筹规划。战线长、任务重、内容繁杂，但每一项工作都关乎总台整体宣传报道效果。最终，以纪录片、电视剧、文艺节目和新媒体产品为抓手，重点规划121项精品节目产品，建立工作台账，实时跟踪项目进展情况，并推进直播报道、文艺晚会、纪录片等17个重点项目提交总台党组扩大会议审议，细化项目方案、预算方案等，为国庆重点项目宣传报道提供有力的预算保障，确保上级交办的任务落实到位，自主策划项目有效传播，做活做强正面宣传。为推动总台各部门之间有效沟通，紧密配合，宣传报道统筹团队组织召开20余次专题会议，传达跟国庆有关的宣传指令精神340份，建立重点项目专人负责工作机制，细化工作方案，保障各项工作对接顺畅，行云流水。同时，围绕7场重大活动撰写宣传报道方案和总结，累计超过20万字，突出效果导向，强化整体布局，放大多平台、多样态的产品亮点设计，确保喜庆昂扬的气氛持续不间断。

（二）提供有力保障，当好“守卫兵”

2019年国庆庆典直播搭建了新中国电视史上规模最大、投入最多、设备最先进、技术最复杂的一个直播系统，直播人员繁多、点位路线复杂。为确保各项保障工作及时到位、万无一失，宣传报道统筹团队的同事不分昼夜，坚守在自己的工作岗位。为了争取更多的直播点位、保证总台每一位直播人员准确顺利到位，宣传报道统筹团队同事连夜驻守在中宣部，寸步不离盯紧证件发放，即使到了直播当天最后一刻，仍在努力争取更多证件，让总台有更多人员参与到直播中，为直播工作的精彩圆满成功打下坚实基础。国庆当天，直播正式人员加上3次演练人员，共计为2341人办理基础证件、车辆证件、红紫蓝70余个区域副证、袖标、10余个观礼台请柬等各类证件21 534张，确定3300个人员点位及移动路线，完成4100多人台内联合备核。首次实现广播、电视、新媒体、专题纪录片、新闻电影证件等的办理统一运行；首次将安保系统与宣传系统实现机制协调统一；首次将总台创新亮点的设计具体化为人员点位和工作流线，实现与上级单位无缝对接；首次将总台宣传统筹团队与中宣部新闻局协调团队融为一体，高效运行，为国庆庆典活动精彩呈现提供有力支撑。

（三）协调重大直播，当好"安全员"

筑牢播出安全底线，是宣传报道统筹团队义不容辞的责任。根据总台统一部署，参照国庆60周年阅兵和"9·3阅兵"的播出惯例，宣传报道统筹团队策划电视频道、广播频率、新媒体等平台国庆庆典活动直播方案，召开两次直播协调会，全面协调国庆庆典活动直播播出平台、直播方案、集中并机、统一延时、应急备播等事项，进一步明确和细化直播流程，落实落细直播要求，仅国庆前一个月，宣传报道统筹团队审批处理节目直播单、更改单、直送单等各类单据4000余张。同步协调技术局启动联动工作机制，第一时间处理重点节目申报，国庆期间共计审核发放13位节目代码257个，办理节目信息变更123个，确保重点节目安全播出。直播当天，在前方转播车和后方直播演播室的每一个直播岗位都安排专人值守，及时掌握和传达直播最新信息，针对直播现场情况，第一时间布局合理的直播窗口调整，确保前后方沟通及时顺畅，播出万无一失。在国庆假期期间，统筹各频道制订详细的重播方案，形成梯次有序的重播布局，持续放大宣传效果。

（四）及时监测引导，当好“瞭望哨”

新中国成立 70 周年庆典直播的圆满成功，离不开及时有效的监管。针对可能出现的舆论情况，总编室主动做好舆情研判，组织新闻直播团队、新闻新媒体中心、央视网共同策划选题，提前设计准备不同类型、不同角度的宣推产品，并充分利用总台新媒体资源及第三方合作平台，铺设好各类引导渠道，顺利推出一批第三方视角、自媒体语态的文章、知识帖、微视频等新媒体产品，引发热议，确保正面发声及时有力，有效引导舆论。同时，精心部署国庆庆典活动在电视、广播、新媒体等平台，以及海外第三方合作平台等，全流程、全平台数据监测，及时梳理总结实时数据、阶段性数据、用户反馈等，形成结构化数据专报，以科学严谨的数据结果清晰反映国庆宣传报道取得的优秀传播效果。

（五）组织项目推介，当好“助推器”

精彩内容必须要精彩呈现。为了更好地宣传推广总台庆祝新中国成立 70 周年的优秀精品，宣传报道统筹团队组织协调总台各新媒体、频道、频率，以及台外媒体，围绕总台国庆重点内容展开多形式、多角度、多频次的宣传推介，共组织总台一键触发《此时此刻——共庆新中国 70 华诞》《我们走在大路上》《激情的岁月》等优秀作品宣传推介稿件 60 余篇，配合《人民日报》、新华社、《光明日报》、中新社等台外媒体发稿 30 余篇，不断拓宽宣传渠道，持续推高总台国庆宣传热度，营造良好的节日氛围和舆论环境。

（撰稿：宣传报道统筹团队）

四、技术保障团队：提供优质保障与服务

新中国成立70周年庆祝活动举世瞩目，总台技术系统以“世界一流、历史最好”为目标，充分满足节目部门制作需求，精心构建技术方案，调动一切资源，全程提供优质的技术保障与服务。

（一）以国庆庆典4K超高清直播为目标，全力推进转播系统工程建设

一辆转播车从设计到建造通常需要18个月的周期。为实现国庆4K超高清直播，确保2019年7月新转播系统能够投入国庆彩排和演练中，技术系统提早布局，自2018年初就全面展开4K直播系统的建设。共新建2辆A级4K转播车、1套4K EFP系统，同时建设4K航拍陀螺拍摄系统和4K微波传输等系统，为国庆直播关键点做好技术准备。

（二）以节目需求为中心，精心设计转播方案

自2019年3月起，技术系统积极配合节目部门，通过反复现场勘查，逐步确定技术方案与各项技术实施细节，确定在800平方米演播室进行国庆4K超高清直播总合成；7月，确立了影院直播的技术方案，是4K超高清时代电视与电影相融的有益尝试；庆祝活动现场直播由1个总系统和6个分系统构成，共使用125个4K讯道，布设近200支各类话筒，首次实现了4K全链路制作及5.1环绕声直播。此外，基于央视新闻云的70小时新闻新媒体报道，进一步推动了技术革新。

（三）积极开展技术创新，研制 4K 特种设备，确保镜头呈现出新出彩

为了提高直播效果，技术系统进行多类型特种设备的定制开发。现场投入各类型 4K 特种设备 30 余台，如“天鹰座”二维有线 4K 索道摄像机系统、可升降双头 4K 轨道机器人、重型陀螺仪稳定伸缩塔、重型伸缩摇臂、4K 陀螺仪组合移动拍摄车、AI 自动跟踪拍摄系统等；引进低延时 4K 微波设备，确保了关键机位移动拍摄的效果；直升机航拍首次在一片作业空域内双机协同、拍摄手法取得新的突破；特殊的拍摄视角极大提高了国庆直播的水准，直播效果实现了历史性突破。

（四）强化技术质量和播出安全保障措施，确保万无一失

在新中国成立 70 周年盛典直播中，整体制作规模，实施难度，投入的新设备、新技术等均为历次之最，世界上也无先例可循。技术系统逐步攻克各项难题，确保安全播出和制作质量。

设置 AC 直播系统集群，形成相互备份，降低复杂度，提高可靠性；D 系统首次在前方设置直播系统，使用可进行实时调控的讯道摄像机，极大地提高了拍摄质量；针对 4K 和高清同播的难题，开展了两个多月的全面测试，确定了科学的转换参数，确保了 4K 和高清同时播出的图像高质量。

（五）以忘我的工作热情，在平凡的技术岗位彰显总台人严谨扎实的工作作风

技术筹备期间，技术系统同时调用多套直播系统。自 7 月开始，分赴南口、王佐、吉利大学等地，先后完成 5 次全要素演练及数十次分系统演练。与此同时，对天安门地区展开详细踏勘，提前施工，累计敷设转播视、音频电缆近百公里，线缆布设范围和数量创历史新高；9 月，通过 3 次天安门实地全要素、全流程演练，对直播系统和技术方案进行了全面验证。正式直播期间，技术人员始终保持高度的责任心和使命感，于 9 月 29 日凌晨就进入天安门区域全力投入工作，克服重大转播密集、活动转场强度大等困难，连续完成授勋仪式、国庆晚会、敬献花篮、庆祝大会、阅兵、群众游行以及国庆联欢活动的直播任务。直至 10 月 2 日上午完成所有直播设备的回收和撤离，很多人连续工作时间超过 48 小时。

B 系统技术人员在进行直播前技术准备

国庆70周年庆祝活动直播圆满结束，“第100个方阵”也接受检阅，完成任务。每一个参与人员都倍感荣幸，这段全情投入、全力奋斗的日子将会永远留在每个人的心中，永不磨灭，永不褪色，激励我们不断奋进，再创辉煌。

（撰稿：技术团队负责人周磊）

五、大湾区之声：粤语表达的突破性尝试

2019年9月1日，大湾区之声正式开播。9月20日，我们接到了用粤语进行三场国庆直播的任务。只有短短10天的准备时间，我们没有参加过一次全要素现场演练。但使命压倒一切，现有条件不具备，我们就发挥集体智慧创造条件去实现。港澳台节目中心制订了以中国之声直播稿为基础、主持人在后方直播间根据音视频信号进行直播的方案。

经领导协调沟通，我们抓住机会，观摩了最后一次全要素演练的回传信号，又得到了中国之声的送审版解说稿，在时政、文艺、技术等部门的大力支持下，在审看间进行了对照视频1∶1的演练，平均每场三次，演练总时长超过20小时。

为了使粤语人群更感熟悉亲切，便于理解，我们对稿件表达方式和词汇进行了粤语化转写，特别注意解说的完整和准确。广播全靠音响和语言还原现场，解说词翻倍于电视稿，仅庆祝大会一场直播稿就长达87页，大约4万字，且电台播出系统对静音时长有严格的限制，所以在现场静音的仪式环节必须有卡位精准的应急解说处理，静音比规定超出一秒系统会自动报警，而多说半句又可能压混领导人讲话。因为不在现场，我们对整体环境情况无法及时掌握，看到的画面又是无解说无字幕的clean信号，为确保所有环节都不

出错，我们对现场出现的音乐和各个方阵、梯队、联欢场景等一一做了详细的图像化标注。为了应对突发的新情况，我们还提前做了多种预案，反复打磨，确保万无一失。

经过充分的准备、默契的合作，一连三场直播都顺利圆满地完成了。同事们又第一时间剪辑直播音频，三期新媒体推文也通过大湾区之声的微信公众号迅速上线。

而就在10月1日晚上同伴直播联欢活动时，我和搭档晓东又接到了新的任务，要对阅兵的4K超高清直播电影制作粤语版！当天深夜，我们直接从电台直播间，转战央视频电影制作团队，开始了一连三天几乎不眠不休的电影译配和宣传工作。这次以电视解说词为基础，根据港澳观众的特点，再对文稿进行了大量的调整和转化。一天重新打磨文稿，一天全力投入配音，一天精细制作合成……7日，粤语版电影广东首映；9日，香港首映；11日，

中央广播电视总台港澳台节目中心主持人陈星配音中

澳门首映。首映式都取得了巨大成功，目前粤语版电影已播映了数百场，仅香港地区就有100多场，已有数以万计的观众走入影院，通过4K超高清电影大屏幕+5.1声道立体环绕声，身临其境般感受了阅兵式的强大震撼力。粤语直播和粤语版电影都引起了广泛关注，不少受众在网络留言或接受采访时说："感觉太亲切了。""这次粤语直播来得正当其时。""觉得作为一名在香港的中国人，非常骄傲和自豪。"电影院内许多人流下了热泪。此时此刻，就像解说词中说的一样："每一个中华儿女都会从心底里说一句：'我爱你，中国！'"

这是史上第一次用粤语直播国庆盛典和阅兵，是总台向港澳直播国家重大活动时长最长的一次。

（撰稿：中央广播电视总台港澳台节目中心主持人陈星）

六、行政保障团队：行云流水，我们一直在追求

作为站在直播团队身后默默保驾护航的团队，行政，必须行；后勤，不能后，只能勤，后勤其实是前勤。

舆情工作。总台领导强调要信息灵，反应快，处置得当，要求国庆报道舆情小组要提前启动，监测处置。舆情联席会的同志们7×24小时值班值守，国庆当天全员在岗，监测、预警、管控、处置，维护我们总台的品牌形象。每逢重要时间节点，舆论场并不平静。大家密切关注，协调处置不良信息，不让负面信息干扰军心，让前方同志聚精会神、一心一意打好国庆直播报道这场硬仗。

餐饮保障。俗话说："兵马未动，粮草先行。"央视后勤的同事

们在国庆前后一个月共加班 23 654 小时，为直播演练活动和复兴门办公区人员供应三餐，凌晨三四点还供应夜宵。国庆七天假期，为总台职工供餐 32 039 人次。食堂还为错过供餐时间的职工提供热汤面、水饺、炒饭等食品，让大家精神饱满地奔赴直播现场。为了让大家吃得放心，办公厅从食材采购、存储、制作、端上餐桌全流程加强监管。为了让大家吃得好，提前定好菜谱，确保菜品健康、营养、口味搭配合理。露天排练容易受凉，食堂专门给大家熬制了保暖御寒的汤品。

安保工作既是开路先锋，也要负责殿后。自 2019 年 8 月起，总台 23 名安保工作人员奔赴各直播点位，完成前期大会堂时政演练、制高点设备搭建、“基地”踩点等活动安保协调。遇到我台前方人员忘带证件等紧急情况，协调公安、安检等方面，给直播工作补台补位。为确保各办公区安全稳定，行政保障团队组织了四址交叉大检查。完成国庆期间进入复兴路、光华路的办公区的 1 万多名员工名单报备。

派到前方的摄影师拍了 10 场活动 50 000 多张照片，他们通常是背着包，拉着箱子，还扛着梯子，为的是给总台留存珍贵资料，记录大家的工作之美。服务在于细节，在于主动，在于精准。综合处协调保障台领导参加的相关会议近 150 场，基本做到了行云流水，井井有条。涉及国庆报道的文件，一律按特急件办，共处理国庆相关公文 1200 多件 3500 件次。机要、保密、值班、版权、法务、信息、督办等部门都做了大量保障工作，他们任劳任怨，甘之如饴。行政后勤也许不是中心，但要服务中心；也许不是大局，但又牵动大局；不是小事，但必须从小事做起。

（撰稿：行政后勤保障团队负责人张凌云）

第二节　来自直播前线的尖兵手记

一、F 系统导演：微型摄像机特殊视角系统在重大活动直播报道中的作用

为了完美呈现新中国成立 70 周年阅兵和群众游行的盛况，中央广播电视总台一共在现场架设了 100 多个直播机位，分成 ABCDEF 6 个分系统。这些系统协同作战，通过镜头向全世界展示了中国宏大的阅兵和群众游行。

其中，F 系统是直播团队中的特种机位系统。天上飞的、地上跑的、自行车中、彩车上……那些你想不到的地方，都有我们的镜头存在。它代表了直播团队近距离接触受阅的官兵和装备，通过微型直播设备，用主观视角表达“我来了，我接受党、祖国和人民检阅”的豪情。

F 系统是最贴近受阅官兵和群众游行彩车的一支特战大队。实际上我们也由此实现了中国电视史上的多个“第一次”。比如：在受阅的战机上面，加装了机外小型摄像机，能够近距离拍下战机在天安门广场上空拉出彩烟、飞跃首都主城区的震撼瞬间，这是有史以来第一次。其实，能够在以每小时 600 公里左右的速度飞行的固定翼战机外部加装摄像机，这也是破天荒第一次。而这次直播共安装了 7 个机舱外部摄像机。

自从“9・3 阅兵”首次在受阅装备上搭载摄像机开始，我们就明白了什么叫“过五关斩六将”。在最新最先进的受阅装备上安放录制设备，最重要的一关就是取得部队的理解和支持。通过严格的审批程序，我们才能开展这项独特的工作。有了部队特许，只是万里长征第一步。接下来直播团队发现，没有哪种微型摄像机是为这个任务设计的，进而引出很多问题：长时间无人值守电池续航能力不

够，或太阳暴晒温度过高死机，或高空飞行温度过低电池衰减严重，再就是震动剧烈影响结像清晰度，不一而足。好在经历了“9·3阅兵”、朱日和沙场阅兵、南海海上阅兵和青岛海上阅兵，我们把各种微型摄像机的极限使用状态摸清楚了，发明了许多招数，自制了许多设备，心里有了底气，这不就惦记着不走寻常路——在高速战机的外部动手动脚。这可是连部队自己的摄影人员都不敢奢望的事情。

也许是前几次F系统的主观视角机位呈现的鲜明视觉效果给大伙儿留下了印象，也从几次合作中与部队建立了信任，这次我们的设想一提出就得到了部队方面和多家飞机设计与制造机构的大力支持。每一个机位的实现都有十数位工程师为之努力，仅技术可行性报告就有几十页，细致到每一颗螺丝的受力，加改装的机位是否会对飞机的气动外形产生影响；每一个机位都要有技术鉴定会，凝聚了部队多个部门、飞机的设计厂家及生产厂家和受阅部队一线人员的热情、心血和担当。即便如此，还是有几个机位因设计论证与试验时间不足而被忍痛放弃。

下面是十一当天，运-20飞机飞过天安门广场上空时的情景，你看我们的镜头放在哪儿，放在它的垂尾上面，来拍摄大大的翅膀飞过去。北京就在它大大的翅膀下面。

运-20大翅膀

下面这个是空警-2000，空军的“宝贝疙瘩”。我们在它的上面顶着的“大蘑菇”附近装的镜头，透过它的垂尾和机背来拍摄它飞过的北京主城区、天安门广场和后面的八一飞行表演队。

空警-2000 大蘑菇下的俯瞰

下面这个镜头就是在空警-2000 飞机的尾巴下边来加装的。从最近距离拍摄到八一飞行表演队在天安门广场拉烟的壮美景象。国际上航空摄影的顶级方式就是摄影师坐在运输机上，把尾舱门打开，拍摄飞机从后方接近。

这个比历史上所有的航空摄影更独特，因为我们直接在受阅空中梯队之间完成了重大活动的历史影像记录。我真的觉得是无数人的热忱造就了一个机位的实现。我们为之自豪！

空警-2000 机尾后视

虽然很遗憾有些镜头无法进入直播系统，但这仍是整个直播团队为新中国成立 70 周年这一特殊的日子送出的一份用心的礼物。我们希望这样的画面能够留在大家的记忆中。

我们把总共 26 个装在各种固定翼飞机和直升机上的画面编成一个两分多钟的片子发出去，叫作《谁持彩练当空舞》，以受阅战机的主观视角记录了空中编队从机场起飞，飞越崇山峻岭、绿色原野，到达天安门广场惊艳亮相，为北京的天空织就“七彩祥云”的全过程，让空中受阅梯队的影像表达有了新的突破，为观众呈现了从未有过的视觉体验，特别受欢迎，几乎霸屏。

舞枪弄棒啊，永远是男人从小男孩时候心里面就存着的梦想。我们 F 系统就特别有这个优势，我们用中国最先进的装备“舞枪弄棒”。最先进的装备包括我们最好的坦克、最先进的导弹、战机等。我们歼-20 战机的涂层什么样，它的尾喷口什么样……都是我们能够近距离接触的。这个确实是独有的一份幸运。

比如：你看我们坦克炮管这个画面就是我们的机位装好的样子。我们就把一个直播的摄像头藏在炮管靠近天安门广场的这一侧，这样也不影响阅兵的整体效果。

主战坦克炮管上的摄像机

那么是不是除了“舞枪弄棒”，我们就不会干别的了？不是。我们今年还做了一个最牛的“行车记录仪”。行车记录仪大家不陌生，可谁家的也拍不到受阅的军车行进在天安门广场。我们把这个机位就装在了地空导弹这个方队，因为只有地空导弹的方队里有三排导弹弹筒尾口的涂装是红色的。一个车上有 4 个弹筒，一个排面 4 辆车就有 16 个红色的圆点。我想在 70 周年国庆这一天，在庄重中显现活泼鲜艳的色彩。

F 系统工作照

9 月 30 日，我忍不住发了一条微信朋友圈：“明天于我是 34 路信号，51 个机位……”我为这 34 个直播信号和 51 个录制机位而拼搏，我们团队将近百人也在为这个计划而拼搏。这 34 个直播信号，我们不想舍弃任何一个，我们不想失去任何一个，因为每一个信号都是一群人为之努力两个多月的呈现。损失任何一个直播信号，我们都会遗憾终生。在这次直播当中，我们这个系统的每个机位只有 4—6 秒的播出机会。实际上，我们最终实现了 32 个直播信号，损失了两个。这让我心痛不已，当时就泪流满面。

其中，有一个镜头，总摄影栗严觉得偏色了。坦白地讲，确实偏色了。如果让我编一个专题片，我肯定也不会用这个镜头。但是直播不同呀，你要知道，这个看似非常简单的镜头，是一辆彩车上的整整一组人奋斗了两个多月的心血。可以说，我们是看着这辆彩车“长大”的。从彩车刚刚焊架子的时候，我们就泡在车场，克服了各种困难，经过无数次和相关单位协调，才完成前期的准备工作。所以，错失这个镜头的时候，我非常难受，不止我一个人难受，我们 F 系统的每一个人都非常难受，我们预期拍摄的人们心里肯定也非常难受。最终，这个镜头没有被采用时，我顿时失态了，泪水哗哗地往下流。但直播就是这样，只要留下遗憾，就无法弥补。

我们的代号是“F”，我们是特殊机位系统。有我们，锦上添花；无我们，直播也可顺利播出。虽然我们在英文字母里排行老六，但我们“F 人”却不这样认为，“F”办证人员有近百人，其中包括导演、技术、外包公司等，但只要我们加入了，我们就是使命必达的“战士”，为了最后的呈现，不管付出多大代价，“F”都在所不惜。

F 系统的一个重要使命是创造性地表现彩车与群众游行。这部分由两大块组成：一个是微波直播系统，共有 7 个直播机位，因为技术比较成熟，这是我们必保的机位；另一个是 5G 系统，初始设计为 9 个 5G 背包，7 个用于车上摄像，2 个用于情境表演的自行车和舞狮表演。这些都是我们最初的设计，看似顺理成章，在操作中却一波三折。

此次活动与以往不同，增加了群众游行环节，而上一次已经是十年前，当时微型设备还没有发展到今年的程度，可借鉴的经验不多，不说从零开始，也是摸着石头过河。好在我们历经“9·3 阅兵”、朱日和阅兵等大型活动，对微型摄像机机位设置，有一定的心得。但当我们按照摄像的角度构思机位开始操作的时候，军方完全不同的标准给了我们当头一棒。

首先，彩车的设计。按照各个主题，彩车最高的 15 米，最长的 40 米。对于这样的超大型彩车，一次成型是不可能的。以“扬帆远航”为例，它由上百块模块组成，不到 9 月 21 日的彩排时间，根本不会组合到一起。因此，在安装我们的微波机位时，只能先铺设线管，再把每一个模块中间连接的管路锯开，最后组装时再进行穿线作业。而中间的每一模块的试装，我们都要在现场，对两根管线之间的连接进行测试，以保证在最后环节穿线顺利。为了防止车辆在最终环节出现问题，我们在原来 7 辆车直播的基础上，又对两辆车进行了全车穿线安装作业，保证在有直播车辆出现问题的情况下，直接装上摄像头就可加入直播系统。

其次，从来没想过摄像头和微波发射机的供电会给我们出这么大的难题。这次彩车制作，从一开始材料标准就由消防部门按照最高标准制定。在这一标准里，锂电池被认为是最不安全的因素，列在禁止安装的第一位。因此，我们设计了两套供电系统，第一套为我们一直在使用的锂电池组供电，第二套为车上发电机供电。根据以往的经验，锂电池供电是可以通过沟通解决的。我们没想到的是，最终经过多层面沟通，锂电池上车问题依然无法解决，这就需要我们启动第二套方案：由车上的发电机供电。但我们的微波发射机和摄像头从未用过这种供电方式，导致测试时没问题，但在 21 日最后一次演练车辆上街后，由于是晚上进行演练，车上新增大量用电照明设备使电压不稳，导致 7 个机位只有两个正常工作。回到车场后，我们请来了消防专家组和电力工程师，对车上用电系统进行了重新梳理，并进行了满负荷、多频次启动测试，对电压不稳的车辆进行了稳压和增压改造，保证了最低电压在摄像头和微波发射机启动电压之上，也保证了直播的顺利进行。

另外，最大的难题出现在最后一辆车上，这辆车是一个高近 15 米的大花篮，在车上不停地旋转。如果能将摄像头设置在花篮之上，随着花篮一块儿 360 度旋转，这将是一个对直播系统进行多次支撑的机位，而且符合当时热烈的氛围。不断地旋转就意味着车上的电路系统不能进行有线连接，因为旋转一圈后，电线就会拧成麻花。为此，我们专门设计了装有铅酸电池的电箱、断路器、电源独立开关等一系列供电系统，安装在大花篮肚子里，跟随花篮一块儿旋转。虽然整套供电系统在 9 月 27 日才安装完成，但毕竟没有耽误它在天安门广场惊艳亮相。

再来看围绕5G的尝试。高大上的5G+4K直播传送诱惑着我们，如果能实现，它的移动性可以实现微波传送机位所达不到的前所未有的效果。但在7月初的时候，5G组合背包重量将近40斤，出现在游行队伍中显得很不合理，减重成为各项工作的重中之重。因此我们购买了弹簧秤，到五棵松摄影器材城对有可能减重的电池、背包、线组等配件一一称重，找出满足我们基本需求的配件，可以说真的是“斤斤计较”。

在技术人员的帮助下，当我们把背包重量降到20斤的时候，由于各种原因，5G遭到否定。最火热的传输技术就这样被停了？有没有可能被重新启用？虽然有一大堆的问号，我们还是以不变应万变，不改变我们最初的想法，按照5G直播标准进行操作。谁知道随着技术的不断进步，一个月后，5G会不会再被重新纳入直播系统呢？我们一定要努力到最后，把可能性留在最后，把最终的选择余地留给决策层。也正是这样的想法，我们为导演组备份。所以，我们按照原计划，经过和群游集结疏散、分指、彩车部等多方沟通，给6名摄像办理了车上人员证件。最终，当总台决定5G可以使用的时候，我们的摄像从车上给出了精彩的画面，也成为所有媒体中唯一一个在上车视角进行拍摄的团队。在“人类命运共同体”彩车上，我们的摄像在各国朋友之间拍摄到外国朋友载歌载舞、迎向天安门城楼的动人场景。

“青春之歌”，作为情境表演之一，场面宏大，富有时代气息。如果能在自行车上设置一个直播机位，对直播系统而言无疑将是最精彩的机位。唯有灵活便捷的5G系统，可以架设在自行车上，为此我们专门用了一个星期的时间，在训练场观看自行车表演的训练，找出最适合架设机位的车辆。在机器的选型上，我们先后测试了GO PRO、SONY黑卡等小型设备。为此，20多人进行大量的创造性实验，从不稳定的测试阶段到最后稳定传输，其中经过了数十次优化和上百次测试。在9月21日最后一次演练时，我们用稳定的传送、不可替代的洋溢着热情的“青春之歌”画面打动了所有人。这一画面在 10 月 1 日当天也得以完美呈现。

开拓进取，使命必达！经历了“9・3 阅兵”、朱日和阅兵、南海海上阅兵和青岛海上阅兵，F 系统的主观视角机位呈现的强烈鲜明视觉效果给观众留下了深刻印象。在新中国成立 70 周年庆典直播报道中，F 系统近百人在几个月的紧张准备工作中，跑遍天上地下各个受阅方阵梯队，克服种种困难，把不可能变为可能，把一丝可能当成百分之百做准备，为 32 个直播信号和 51 个录制机位而拼搏，最终以独一无二的主观视角和强烈鲜明的镜头，记录下了新中国成立 70 周年阅兵的历史时刻。我们在完成直播任务的同时，积极服务总台新闻节目、专题节目、新媒体传播等，受到观众的喜爱和台里新媒体同仁的好评。

（撰稿：直播团队 F 系统导演马挥）

二、广场播音员：精益求精、倾情倾力，让每一次播出都有完美的呈现

“70 年风雨兼程，70 年砥砺奋进。沐浴着新时代的阳光，共和国迎来了 70 华诞。人民军队意气风发，光荣接受中共中央总书记、国家主席、中央军委主席习近平的检阅，接受党和人民的检阅。”

这一段是现场解说的开场白，是我和央广播音员陈智鹏共同完成的。这是我们练习最多、印象最深的段落，它决定着我们 4 小时的解说基调。下面我就用札记的形式与各位分享我们的解说经历和感受。

我们解说的位置在西观礼台下面一个十几平方米的工作间，看不到现场全貌。我们是结合几个关键点的信号监控画面，根据导演

的手势、倒计时钟进行解说的。所以要想方设法调动情绪，表达基调与现场庄重热烈的气氛相契合，节奏与军乐团的演奏声，徒步方队的口号声、脚步声，装备方队的轰鸣声，合唱团的歌声，观众的欢呼声和掌声相协调。

这次解说难度大，挑战多。比如，三次全要素演练均未解决城楼扩音问题。为此，总台台长慎海雄挂帅成立了专项攻关小组，经过反复打磨之后提出：解说要降慢语速，同时要保持情绪激昂，声音高亢，语言清晰，节奏适当；装备方队前五段解说全部换成女声。另外，群众游行部分对各省彩车的解说依据改为央视直播画面，限时 12 秒，间隔时间短，解说词字数又较多，几乎没有调整的余地。而要把这些落实到位，我们仅有 7 天时间。

此次任务需与阅兵、群众游行、央广音响、央视直播、军事部等团队配合完成，涉及斟字酌句、掐算时间、看录像听录音复盘、制作流程单、优化应急预案等诸多事项。作为央视代表，我承担了大量协调工作，经常忙到深夜。

从 8 月初起，我查阅资料了解背景。这是我第 4 次担任现场解说，但我严格要求自己从零开始，每天练习解说词 3—8 遍，默记、熟读、录音近 200 万字，每个方阵梯队掐算时间至少 50 次。

任务完成之后，很多朋友问我，解说之前紧张吗？我说，不怎么紧张。因为：第一，没时间紧张。第二，有各级领导的关心鼓励，我信心满满！第三，各方面准备十分充分，与两位导演、搭档和导播杜晓华形成了心有灵犀的默契，踏实有底。

这次现场解说得到了前所未有的高度评价。其中的收获令我感慨万千：所有人员群策群力，精诚合作；只要勇于挑战自我，没有克服不了的困难；精益求精的工作作风，高超精湛的专业技能，倾情倾力的付出是解说成功的重要因素。这些精神财富是极其宝贵的，我们要倍加珍惜并把它们运用到今后的日常工作中，让每一次播出都有完美呈现。

搭档智鹏，是总台唯一一位担任上午和晚上两场活动解说直播的主持人。用他的话说，这虽然是从业以来工作强度最大的一天，但能有机会用自己独特的方式为共和国庆生，难道不是中华儿女最大的幸福吗？我想，这也是所有参与国庆报道的同事共同的心声吧。

最后我想以我们最喜欢的几句激动人心的解说词作为这篇札记的结束语。为什么最喜欢呢？因为当天解说完这几句，就意味着任务圆满完成了。

“祝福我们的祖国繁荣富强！祝福我们的人民幸福安康！祝福我们的明天灿烂辉煌！”

（撰稿：广场播音员贺红梅）

三、中国之声播音员：用声音为祖国献礼

接到国庆要在天安门城楼上直播的消息是 2019 年 7 月，从 7 月中旬到 10 月 1 日的这两个多月时间，对庆祝新中国成立 70 周年活动的直播报道就是唯一的主题。据不完全统计，光演练，包括官方演练和非官方自演，至少有 15 次，每次都要把这近 4 万字的稿子完整演播，其中自演最长的一次从下午 2 点半一直演练到午夜 12 点半，对着录像一个环节一个环节地抠，整个直播小组力争把每一个细节都打磨到位——因为用声音为祖国献礼，在天安门城楼向全世界直播新中国成立 70 周年大典，是永生难忘的一次直播经历。

要说国庆广播直播背后的故事，离不开传媒人印在心里的“四力”，这是对脚力、眼力、脑力、笔力的全方位考验。

（一）幸好没用上的“肾上腺素”

先说“脚力”，国庆直播不仅对业务要求精益求精，更是对体

力和耐力的一次极限挑战。广播只有声音没有画面，所以现场的所有进程都需要主持人完全用声音描述出来，稿件字数达到了 39 000 字。在长达 3 个多小时的直播里，全程无休、精神饱满、声音洪亮、保持站立地播音，其实特别担心自己的嗓音和身体撑不住。此前的三次演练都是在凌晨进行，我们也都全程演练不惜力，为的是真实模拟现场状态。熬夜播音对嗓子影响极大，再加上口播强度大和本身累积的疲劳，导致嗓子水肿，说不出话，眼看距离国庆越来越近，我真是心急如焚。临近 10 月 1 日的最后一周，就靠每天一个小时的嗓子雾化撑下来，四种护嗓药轮番吃，持续闭声，不敢说话。医生都给开了肾上腺素，以防万一。幸好没用上，幸好及时恢复。

第三次全要素演练，夜已深

到真正直播的日子来临，通知凌晨2:30出发，我特意晚上6点多就躺下准备睡觉，却因为兴奋辗转反侧，睡了3小时就出发了，到了城楼下又等待两小时才安检上楼。等待的这两小时大家就站着备稿，虽然腰酸背疼，但都处于非常兴奋的状态。在城楼北侧的华表下，看着天光一点点儿亮起来。上了城楼，更衣，试线，梳理关键节点，校对时间，打热水，直播正式开始。

在直播的过程中，我们要面对强烈的日晒，随时吹翻稿子的风，只有几秒的喝水时间，站立3个小时带来的腰酸背疼，以及睡眠不足带来的疲惫。然而，直播一开始我们把这一切就都忘了，我们全身心投入这场盛典中，以饱满的状态完成了这个光荣而艰巨的任务。近4万字一字不错，关键节点一字不压。

（二）“眼耳手并用”把控关键环节

接着讲“眼力”，阅兵和群众游行的现场元素极其丰富，流程也很复杂，要保证万无一失，就要把稿件烂熟于胸，还要眼力敏锐，不错过现场的任何重要信息。可以说是“一眼看稿件，一眼看现场”。央广直播席位于天安门城楼的东平台，从这里向外望，齐步变正步的线和群众游行音乐转换的线看得很清楚，我们要紧盯这两条线，保证及时跟着进程走，这是相对较好把控的部分。而现场的实时动态就要靠广场上的两个巨大屏幕，这是考验应变能力的部分，要随时插播。比如：在战旗方队、在最后一个方阵——“祖国万岁”经过时，把习主席挥手致意的重要信息传播出去，让看不到画面的听众也能及时感受到领袖与人民的情感。

而有些关键节点甚至不能光靠“眼力”解决，还要靠“听力”。比如：在阅兵式结束、分列式开始之前的这个关键节点，只有10—20秒，对广播来说，不能空场，又不能压号角。根据以往演练经验，我们以音乐为号，不管解说词说到哪里，只要现场音乐停了，就意味着号角要响起，我们就完整结束自己的解说，用几个短句子承上启下，侧耳倾听号角音乐的鼓点，鼓点一响就不再说话，完美承接习主席回到城楼的节点。

当然，还有“手力”的配合，您问什么是“手力”啊？播音还需要手？是的。在直播过程中，我们的话筒一直保持开的状态，除了现场音，不能有任何杂音进来。如果有突发情况或者需要沟通，不能说话，就要用到“手力”了，“一手拿稿，一手指挥”，就像现场的军乐团指挥一样。又比如：和负责操控调音台的技术员、负责阅兵解说的观察员之间就是用手来沟通，手轻轻上推，就是主持人的话结束了，需要技术员及时推现场国际声（讲话、号角、音乐等都是国际声传来的）；手轻轻下推，就是把国际声拉下来，主持人要说话了；手轻轻下拂，就是可以说慢一点儿；手轻轻摇摆，就是此处可以停止点评，下一个环节要开始了。这种配合贯穿全程，一字不说，默契十足。

（三）我们和方队一样“米秒不差”

再说说“脑力”，这是进入新时代后的首次国庆阅兵，为了进一步体现新时代阅兵的特点，习主席和官兵问答的声音一字不差地完整直播，不能压话。可检阅车一直在行进中，我们无法掐准哪里有问答哪里没有，最后用笨办法：一秒一秒听录音。结果我们发现，在徒步方队，问答环节频繁插不进话，而在女民兵方队问答口令结束后，进入装备方队的节点开始，每一个口令中间就有 20 秒左右的间隔。我们仔细聆听女民兵喊敬礼的口号，并配合大屏幕出女民兵、维和官兵图像加以双重确认：这是处在进入装备方队的节点上。此后开始掐准了每一组口令后出 20 秒解说，然后用手指数着口令一（同志们好！主席好！）、口令二（同志们辛苦了！为人民服务！），见缝插针，生怕数错，所以两位主播一边掰着手指头一边播音，也是难得一遇的景象，最终“米秒不差”地呈现了阅兵式问答环节。

“注目礼”也是历次阅兵中从来没有过的环节，习主席面向党旗、国旗和军旗行注目礼，还特别设置了敬礼号角。敬礼号角结束，紧接着就是徒步方队的第一个敬礼口号，绝对不能压。我们反复听录音反复演练，精确到 49 个字，语气和节奏把控准确，既把“注目礼”环节完整表达，把“首次”的特殊性提出来，又没有压后面口号，完美呈现了这个历史性环节。

（四）“画出来”的空中梯队

最后来说说“笔力”，我们在 7 月中旬就录制了群众游行指挥部负责的群众游行部分的解说词，可直到最后正式直播前，稿子改了十几遍，仅我们手里的成稿就有厚厚的 10 本，每一本都不一样，都是根据演练和得到的信息综合修改，甚至在直播前还修改了几处关键信息。近 4 万字的稿件，我们不断从军事、央视、群众游行指挥部等各个渠道印证，从无到有地构建体系，力争每一个字都得到充分论证，经得起历史考验。

在阅兵环节，大量新式装备我们都没见过，尤其是空中梯队部分。空中飞行梯队飞行速度快，距离也比较远，很不容易分辨，更不知解说词从何处进，从何处停。为了保证解说词和装备准确贴合，在看此前录制的演练画面时，我突发奇想，空中不同梯队虽然细节分辨不清，但队形是可以明确看出的！把队形画下来，可以帮助我们分辨不同的梯队。在空中梯队中，有楔形编队，有一字横队，有三机一组，有五机一组，画出来之后一目了然。在没有看过实景演练的基础上，直播空中梯队的所有部分精确匹配，内容表达充分。

每每回想起这些直播场景和细节，我们都感到无比振奋，仔细总结这些经验，不觉辛苦只觉甜。七十华诞，盛世之音。直播国之盛典也是我们传媒人为全国听众，乃至全世界受众交上的一份答卷。我们能用声音为祖国献礼，何其光荣，何其幸运。中央广播电视总台的声音在天安门城楼上响起，我们总台人和共和国共庆生日，共享荣光！

（撰稿：中国之声主持人林溪）

四、中国之声播音员：3.9 万字近 3 个小时播音，我们这样接受全国听众“检阅”

2019 年 10 月 1 日上午，作为总台新闻中心中国之声的播音员主持人，我和同事林溪在天安门城楼上头顶似火骄阳“站立着”完成了 3.9 万字、时长 177 分钟、总台 12 套广播频率并机直播、各地人民广播电台同步转播的《庆祝中华人民共和国成立 70 周年大会、阅兵和群众游行》的现场直播。

这次新中国成立 70 周年庆祝大会、阅兵和群众游行，不论是时长、规模，还是内容环节的复杂程度，都不同于以往的国庆盛典。尽管已在播音主持岗位工作十年，这样的解说任务对我来说依然是前所未有的重大考验。

70 年前，1949 年 10 月 1 日下午 3 点，新中国第一代播音员齐越和丁一岚就在天安门城楼直播了开国大典，对我而言，10 月 1 日这天能站在无数前辈曾经奋战的地方，向全世界中华儿女解说新时代的首次国庆盛典，是一次“极限挑战”，也是一次“特殊观礼”，更是我辈的“薪火相传、接续奋斗”，我倍感荣耀！

（一）三次“秘密”的解说词录制

其实，我和林溪的直播准备早在三次“秘密”的录音中开始了。2019 年 7 月中旬，我俩接到一项“秘密任务”，为群众游行指挥部录制仿真模拟系统的解说词，供相关部门审听审看，为天安门城楼的现场解说“打基础”。我们和指挥部工作人员一起反复推敲一词一句，来回揣摩语气语调。现场监听的指挥部工作人员多次被感染感动，甚至当场调整部分解说词，要求再录一版。全程一小时左右的群众游行部分解说，我们对照仿真系统录了整整4个钟头。此后一个月里，我们数次录制新修订的群众游行解说词，供领导审听审看。最终，这一部分解说词由总台贺红梅、陈智鹏二位同事在10月1日当天现场播送给在天安门城楼观礼的领导人和国内外嘉宾，体现了总台播音员主持人团结一心。

播音员为国庆群众游行指挥部现场解说词配音

（二）十小时精磨3.9万字

为最大程度减少对群众工作生活的影响，2019年9月进行的三场庆祝大会演练都安排在周六午夜时分。林溪和我每一次都是全情投入地“站立着”完成近三小时的直播演练。特别是在9月7日的第一次全流程演练结束后，央广直播团队召开了一场长达10小时的工作会议。会上，我们用“我播你听他再改”的方式和直播团队的同事们对广播版解说词斟字酌句，力求解说词呈现以下特点：

首先，为听众解读阅兵中多个“第一次”的知识点，如习主席首次面向党旗、国旗和军旗行注目礼，受阅官兵首次齐声高呼强军口号等。

其次，用一两句话讲好阅兵方队里的故事，引发听众深度联想，唤起听众强烈共鸣，比如空军方队里有当年“汶川大地震”获救后立志长大后要当空降兵的程强。

再次，对群众游行中70组彩车组成的36个方阵和3段情境式行进做简练生动的介绍。

广播学会专家听评组评价央广的解说信息量大，画面感强。“总是很押韵，很有美感。”

后来，这份历经数十次修改、共计3.9万字且极具广播特点的解说词，被大湾区之声粤语解说团队全文采用，被国广外语解说团队重点参考。

（三）精确到秒，听见细节

为更好地突出音响，让细节被听到，我们和直播团队一起，对照第二次演练时的广场大屏幕、笔记和国际声，重新设计升旗仪式和阅兵式的解说位置和内容。

先是用数步数的方法，巧妙穿插解说，尽量多地呈现国旗护卫队在70响礼炮声中护卫五星红旗行进的铿锵脚步声，强化升国旗仪式的神圣庄严。

之后的阅兵式中，以“秒”为单位，见缝插针地把解说词“嵌进”习主席与受阅官兵的问答互动之间的空隙处，用音响展现习主席对将士们的亲切关怀和受阅官兵对习主席的忠诚拥戴，用解说来介绍这次国庆阅兵的特点并预告稍后分列式的亮点。

这些都是以往的央广国庆阅兵解说和纪念抗战胜利 70 周年阅兵解说中的创新。这样做的结果是，听众听到了更多细节清晰、层次分明的现场音响，也有效接收了解说词的信息，给听众更好的“听觉享受”。

当然，我们手中的 82 页解说词也几乎标满了各种提示记号。

（四）5 小时站立为这一场盛典

下面这条时间线清晰还原了我们俩在 10 月 1 日直播当天的工作情况：在通宵未眠、前后站立近 5 个小时的情况下，克服高温日晒，始终情绪饱满、底气十足地完成新中国成立 70 周年庆祝大会、阅兵和群众游行的广播解说。我们圆满完成这场“极限挑战”般的国庆盛典的广播解说，也是在向全中国的同行、全世界的同行，展现总台播音主持队伍的优良作风和过硬本领。

2019 年 10 月 1 日央广解说团队的时间线：

2：00 到总台复兴门办公区集合并领取证件；

2：30 从总台复兴门办公区出发乘车去往世纪坛集合点；

3：30 从世纪坛集合点乘车去往午门广场；

3：50 抵达午门广场；

4：00 到达天安门城楼下；

4：00—6：00 在天安门城楼下“站立着”准备直播稿件；

6：00 过安检，登上天安门城楼；

6：20—8：50 直播技术团队安装调试设备，直播团队最后一次梳理流程；

8：50—9：00 直播试音；

9：15 直播试线；

9：45 直播开始，“站立着”解说庆祝大会、阅兵和群众游行；

12:45 左右直播结束。

（撰稿：中国之声主持人子文）

五、军事观察员：用声音呈现盛典

在举世瞩目的 70 周年阅兵报道中，在各大媒体激烈竞争的情况下，广播媒体的现场直播为什么还能赢得一席之地，并受到广泛好评呢？这主要是因为，我们紧紧把握住了以下几个原则和思路。

（一）立足阅兵现场，进行谋篇布局

收听阅兵直播的听众最关心关注、最想听到的，首先是阅兵现场“此时此刻正在发生什么”。比如：习主席乘检阅车过金水桥后，阅兵总指挥如何向习主席报告；习主席是什么时间向党旗、国旗和军旗行注目礼；习主席检阅部队时是怎样问候官兵的；每个徒步方队和地面方队是何时接受检阅的。针对受众的这种心理需求，我们牢牢把握现场直播最核心的传播理念，尽最大努力在“第一时间”呈现“第一现场”，并且在有限篇幅中把官兵外貌、装备性能、部队历史、方队特点等融入其中。

在直播过程中，我们尽量使每一个环节、每一个细节、一切元素要素都服务于现场，将主持人解说、观察员解读与现场典型音响有机地融合在一起。如果出现影响听众了解和感受阅兵现场的播报就果断舍弃。最终目标是，让听众通过现场音响和解说，感知激动人心的阅兵现场。

（二）依托阅兵现场，进行拓展深化

阅兵活动有着严格的程序安排，有的环节时间很紧，而有的阶

段时间间隔较长，如果前期不进行策划，在直播时常会出现空场静候、信息重复等问题。实际上，新中国成立 70 周年国庆阅兵本身有很多背景信息可以介绍。在没有现场信息进入的时候，有很多时间和空间可供创作者拓展。为此，在直播过程中，当现场没有重要情况可介绍时，我们就对阅兵活动进行历史勾连和纵深挖掘，不仅向听众交代强军目标是习主席何时何地提出的，党的十八大以来国防和军队建设取得了哪些成就，而且介绍了今年阅兵的特点、亮点等，包括 7 个徒步方队是第一次设置，以及为什么要设置。今年是历史上高级指挥员受阅人数最多的一次，这说明了什么。同时，我们还回顾了历史上的重大阅兵。

即使在分列式开始、篇幅以秒计算时，我们也尽力对相关内容进行延伸拓展。背景信息，尽管只是寥寥数语，但既和现场紧密关联，又有效丰富深化现场，将听众应知、欲知、未知的内容说得入耳入心，让人们对阅兵的理解、感受达到新的高度、广度和深度。

（三）紧盯阅兵现场，进行形象描述

在阅兵过程中，每个方队的人员不同，服装各异，数百台装备外形差别更大。尤其是今年阅兵中，有些徒步方队的服装和部分装备外形，在 10 月 1 日前一直处于保密状态，要让听众对阅兵产生身临其境的感觉，存在很大难度。为此，我们在撰写直播大纲之初就确定一个原则：要加大对阅兵现场人员和装备的描述，而且在描述时既要准确规范，更要形象直观，有“画面感”，即使是让听众收听直播时想象，也要有一个想象的基础。在语言使用上，要尽量让听众入耳入脑，能够由听觉迅速转化为画面。

在撰写直播解说词时，我们深入各受阅方梯队，了解情况、特

点和亮点，多次观摩阅兵合练演练，对受阅官兵和装备进行观察研究，查阅大量资料照片，对数百个细节进行核实，力求用口语化表达和形象化播报，准确生动地给人们传递直观印象。

（四）紧扣阅兵现场，发挥声音魅力

在阅兵现场直播中，广播媒体是由各类现场声音组成的多声部音响，其中包括主持人的解说、观察员的解读和现场口令、口号和乐曲、歌曲等，但是直播过程中，最难处理的莫过于对现场声音的处理。这是因为阅兵现场的环境复杂，空间跨度大。为最大程度地发挥广播媒体直播特点，我们在每个时间节点都注重突出现场音响的使用，用典型音响贯穿直播全过程，用核心音响掌控直播节奏，用关键音响烘托阅兵现场氛围，突出阅兵主题。为使现场解说和各类音响有机融为一体，作为解说词撰写者和军事观察员，我们和主持人、技术人员等进行了十余次演练。每次演练结束后，我们还要看着演练录像，一分一秒地算时间、算字数，不厌其烦地调整完善解说词，仅大的修改就达十几次。

功夫不负有心人。在 10 月 1 日阅兵直播节目中，无论是徒步方队雄壮有力的正步声，装备方队铁流滚滚的轰鸣声，还是一架架战机呼啸掠过的声音，包括主持人和观察员情绪饱满激昂的现场解说，这一系列多层次的典型音响和声音，衔接自然，转换自如，使现场氛围浑然天成，让听众如身临其境，过耳不忘。许多听众听过直播后，由衷称赞这是一场体现国家电台水准的现场直播，声势宏大，高潮迭起，具有很强的感染力。

（撰稿：中央广播电视总台军事节目中心观察员吕锡成、孙杰）

第三节　你看不见的“镜头”也精彩

一、直播“定海神针”和 AI 剪辑神器

解密国庆 70 周年庆典直播的 A11 号机位，就在天安门城楼上。

2019 年的大阅兵看得过瘾吗？

你是否也为这些气势磅礴的画面而心潮澎湃？这里想隆重介绍一个人，因为这些震撼人心的镜头——都不是他拍的……

他是中央广播电视总台国庆 70 周年直播 A11 号机位的摄像王晓亮。他的位置就在天安门城楼上，距离最核心的区域只有十多米。

晓亮说：“家里都知道我被抽调拍阅兵了，都问：‘哪个镜头会是你拍的，到时候指给我们瞧瞧。’”

“我离得那么近，可是你看到最精彩的，走起来最好看的那些，我没有出过一个画面。”

A11 号机位，是给这些燃情大片“放哨”用的。

从东华表向南，一直到长安街的北侧，有一条白色的虚线，叫作敬礼线。当受阅部队行进到这里的时候，领队会发出向右看的指令。所有的受阅官兵会“刷”地一下向右摆头，以 45 度角向天安门城楼行注目礼，同时脚下由齐步走，变为正步走，接受党和国家领导人，以及全国人民的检阅。

A11 号机位，就是让镜头卡住这条线。

从受阅方队踏线的一刹那，到及时切出主观镜头，这中间的时长是 2 秒。

导演组清晰地看到这条线，看到方队行进的位置，就能判断切点。

随后是早就确定好的一连串镜头组合，“米秒不差”。

A11 号机位，不是简单地监控，必须有专业人员值守。

镜头要随时提供，保证有效。

徒步方队、装备方队、群众游行队伍……速度不一样，要随时调整景别，不能虚。

作为摄像，参加这么大的活动，谁不希望自己能留下好画面呢？

王晓亮在阅兵村训练了两个月，天天就卡敬礼线。有一次演练的时候，晓亮忍不住把镜头动了。

画面挺好看，但是整个系统全乱了。导演组全都不知道该切换哪个画面，晓亮的耳机里不停有人喊：

“你别动！别动！快回来！”

A11 号机位重新对准了敬礼线，导演们心里有底了，一个一个镜头跟着走下去。

让所有的受阅官兵展示出他们最美的风采！

晓亮的机位叫 A11，也就是 A 系统序号排 11 号的机位。

整个国庆直播有 1500 多个直播分镜头，A 系统承担了 1000 多个。

导播张君对晓亮说：“你虽然出不了一个画面，但在 A 系统，你就是定海神针。”

另外，虽然 A11 号机位的镜头没有在电视直播中出现，但对于首次启用“AI 剪辑”的央视新闻新媒体来说，它却是特别重要的。因为这个机位镜头拍摄的画面是最固定的，把其设定为“AI 剪辑师”剪出的方阵视频的最开始画面，这样“AI 剪辑师”就能准确“认”出方阵，并快速剪辑。

在国庆 70 周年庆祝活动报道中，央视新闻新媒体推出 300 条以上的短视频，其中一部分由 AI 剪辑来完成——这是央视新闻新媒体首次把 AI 人工智能技术运用到短视频剪辑当中。

（央视新闻客户端）

二、把人民放在历史镜头的正中央

“掌声爆发了起来，乐声奔涌了出来，灯光放射了开来，礼炮像大交响乐的鼓声‘咚！咚！咚！’地轰响了进来。”70 年前，诗人胡风以气势磅礴的组诗《时间开始了》为开国大典留下动人白描。

今天，这些令人热血沸腾、泪水盈睫的历史场景在天安门广场再次上演。庆祝中华人民共和国成立 70 周年大会隆重举行，20 余万军民以盛大的阅兵仪式和群众游行，欢庆伟大祖国的这一盛大节日。

三军集而风云散，万众来而天地欢。天安门广场变成人的海洋，掌声的海洋，欢乐的海洋，庆贺的海洋；广场之外，少长咸集，与国同庆，更有无数人盯紧屏幕观看这场盛世华典。

此次盛典包括庆祝大会、阅兵和群众游行三部分。阅兵方阵自不必说，气势如虹，整齐划一。给人更多惊喜的是群众游行方队，采用了“沉浸式演出”的新形式，把共和国成立 70 年来的大事件以微缩景观的形式生动地表现出来。

远远望去，方阵齐整，呼号震天，千万人如同一人；当镜头逐渐拉近，我们看到了一个个具体、鲜活、生动的人，真真切切看到了他们脸上的每个表情、每次动容。

老兵们举起颤颤巍巍的手，敬着已经不再标准的军礼，老年斑藏在皮肤的褶皱里，一瞬间把人拉回那些激情燃烧的岁月。他们选择苦难，我们获得辉煌。受阅士兵面庞黝黑，眼神刚毅，特写拉近时能清晰地看到他们轮廓分明，喉结耸动，年轻的力量快要溢出屏幕。群众游行方队中快乐的腰鼓打起来，自行车队驶过来，有一个姑娘对着镜头笑得露出了标准的八颗牙，牙齿雪白，笑容灿烂，没有人不被这种真诚和喜悦感染。“汶川大地震”时在担架上敬礼的小朋友已经长成翩翩少年。直播镜头在他那儿专门多停留了一会儿，让更多人记住了这暖心一幕。

直播这样一场时间长、密度大、人员多的重大活动，每一帧镜头都非常宝贵。但我们依然在屏幕前看到特写镜头一次次切到观众席：有人一手捂在心脏的位置一手拉着“祖国万岁”的标语，有人在老兵经过时表情庄重地致敬，小男孩指着经过的队伍兴奋地拉紧父亲的衣袖，耄耋老人眼中饱含热泪……

“为什么我的眼里常含泪水，因为我对这土地爱得深沉……”历史和现实彼此交汇，个人与时代紧紧相融，亿万人的共同记忆被瞬间唤醒，亿万颗心跳动在一起。没有任何一个时刻能让人如此深切地感受到：人民的眼睛，是最雪亮清澈的；人民的情感，是最朴素真挚的；人民的力量，能铸成真正的铜墙铁壁！

这是一场注定要被浓墨重彩书写的隆重庆典。直播的镜头也是历史的镜头，背后隐藏着的，不单单是一个媒体的价值选择，更是一个国家的深沉情怀：不管在哪里，我们都要把人民摆在正中央，放在心坎里。因为他们，才是“历史的创造者”，是“真正的英雄”。

（中央广播电视总台央视网）

三、惊到你的第一个镜头来自“天鹰座”

想必你和我一样，还沉浸在收看国庆阅兵和群众游行直播的激动之中。太精彩！太震撼！太过瘾！

国家盛典，国家级水平的直播。空中地面、4K 超高清拍摄，全程超燃；电视大屏、新媒体平台，全面开花。不得不说，中央广播电视总台的直播，配得上“国家队”的称号，配得上蒸蒸日上的中国实力和中国形象。

讲真，阅兵直播开始的第一个镜头就惊到我了。天安门城楼、长安街、国旗、广场群众，都容纳在一个镜头里，相当震撼。在整场庆祝活动最后收官阶段，这个画面再次出现，近两分钟的移动长镜头，在以往历次重大活动直播中没有过。

经多方打探，得知这个镜头出自总台今年直播的秘密武器——国内最长的二维索道摄像机。这个摄像机架设在天安门西侧约 15 米处，是唯一一个横跨长安街的拍摄设备。为此，直播团队在空中架设了 400 米长的索道，摄像机在索道上不仅能上能下，能来能往，还能以最大视角拍到广场。

在近 3 个小时的直播中，这台摄像机的镜头从广场各个方位、各个角度向核心区推拉摇移，拍出了好多不同寻常的表现场景。

长安街上架索道！这个想法够大胆。从效果来看，大胆的想象带来了大美的画面。而从想象变成现实，则需要一步步脚踏实地去干。为了研发这套索道摄像机，总台技术部门花了一年多的时间，获得了 9 项国家发明专利，总台拥有完全自主知识产权。它的索道系统和稳定系统全部是国产的。它的应用是这次庆祝活动直播的最大亮点，是首次实现了索道摄像机的 4K 有线信号传输。

而为了架设、调试、演练这套索道摄像设备，多少工作人员夜以继日，不眠不休。

我还打探到，天安门索道摄像机有一个响亮的名字——“天鹰座”。天鹰座，就是那个拥有“巡天遥看一千河”的牛郎星的星座，也是希腊神话中宙斯变成雄鹰寻访人间的星座。

在今天，“天鹰座”化作亿万观众的眼睛，见证中华人民共和国成立 70 周年的恢宏庆典，饱览中华民族盛世美景，书写新时代的新篇章。

我禁不住要为中央广播电视总台点赞打 call 了。

（观察者网）

四、屏里屏外皆是爱国情

今天，庆祝新中国成立 70 周年阅兵盛典在万众瞩目中落下帷幕，一场 80 分钟的阅兵刷屏了全国，乃至世界，沸腾了举国上下中华儿女的心，澎湃了海内外华人的家国情。

“我和我的祖国，一刻也不能分割。”在这光荣与梦想交织的时刻，借总台直播高科技的表达，即便不在现场，我们也能一起融入这激动人心的时刻，同享身为华夏儿女的自信与自豪。一架架翱翔的飞机，一列列整齐的方队，一声声铿锵的脚步，一张张刚毅的脸庞，一双双如炬的目光……一个个精彩的镜头，尽展中国军人的雄姿英发，也尽展中国军队的强大实力。

据了解，这次央视直播由 1 个总系统、6 个分系统共 91 个机位组成，另有 34 个微型摄像机安装在受阅装备和群众游行队伍中……从标兵就位全过程的镜头跟踪，到不同阅兵方阵之间的镜头切换；从分列式给人视觉冲击的画面感，到群众游行方阵热情洋溢的笑脸；从画外音恰如其分的解说，到全景与特写镜头的自如切换，这些都给观众以全方位多角度的视觉体验和冲击。

为了更好地呈现国庆阅兵现场，总台在长安街两侧设置 VR 机位，这是共和国历次阅兵以来首次使用 VR 直播技术；电视不再是观众的唯一选择，PC 端、手机端的用户不仅可以在网页搜索观看网络直播，还可以下载央视影音，享受在移动中观看阅兵的“福利”。总台还利用 5G 网络提供 4K 超高清直播，打造历史首次 4K 超高清全景直播阅兵盛典，为全世界电视观众带来 5G+新媒体的全新体验……高科技的加持，也体现了全媒体时代的中国自信与实力。

借以更美好更宽广的传播方式，国庆阅兵走进了大街小巷，刷了小屏大屏。无论你走在祖国的任何角落，只要你有一部手机就可以实时观看阅兵直播，这在过去真是不可想象的。屏里屏外都是爱国情，都是中国自信。今天，我们共同见证了新中国的美好，也见证了本次直播激动人心的效果，期待祖国的明天更美好！

（中央广播电视总台央视网）

五、7 秒切 4 个镜头

看国庆阅兵，最让你激动的是什么时候？

本人敢保证，一定是受阅方队经过主席台前，喊：“向右看——”然后“刷刷刷”转头，敬礼，踢正步……特别是装甲方队，那铁流滚滚，将军在战车上号令一方，这叫一个带感，每次都看得本人热血沸腾。

本人看过很多报道说，训练中官兵们怎样苦练沙场，怎样磨破起泡。可打死也想不到，在幕后切镜头还能把手指磨出泡来。

练到手指起泡的小伙子叫邓巍，是这次直播中整个分列式和群众游行部 A 系统的切换导演。

啥是切换导演？他们是整场直播的核心。所有观众能看到的画面，都由他们指挥“摄像师”进行拍摄，并进行现场切换。

对邓巍来说，就是受阅的方队走到致敬区，也就是东西华表之间短短的 96 米中，这是最精华的一段，观众能看到什么，就要看邓巍他们的视频切换了。

他们有句话，要做到“米秒不差”。“米秒不差”本来是对受阅仪仗队的要求。《人民日报》9 月 27 日称赞正在训练的女兵方队：

受阅距离96米，走128步，66秒通过，分秒不差。

央视网也曾经报道过：新中国成立50周年阅兵，共有42个地面方队、10个空中梯队参加。装备方队单车距离误差控制在2厘米以内。在压阵的战略导弹方队最后一排通过天安门中线的那一刻，空中梯队首架飞机准确飞临人民英雄纪念碑上空，完美地实现了“米秒不差”。

受阅部队“米秒不差”，切换导演稍有差池，最好的画面就出不去了。

（一）7秒切4个镜头，7下按键

两个多小时的直播，就拿其中的7秒来举个例子吧。

装备方队的每个方阵会有两位将军，分别位于两辆车上。

这样两位将军就没法在一个镜头同框了，只能一辆一辆单出。

但是这两个镜头还不能连着出。

想象一下，差不多的车，差不多的镜头，车里的人突然一换，这不成了大变活人了?!

导演组在前期预演当中经过详细推敲，定下了一个方案：7秒内要切出4个镜头。

前三个，不能快了，也不能慢了，更不能错。

而第四个镜头可不是光切就可以了，要从4个系统中选出最佳的一个镜头切出去。

随后还要切出一组流畅精彩的镜头，还要想好后面的镜头逻辑。

所有镜头的切换都是备切，要先选预监，再按剪辑。

这么一通操作下来，7秒内要按7个按键，都要按方案做到严丝合缝。

还是左右手配合，右手四下左手三下。

想到这里，我觉得自己的手也开始疼了。

（二）两小时切 1000 多个镜头，2000 多下按键

且慢，这 7 秒只是切换中的一个镜头组，还有其他很多镜头组，也一样要快速精准。

这样的高强度集中注意力要持续两个多小时。

在两个多小时里，切换 1000 多个镜头，切换导演要按键 2000 多次，而且必须“米秒不差”。

且慢，想想盯着一个电视屏幕看阅兵，那我都是连眼都不敢眨，很多动作、很多角度转瞬即逝，一眨眼就看不到了。邓巍他们要盯着 30 多个监视器的屏幕……

在演练的时候，邓巍刚开始对这个切换节奏不大适应，有些紧张，连续按到按键的棱角，手指肚硌起了一个水泡。现在泡早就没了，他也没留照片。他说，手指是小事儿，主要是精神压力大。

现场直播何等紧张，要在瞬间作出判断，如此烧脑加累心，我只有大写的一个“服”字。

（《中国质量万里行》杂志）

六、空中飞行梯队“掉舱门”了？

2019 年 10 月 2 日，网上流传的一则时长 15 秒的视频显示，呈箭形的空中梯队在飞行过程中疑似有物体掉落。专家认为，这是航拍的直升机和领队机梯队因为飞行速度差距太大，双方一闪而过。

这则视频没有显示时间，从队形看是 10 月 1 日参加国庆阅兵的空中领队机梯队。该空中梯队呈箭形，九机“箭队”拉出绚烂的彩带，视频开头疑似有物体从飞机掉落。但飞机梯队正常飞行，没有受到影响。网上有传言认为，这是空中飞行梯队在受阅过程中疑似起落架舱门掉落。

空军专家傅前哨2日对《环球时报》记者表示，疑似的小黑点并不是从飞机上掉落什么。从运动轨迹上看，飞机上往下落东西，速度不会那么快；从视觉上看，这不是往后扔东西或者弹东西的轨迹。因为惯性，物体和飞机要同时往前运动一段时间才逐渐分离，物体在空中遇到阻力后逐渐减速。

傅前哨认为，这是航拍的直升机在拍摄领队机梯队时对下面的观者产生的视觉印象。一般来说，直升机飞行比固定翼飞机低，但是直升机航拍则不然——直升机会飞到固定翼飞机上面进行俯拍。现场直播画面中有很多是俯拍镜头。这个时候直升机在视觉中就是一个小黑点，直升机的速度在每小时二三百公里，领队机梯队的速度很快，在每小时五六百公里。直升机在航拍中有可能是在领队机梯队上方悬停拍摄，也有可能是反方向飞，因此相对速度差距很大，从视觉上就会形成似一个小黑点物体飞速向后的画面，实际上并不是物体坠落。

（《环球时报》）

七、从大阅兵读懂中国自强自信的底气

2019年10月1日，举世瞩目的国庆70周年大阅兵在媒体上、网上荡出一圈圈涟漪。此次阅兵，可以说是中国史上规模最大、武器装备最先进的一次阅兵。整个阅兵盛典设计具有匠心，指挥调度有序，受阅部队士气高昂，精气神十足，直播效果专业吸睛，不仅让观众大呼过瘾，也大大激发了广大人民的强烈自豪感。

上午10点，一场酝酿已久的大阅兵正式拉开序幕。铁流滚滚，战鹰掠阵。1.5万人，15个徒步方队、32个装备方队、12个空中梯

队，在庞大、壮观的联合军乐团伴奏下，依次通过天安门广场，接受党、祖国和人民检阅。受阅官兵整齐的步伐、铿锵的脚步、自信的姿态，以及一系列先进的装备，让无数观礼者心潮澎湃。10 万人的群众游行队伍，全方位展现了 1949 年以来中国曲折而昂扬的发展脉络，不同时代的旋律汇聚成一曲民族复兴的宏大乐章。

阅兵伊始，一个让人泪目的细节引发人们强烈的共鸣。在阅兵车行列里，车号为“1949”的车是空着的，而这辆车是给所有先烈们“坐”的，为的是让他们看看这如愿的盛世，检阅今天的中国。这一巧妙的安排，一下将观众的心紧紧连在了一起。是的，我们终于可以告慰先烈：中国的昨天已经写在人类的史册上，中国的今天正在亿万人民手中创造，中国的明天必将更加美好。

轰鸣的礼炮，猎猎的战旗，激昂的战歌，精良的装备，军容严整的将军，士气高昂的士兵，整个阅兵场景撼人心魄！如果说严整的军容、昂扬的斗志让人感叹的话，那最受人们关注的一系列先进武器的首次公开亮相，则让国人惊喜不已。东风-41、长剑-100、东风-17、无侦-8……除了这些“硬菜”，我军还有多少“镇国之宝”？网友们的议论，洋溢着藏不住的自豪和自信。这些超级利器，极具威慑力量，它们是中国的“和平盾牌”。

这次国庆大阅兵，将人们骄傲、自豪、感动的情感凝聚，成为我们共同的记忆。而那一个个难忘瞬间的背后，凝聚着直播团队的汗水与智慧。无论是天安门广场区域的精彩画面，还是受阅方队的恢宏气势，抑或是群众游行队伍的喜庆景象，在直播镜头下，都一帧一帧清晰地传达到观众的眼中——从远到近，从眼到心，让每一个观众对祖国的伟大都有了更加深刻的体会和感怀。

为了更好呈现国庆阅兵现场，这次直播使用了 VR 直播技术，这在共和国历次阅兵转播直播中尚属首次；这次直播由 1 个总系统、6 个分系统共 91 个机位组成，另有 34 个微型摄像机安装在受阅装备和群众游行队伍中，构成共和国历史上最大的直播系统；这次直播利用5G网络提供4K超高清直播信号，打造历史首次4K超高清全景直播阅兵盛典，为全世界电视观众带来了5G+新媒体的全新体验……高科技助力阅兵直播，彰显出新时代中国全媒体的自信与实力。

同以往相比，这次大阅兵除了力量编成、尖端武器露面外，在诸多方面都体现了改革强军的新气象。其中，最具有代表性的，要算领导指挥方队的组成。这是新中国阅兵史上第一次出现的全部由军官组成的方队。军委机关、五大战区、各军种呈5路纵队，象征着“军委管总、战区主战、军种主建”的格局更加科学、高效、严密。

在新中国成立70周年之际，举行这样的大阅兵，具有特殊的意义。阅兵不是“秀肌肉”，而是展现大国军队的实力和担当，是向世界宣示：中国军队有能力打败一切进犯之敌，中国军队永远是祖国和人民最可靠的坚强后盾。中国人民热爱和平，中国军队的存在，本身就是世界和平的稳定力量。

富国才能强军，强军才能卫国。此次大阅兵，让中国人民强烈感受到祖国强大的力量和军队强大的战力。正如习近平总书记在讲话中所指出的：“今天，社会主义中国巍然屹立在世界东方，没有任何力量能够撼动我们伟大祖国的地位，没有任何力量能够阻挡中国人民和中华民族的前进步伐。”这次大阅兵，让我们读懂了这种自强自信的底气！

（撰稿：国防大学政治系教授王传宝）

八、全媒体呈现盛世华彩

祖国，请检阅！

这是以习近平同志为核心的党中央引领全党、全军和全国各族人民进入新时代的首次国庆阅兵。盛世盛景，万众欢腾！

2019 年 10 月 1 日，在中华人民共和国成立 70 周年盛大庆典直播中，中央广播电视总台用镜头传递情怀，让历史自主发声。

这场直播，也是中央广播电视总台成立后的首场国庆阅兵直播，新气象扑面而来，用极致的视听盛宴礼赞新中国。

（一）“新技术 +”造就多个“前所未有”

纵观整场直播，既有始终如一的威武震撼，又有紧扣时代脉搏的守正创新；既有气势恢宏的壮观场面，又有触动泪点的温暖瞬间；既有民族精神与现代多元文化的碰撞表达，又有 4K、5G、VR、AI 等技术加入，以及多屏多渠道融合传播的全面联动……

这是深入学习贯彻习近平总书记对总台工作的一系列重要指示批示精神，坚持守正创新，加快推动高质量发展，积极构建“5G+4K/8K+AI”全新战略格局的一次重要创新实践。

第一次在金水桥头正中位置架设可移动升降塔，第一次在阅兵沿线外侧使用移动拍摄车跟随拍摄，第一次实现离中心区更近的索道摄像机架设，第一次在前导移动拍摄车上增加陀螺仪，第一次设置近距离贴地机位。冲击力、震撼力、感染力、穿透力和表现力，运用电影大片中的时空结构，使用最先进的特种设备和拍摄方法，只为达到最佳呈现效果。

“除了转播系统使用的纯 4K 系统，我们还投入了大量携带 4K 拍摄设备的特种设备，这个以前是从来没有过的。”据中央广播电视总台转播工程师陈辰介绍，正是这些设备中的“特种兵”，给观众带来了意想不到的视觉效果。

（二）新视觉解锁“硬核”国产大片

从高空俯瞰，从地面仰视，从远处遥望，从近处近观，走进装甲车内部看细节，跟随飞行员视角看全景；古建筑和现代建筑交融，历史的厚重感缓缓拉开新时代的期待感；定点镜头和移动镜头交织，展现出刚柔并济的美感和方队前进的动感……

我们在受阅部队的壮观队列里感受到“听党指挥”的忠诚，我们在受阅官兵坚定的特写表情里看到了“能打胜仗”的决心，我们在游行群众欢腾的气氛中唤起了内心共鸣，我们在现场观众兴奋的互动中感受到这场直播盛典的“全民性”。

每分钟 96 拍，这是中华人民共和国国歌《义勇军进行曲》的节拍；每分钟 112 拍，这是徒步方队在北京长安街上行进的节拍。正步铿锵，堂堂气！寒光闪耀，凛凛威！一个个坚实的脚步铮铮踏下，一个个坚定的眼神炯炯生威，彰显新时代革命军人新风貌！

透过华表看阅兵，历史激荡；长安街视角看方队，气势如虹；贴地视角看装备，势不可挡；高点仰角看机群梯队，豪情满怀；观礼台视角享盛宴，身临其境。每一帧都是大片，每一秒都是骄傲。

“分列式和群众游行这部分，有 900 多个镜头，要保证在准确的时间拍到准确的人和准确的情绪。所有镜头叫作榫卯结构，这三秒只能出这个镜头，不可能替换镜头。这 900 多个镜头真的是熬出来的。有的时候我们开玩笑说，我们不是 A 系统，我们是‘熬系统’。一帧一帧地熬，一个镜头一个镜头地熬，一点点儿摸索出来的。”在直播团队 A 系统导演张君的眼里，这场直播也是他们接受“检阅”。

（三）新融合造就的“跨时空体验”

2019 年 10 月 1 日上午 9 时，上海环球港海上明珠影城的门前，100 余位胸前贴着国旗的观众正有序排队进场。他们将成为第一批在影院大屏幕看阅兵的观众。

有媒体报道称，电影院超高清直播国庆盛典，在中国电视史上同样具有里程碑意义，满足了人民群众共同的精神文化需求，是百姓客厅与院线影厅的一次时空连线，更是电视直播与电影院线的历史性“握手”，也是对新中国 70 华诞的一次深情礼赞。

媒体新融合打破了“时空”局限，带来了这份新鲜体验感。为此，中央广播电视总台提前半年派出直播团队进行实地踏勘、机位预演和全要素演练，创造性地将画面、声效、镜头语言和现场同期巧妙糅合，首次实现全流程、全要素 4K 超高清和 5.1 环绕立体声直播。

“从头到尾，我的眼眶一直都是湿润的。”共和国的同龄人陈江陵哽咽说道。“看了很多次阅兵，这一次在电影院看是最震撼的。祖国这么强大，我心里非常自豪。”

从黑白电视、彩色电视、个人电脑、手机端，再到短视频平台；从单屏独家进化到多屏世界；从大屏到小屏的跨越和融合……这一切构建了阅兵直播跨屏视听新生态。技术发展不断推动媒介形态迁移，同时也印证了时代的进步与人民生活的美好变迁。

“今天，社会主义中国巍然屹立在世界东方，没有任何力量能够撼动我们伟大祖国的地位，没有任何力量能够阻挡中国人民和中华民族的前进步伐。”习近平总书记雄厚的声音，回响在宽广的天安门广场，更回荡在近 14 亿人的心坎。

（中央广播电视总台央视网）

九、重头大戏，不负众望

总台阅兵直播有多火？不但承包了数亿网民的朋友圈，甚至连“摄像小哥”一个擦镜头的动作都冲上了热搜。

大胆启用新技术造就多个“前所未有”，多机位提供“无死角”视觉体验，首次将 4K 超高清直播信号引入全国 70 家影院……作为阅兵报道的“重头大戏”，中央广播电视总台的现场直播，以近乎完美的表现为盛世华诞呈上了一份圆满的答卷。

（一）“用户就像导播！”震撼视听带来新体验

阅兵伊始，一声“标兵就位”，庄重震撼的气息几乎破屏而出，让观众如临现场。

一个个镜头走位，流畅的切换转场；分列式恢宏整齐，群众游行热情洋溢……中央广播电视总台在全景式立体化的阅兵直播中带给亿万观众前所未有的视觉冲击。

从高空俯瞰，从地面仰视，从远处遥望，从近处近观，走进装甲车内部看细节，跟随飞行员视角看全景……这场“无死角”直播：“你看到的这些画面，不仅来自转播团队在现场布置的 90 多个机位，还来自 30 多个特殊视角无人值守机位，一共从 1500 多个镜头中精挑细选。”

在电视直播主视角之外，中央广播电视总台还牵手网络直播平台，从超过 70 路直播机位中精选出 7 路特殊视角镜头，观众可在移动设备上自由选择观看视角。《新京报》生动形容道：“在多链路直播间内，用户就像导播，可以在 7 路信号中自由切换，立体多方位欣赏国庆大阅兵盛况。”

（二）看视频“国家队”的硬核高科技

这次大直播中，中央广播电视总台打出 5G+4K+AI+VR 的“组合拳”，开创了新媒体报道领域的多个“首次”：首次 4K 超高清全景直播阅兵盛典，首次使用 VR 直播技术，首次使用 AI 剪辑来完成大批量视频制作，首次使用 5G 网络支持阅兵直播，等等。

南方传媒书院微信公众号评论称：“央视直播担得起‘全景多视角’的名号。在新技术介入下，央视在融媒体建设中突出了数据化、智能化和专业化。”

作为音视频领域的“国家队”，中央广播电视总台成立一年多来步入发展快车道，坚持守正创新，以先进技术为引领，在媒体融合大变革中努力实现跨越式发展。

战机翱翔，战车浩荡，受阅部队官兵军容严整，气势雄壮，精神昂扬，而全面升级的直播也全方位、多角度地展示了三军英姿。

正如《中国日报》所评论的那样:“央视阅兵直播让即使不能亲临现场的观众也收获了一份前所未有的独家阅兵记忆。”

（三）超高清电视和电影院线“握手”

“这是电视直播与电影院线的历史性‘拥抱’，更是对新中国成立70周年的深情礼赞。”《青海日报》的新媒体平台评论说。

此次直播还有一处倍受好评的亮点，就是首次将央视4K超高清直播信号引入影院，全国70家影院同步直播新中国70周年盛典。

把“客厅”搬到电影院，这是中央广播电视总台构建“5G+4K/8K+AI”全新战略格局的创新之举，也无疑是一次很成功的尝试。院线大屏+4K超高清的沉浸式视听体验，共同观影的浓厚气氛，给观众带来前所未有的新鲜劲儿和仪式感。

《文汇报》报道称:“此次直播是我国历史上首次将4K超高清信号引入院线，实现直播技术与银幕的完美融合，打通大事件在影院影厅平台播放的通路。”可以预见，由中央广播电视总台掀起的一场跨屏视听新“风暴”，将带来连锁效应，推动主旋律传播在颠覆融合中催生更多惊喜。

诉不完的爱国真情，看不够的强军风采。通过强大的融媒体传播手段，用瞬间定格历史，这一切都在实践中变成可能。

守正创新，使命在肩。一场新时代盛事，正在中国凝聚一种一往无前的磅礴力量。

（中央广播电视总台央视网）

十、最是细节打动人

2019年10月1日，庆祝中华人民共和国成立70周年大会在万众瞩目中拉开帷幕。中央广播电视总台对这场盛事全程高质量直播，现场直播画面迅速燃爆朋友圈，也引发国内外媒体广泛关注。

4 个多小时的大型直播，70 路现场直播机位全方位覆盖，800 多人的直播团队彻夜守候，多路全媒体记者集体上阵全面发力。上千个丰富镜头全程高能，让观众不舍眨眼，大呼过瘾。

直播中有撼人心魄的震撼画面，有触动心弦的感人瞬间，人们从中能感悟新时代中国的崭新面貌。这也点燃了全国人民的爱国热情，更触摸到其中的中国温度。

（一）情怀直抵人心

阅兵车牌号 1949 和 2019 的特写镜头，被细心的网友发现。有网友写道："细节虐人，第三辆车并不是'空的'，上面载的是英雄！"

山河犹在，国泰民安。盛世如斯，不忘英雄。

在严格到秒的高水平直播中，每一个镜头都有它要表达的含义，每一帧画面都有它要讲述的故事。中央广播电视总台以高度的政治自觉、高水平的制作队伍、高性能的设备、科学合理的技术应用，高质量完成了这项责任重大、使命光荣的直播任务。

为此，直播团队无数次前期策划，提前半年进行实地勘探、机位预演。这些感人的细节和瞬间来自直播现场工作人员专业敏锐的发现能力与捕捉能力。因此，一经传播，迅速燃成刷屏之势。

"浴血奋战得解放""披荆斩棘成大道""更上层楼新时代"，在总台直播镜头中，这些深刻内涵被近乎完美地展现出来。

战旗猎猎，闪耀荣光。当战旗方队的 100 面荣誉旗帜整齐列阵，气势如虹地通过天安门广场时，那一刻仿佛英雄穿越时空。

当 21 辆礼宾车组成的致敬方阵徐徐驶来时，随着镜头的拉近，礼宾车上一张张照片让人泪目！那些沉淀在共和国记忆里的英雄，祖国不会忘记，人民永远铭记！有网友感叹："英雄胸前的勋章、奖章凝结着人民的敬意，英雄后代手中的荣誉牌和纪念物铭刻着国家的记忆。”

（二）温暖成风化人

纵观整场直播，严谨的新闻叙事与流畅的艺术渲染相互呼应，大气的恢宏场面与丰富的局部特写和谐统一，立体的空间关系与精准的方阵篇幅相得益彰，排山倒海的壮观气势与精神昂扬的细微表情极富冲击力和感染力。

会前暖场，会中直播，会后点睛，按照篇章聚焦主题主线，既有起承转合的流畅感，也有抑扬顿挫的节奏感。整场庆典紧紧抓住了情感的主线，将观众爱国热情不断升腾推向高潮。观之津津有味，观后回味无穷。

看到群众游行队伍里的激情一吻，人们开怀大笑，那一刻是幸福；看到大会前工作人员把国徽擦拭了一遍又一遍，那一刻是感动；看到大国重器东风-41 威武亮相，那一刻是骄傲；看到香港“光头警长”刘泽基（刘 Sir）微笑着挥舞国旗，那一刻是亲切；看到中国女排队员和郎平教练压轴登场，那一刻是自豪……

这些细节画面温暖感动着亿万观众，用情用心用功的镜头语言恰到好处。一场好直播，春风化雨，成风化人。

（三）精雕细琢，打造精品

中央广播电视总台力求高质量打造新中国盛世华诞的精品力作。此次，总台特投入两台搭载 4K 航拍设备直升机，航拍镜头为观众带来不一样的全景视角。一系列高科技的应用，让精美的直播画面每一帧都是大片既视感。

多次“实战”历练，克服重重困难，为达到在直播的有限时间空间内提升更大的艺术价值，总台直播团队做足了功课。“找业内专家交流，弥补过去的不足。”直播团队反复观看以往阅兵纪录片，从中汲取经验，寻找启发，守正创新。

70 年的时代变迁，也体现在内容传播方式和媒体融合发展的变迁上。有专家称:“更扁平化的媒体渠道，更精致的视听内容，更互动化的内容形式，让越来越多的人可以参与到一场场国民盛宴之中，真正地体验到作为主人翁的参与感，体验到作为一个中国人的自豪感。”

全媒体时代是大趋势，媒体融合发展是篇大文章。

把握大势，当争朝夕。善谋善为，善作善成。

“努力推出有思想、有温度、有品质的作品。”中央广播电视总台始终牢记习近平总书记的殷切嘱托，奋力书写媒体融合高质量发展的“新时代答卷”。

（中央广播电视总台央视网）

第四章　视听盛宴震撼海内外人心

第一节　总台评论文章集萃

一、国庆 70 周年阅兵：7 个瞬间　热血沸腾！

“中国的昨天已经写在人类的史册上，中国的今天正在亿万人民手中创造，中国的明天必将更加美好。”2019 年 10 月 1 日，庆祝中华人民共和国成立 70 周年大会在北京天安门广场隆重举行，习近平发表重要讲话。

70 载砥砺奋进，70 年波澜壮阔。在中国共产党坚强领导下，中华民族迎来从站起来、富起来到强起来的历史飞跃，开创了令世界瞩目的中国奇迹，向着“两个一百年”奋斗目标和中华民族伟大复兴的中国梦昂首迈进。

央视网《联播 +》与您一起，回顾威武的阅兵瞬间，共同感受这份自豪，为伟大的祖国送上衷心的祝福。

27 位将军和 325 位校尉军官，来自军委机关、五大战区、各军兵种和武警部队，展现了我军领导指挥体制改革后的崭新面貌，体现了练兵先练将的鲜明导向。

352名女兵组成女兵方队，飒爽英姿五尺枪，她们在火热军营中放飞青春，成就梦想！

民兵方队的受阅女民兵来自首都各行各业。民兵源自百姓，定期接受军事训练，保持战斗能力。兵民是胜利之本，高技术战争条件下，人民战争依然是克敌制胜的重要法宝。

汇聚天下英才，壮大强军事业。伴随着人民军队改革重塑，各方面的人才汇入军营，用知识和智慧助力国防和军队现代化。

100面鲜红的战旗迎风飘扬，100个英雄部队的荣誉称号气壮天地。为什么战旗美如画？英雄的鲜血染红了它。人民军队基因永不磨灭，红色血脉永远传承。

装备方队编陆上作战、海上作战、防空反导、信息作战、无人作战、后装保障、战略打击等7个模块32个方队。

陆军、海军、空军、火箭军和战略支援部队部分新型武器装备受阅，集中展示70年来国防科技工业发展水平和军队建设巨大变化。

信息作战模块的4个方队和无人作战模块的3个方队驶过天安门，接受祖国和人民的检阅。这是国防和军队改革以来，我军新型信息作战力量首次在国庆阅兵中集中公开亮相。

振翅长空，傲视苍穹。陆海空三军航空兵组成的12个空中梯队，以前所未有的磅礴阵容接受检阅。

受阅飞机均为我国自主研发，代表了新时代空中整体作战力量，也标志着我国空中力量体系化建设有了质的飞跃。

雄关漫道真如铁，而今迈步从头越。

铁血意志不减，英雄精神永存！

（中央广播电视总台央视网）

二、在新征程上创造新的历史伟业

今天，伟大的中华人民共和国迎来 70 周年华诞。

人民共和国的首都聚焦起全球目光，庆祝中华人民共和国成立 70 周年大会在这里隆重举行。中共中央总书记、中华人民共和国主席、中央军委主席习近平发表重要讲话。习近平强调：“今天，社会主义中国巍然屹立在世界东方，没有任何力量能够撼动我们伟大祖国的地位，没有任何力量能够阻挡中国人民和中华民族的前进步伐。”

习近平总书记雄厚的话语，回响在宽广的天安门广场，更回荡在 14 亿人的心坎上。习近平总书记饱含激情的重要讲话，是对新中国成立 70 周年来伟大征程全面、深刻、凝练的总结。总书记从历史、现实、未来三个维度，精辟地阐释了中国共产党的使命担当和中华民族的前进方向，充分彰显了新时代中国的强大自信，振奋人心，鼓舞斗志，引领航向，必将激励我们在伟大时代续写新的历史华章。

这是历史性的盛典时刻。长安街上红旗猎猎、将士威严。阅兵式扬我国威、军威。快乐欢愉的群众游行队伍，彰显新时代中国人的精气神，让天安门广场成为欢乐的海洋。这一幅幅壮丽场景，如流动的史诗，彰显出新中国从筚路蓝缕到改革开放再到强盛繁荣的辉煌征程，是中国人从站起来、富起来到强起来的生动写照。

70 年团结奋斗，已经载入人类发展史册。这是伟大的中国共产党团结带领人民艰苦奋斗的结果。作为时代先锋、民族脊梁，我们党具有强大的政治领导力、思想引领力、群众组织力、社会号召力。正因为党的领导，中国人民谋求民族独立、人民解放和国家富强、人民幸福的斗争有了主心骨；这是人民群众共同奋斗的结果，人民是历史的创造者，是决定党和国家前途命运的根本力量。有党的坚强领导，我们的事业永远无往而不胜！

“中国的昨天已经写在人类的史册上，中国的今天正在亿万人民手中创造，中国的明天必将更加美好。”站在新的历史起点上，让我们更加紧密地团结在以习近平同志为核心的党中央周围，牢记初心使命，永远团结奋斗，让中国特色社会主义道路越走越宽广，在新征程上创造新的历史伟业！

（中央广播电视总台《央视快评》）

三、团结是铁　团结是钢　团结就是力量

9 月 30 日，庆祝中华人民共和国成立 70 周年招待会在人民大会堂隆重举行。习近平总书记在发表的重要讲话中强调：“团结是中国人民和中华民族战胜前进道路上一切风险挑战、不断从胜利走向新的胜利的重要保证。”习近平总书记的重要讲话，承接着历史、现实与未来，深刻揭示了新中国沧桑巨变的力量之源，激励我们继续高举团结的旗帜，为民族复兴凝聚磅礴力量。

“团结是铁，团结是钢，团结就是力量。”团结一心、同舟共济是中华民族一以贯之的文化基因。5000 多年历史长河中，各民族互鉴融通，形成了守望相助的中华民族大家庭；近代百年抗争中，各族人民共御外侮、共赴国难，捍卫了民族的尊严、争取了国家的独立；新中国 70 年风雨兼程中，中国人同心同德，同心同向，取得“当惊世界殊”的发展成就。苦难与辉煌见证了凝聚的力量，奋斗与团结谱写出伟大的篇章。

大浪淘沙，历史和实践充分证明，唯有中国共产党才能承担起带领中国人民实现民族伟大复兴的历史使命。新的征程上高举团结的旗帜，我们要更加紧密地团结起来，坚持以习近平新时代中国特

色社会主义思想为指导，始终保持党与人民群众的血肉联系，巩固全党全国人民团结奋斗的共同思想基础，让攻坚的动力更强劲，让奋进的步伐更坚定。

大团结就有大力量。习近平总书记讲话时强调了三个“大团结”：巩固全国各族人民的大团结，加强海内外中华儿女的大团结，增强各党派、各团体、各民族、各阶层以及各方面的大团结。总书记的重要讲话，为我们指明了“团结”更深厚的根基、更深刻的内涵。新的征程上高举团结的旗帜，我们要努力以大团结凝聚大力量，以大力量推动大发展，唤起众人拾柴的心劲儿，凝聚团结向上的精气神，激发“斗罢艰险又出发”的意志，达到“上下同欲者胜”的境地，开创全社会万众一心、携手共筑中国梦的壮阔局面，共同为伟大复兴加油助力。

新时代是奋斗的时代，每一个人都是见证者、开创者、建设者。只要我们紧密团结在以习近平同志为核心的党中央周围，精诚团结、共同奋斗，必将一往无前，没有任何力量能够阻挡中国人民实现梦想的步伐！

（中央广播电视总台《央视快评》）

四、接续奋斗是对英雄最好的致敬

在 2019 年 9 月 29 日举行的中华人民共和国国家勋章和国家荣誉称号颁授仪式上，中国最高领导人习近平向 42 名中外人士分别授予“共和国勋章”“友谊勋章”和国家荣誉称号奖章。习近平发表重要讲话向他们致以崇高的敬意，指出中国以最高规格褒奖英雄模范，就是要弘扬他们身上展现的忠诚、执着、朴实的鲜明品格，从而体现出对英雄精神的敬仰与推崇。

历史由人民书写，英雄作为人民的杰出代表，受到人类社会的普遍推崇。目前，世界上有许多国家都建立了功勋荣誉表彰体系，以褒奖对各自国家发展和社会进步作出突出贡献的人士，为本国国民树立学习榜样。拥有5000多年文明历史的中华民族同样崇尚英雄，具有浓厚的英雄情怀。特别是中共十八大以来，中国通过立法增设国家级纪念日、制定并实施《英雄烈士保护法》《国家勋章和国家荣誉称号法》等实际行动，向全体民众表明：无论时代如何变迁，永远不会忘记那些为新中国建设和发展作出卓越贡献的英雄，他们值得全社会推崇敬仰。

“忠诚、执着、朴实”，这是习近平主席对此次获得中国国家勋章和国家荣誉称号中外人士极高的评价，表达了中国人对英雄品格的普遍认识，体现出中国人对民族精神的朴素认知。在36位获此殊荣的中国人中，有倡导并推动“男女同工同酬”写入中国宪法的农村劳动模范申纪兰，有50多年来为中国粮食安全和世界粮食供给作出巨大贡献的中国杂交水稻开创者袁隆平，还有隐姓埋名默默工作、60多年来专注技术攻关的中国第一代核潜艇设计师黄旭华……他们在各自岗位上用“忠诚、执着、朴实”的奋斗，诠释了中华民族伟大的创造精神、奋斗精神、团结精神和梦想精神，用实际行动证明：“只要有坚定的理想信念、不懈的奋斗精神，脚踏实地把每件平凡的事做好，一切平凡的人都可以获得不平凡的人生，一切平凡的工作都可以创造不平凡的成就。”

令外界关注的是，此次有6位国际友人获得中国国家对外最高荣誉勋章——“友谊勋章”，他们分别来自古巴、泰国、坦桑尼亚、俄罗斯、法国和加拿大，其中包括：积极促成古巴在拉美地区率先同新中国建交的劳尔·卡斯特罗·鲁斯，长期致力于推广中国传统文化、传播泰中友好的泰国诗琳通公主，为恢复中国在联合国合法席位作出杰出贡献的坦桑尼亚前总理、前外长萨利姆·艾哈迈德·萨利姆等。这6位“友谊勋章”获得者在新中国现代化建设和促进中外交流合作中作出了杰出贡献。

习近平主席在颁授仪式上对“友谊勋章”获得者长期给予中国的支持和帮助表示衷心感谢，表示中国人民愿同世界各国人民一道，推动构建人类命运共同体。作为“友谊勋章”获得者之一，泰国诗琳通公主发言时表示深感荣幸和感动，他们致力于为中国和各自国家，乃至全球化的世界和全人类谋求和平、幸福与成功。

“一切伟大成就都是接续奋斗的结果。”英雄们的无私付出为人类开拓了来时路，未来的发展需要更多的英雄来继续开拓。在世界处于百年未有之大变局、中国进入新时代的背景下，敬仰英雄、学习英雄尤为重要。“人民有信仰，国家有希望，民族有力量。”对今天近 14 亿中国人来说，向获得中国国家勋章和国家荣誉称号的中外人士学习，就是要把他们身上体现的“忠诚、执着、朴实”的英雄气概融入现实生活中，汇聚成推动国家发展、文明进步、建设更美好世界的强大力量，朝着实现中华民族伟大复兴、构建人类命运共同体的目标坚定前行。这，正是对英雄最好的致敬！

（中央广播电视总台《国际锐评》）

五、和平发展是中国对世界的坚定承诺

中国于星期二（2019 年 10 月 1 日）在北京天安门广场隆重集会，庆祝中华人民共和国成立 70 周年。这一盛大庆典成为全球瞩目的焦点。中共中央总书记、国家主席、中央军委主席习近平在庆祝大会上发表重要讲话，指出 70 年来中国取得了令世界刮目相看的伟大成就，在前进征程上，中国要做到五个“坚持”，不断满足人民对美好生活的向往，继续为实现国家完全统一而奋斗，继续同世界各国人民一道推动共建人类命运共同体。

1949 年 10 月 1 日，中华人民共和国宣告成立。当时占全球人口四分之一、遭受百年外来欺辱的东方文明古国从此“换了人间”。从百废待兴到百业兴旺，从差点被开除“球籍”到今天日益走近世界舞台中央，中国人民同心同德、艰苦奋斗，创造了“当惊世界殊”的发展成就，为推动人类和平发展作出了重大贡献。近 14 亿中国人无不为之感到自豪!

在当今世界百年未有之大变局中，中国正朝着实现中华民族伟大复兴的目标不断迈进。一切向前走，都不能忘记来时路，不能忘记为什么出发。中国最高领导人习近平在讲话中强调，中国要在前进征程上做到五个“坚持”，向全体中华儿女和外界发出了清晰的信号，展现出中国迎接未来的定力与坚强意志。

“坚持中国共产党领导，坚持人民主体地位，坚持中国特色社会主义道路”，这三个坚持是中国 70 年来发展的最大启示，也是未来创造发展新奇迹的根本遵循。正如最近发表的《新时代的中国与世界》白皮书所阐明的，70 年来中国发展之所以成功，最根本原因在于中国共产党的领导，在于找到了中国特色社会主义这条国家发展的正确道路，始终把人民利益放在首位。

坚持“和平统一、一国两制”方针，这是中国实现国家统一的创造性构想与最佳方式，并已经在香港和澳门获得成功实践。当前，中国海峡两岸尚未完全统一，这是历史遗留给中华民族的创伤，中国也是联合国安理会五个常任理事国中唯一没有实现完全统一的国家。在未来征程中，中国不仅有能力保持香港、澳门长期繁荣稳定，也将推动海峡两岸关系和平发展。两岸统一的历史大势，是任何人任何势力都无法阻挡的!

“坚持和平发展道路”，这是习近平代表中国共产党人和中国人民对世界的坚定承诺。基于中华文明的深厚底蕴、对实现发展目标条件的认知以及对世界发展大势的深刻把握，中国始终强调走和平发展道路，这不是外交辞令，更不是权宜之计，而是坚定不移的战略选择和郑重承诺。意大利历史学家戴维·罗西评价说，一直以来，中国反对霸权主义和强权政治、不干涉其他国家内政、从未谋求霸权。未来，中国仍将是维护世界和平与发展的正能量。

走过70年，开启新征程。团结将是中国奋力前进、做到五个“坚持”的力量源泉。从齐心协力突破西方封锁与围堵谋求发展，到共同应对地震、洪水、疫情、金融危机等严峻考验，再到大众创业、万众创新，70年来，中国人民同舟共济、团结一心，不断攻坚克难，验证了“力量不在胳膊上，而在团结上”。在中国国庆70周年招待会上，习近平主席将团结作为中国不断取得发展进步的重要保证，这既是对历史的总结，也是对未来的昭示。

中国人相信，只要高举团结的旗帜，做到五个“坚持”，没有任何力量能够撼动中国的地位，没有任何力量能够阻挡中国人民和中华民族的前进步伐。一个奉行和平发展、合作共赢原则的中国，将给世界和平与发展带来更加灿烂的阳光！

（中央广播电视总台《国际锐评》）

第二节　国内舆论齐赞盛典直播

2019年10月1日上午，庆祝中华人民共和国成立70周年大会在北京天安门广场隆重举行，中共中央总书记、国家主席、中央军委主席习近平发表重要讲话，此后还举行盛大的阅兵和群众游行，CCTV-1、CCTV-13等多个电视频道，央视新闻网站及其新媒体平台现场直播，引发舆论高度关注。“国庆阅兵上的标兵太帅了”“阅兵解说”“东风快递，使命必达”等多个话题迅速登上微博热搜榜。

2019 年 10 月 1 日 0:00 至 10 月 1 日 14:00，关于央视直播国庆阅兵相关舆情传播量超过 138 万篇，其中包括微博 1 373 136 篇、客户端 4992 篇、新闻 1527 篇、微信 1477 篇、论坛 247 篇、视频 69 则和电子报 44 篇。

一、国内其他媒体报道及转发情况

《人民日报》2019 年 10 月 03 日 02 版发文《国庆庆典活动直播精彩纷呈——“一次震撼人心的视觉盛宴”》：

庆祝中华人民共和国成立 70 周年大会 10 月 1 日上午在北京天安门广场隆重举行，神州大地万众欢腾，整个世界为之瞩目。中央广播电视总台对这次大会进行直播，电视观众和网友认为“直播精彩纷呈，是一次震撼人心的视觉盛宴”。

科锐国际董事长高勇和家人聚在电视机前观看了阅兵仪式。“4K 超高清和 5.1 环绕立体声直播把我们带到大会现场，让我们身临其境地感受盛大阅兵和群众游行的震撼场面。”

极扬文化传媒股份有限公司董事长许泽玮一家在电影院观看了我国首部直播院线电影《此时此刻——共庆新中国 70 华诞》。“通过 4K 超高清信号，在银幕上观看国庆盛典，能看到很多放大的细节，效果真是棒！”

和许泽玮一样，北部战区陆军某边防旅干事徐嘉宁也在影院观看了直播。

看完阅兵仪式后，武警襄阳支队执勤四中队的官兵们激动又振奋。入伍 12 年的士官宋振说：“虽然没能到现场，但高清的画质、音频，正拍俯拍相结合、各个角度全覆盖的直播视频让我觉得震撼。”

湖北省宜昌市伍家岗区人才服务中心副主任刘大林十年前作为群众游行方阵的一员走过了天安门，“虽然没能再次亲身体验现场的庄严热烈，但通过创新的音画技术，受阅部队与我们似乎只有咫尺之遥！”

北京师范大学文学院团委书记马琼和学生们一起观看了阅兵仪式和群众游行直播，她说：“直播画面既有无人机拍摄的宏大场面，又有超高清的细节。一幕幕富有时代感的画面真实、自然、深情、热烈，让我们骄傲和自豪！”

武汉大学新闻与传播学院学生蒋晓婧也感受到阅兵现场直播的高技术、高水准。“阅兵画面镜头平稳延展，远景与近景切换自如，这应当得益于轨道摄像机的使用。”

在现场观看阅兵的中央某机关工作人员陆颖对此次阅兵中的航拍直升机印象很深：“我坐在观礼台上，央视的直升机就在我们头顶盘旋。飞机飞过，直播中就出现了航拍的即时画面，受检阅的部队气势宏伟，参加游行的群众情绪高昂，画面不仅壮观，而且非常清晰。”

通过电视收看国庆阅兵直播的海军大连舰艇学院学员李俊激动地说：“从索道摄像机、轨道摄像机、航拍陀螺仪、VR 全景直播，到随处可见的无线微型摄像机……全新视角给了我视觉上的强烈冲击！”

北京交通大学计算机与信息技术学院2019级研究生杨雯迪和同学一起观看了此次直播：“看完感觉特别震撼，4K超高清直播把受阅官兵那种热情饱满的神态特别清晰地呈现在我们眼前，感觉这次直播有很多创新之处。”

武警黑龙江总队宣传干事何嘉兴说：“从无人机航拍及各种特殊拍摄设备的应用到机位布置、现场调度等，正是幕后人员的辛勤付出，才能使全球亿万观众足不出户就有立体式、全方位、多视点的体验。”

（本报记者刘阳、倪光辉、赵兵、丁雅诵、郑海鸥、史一棋、杨昊、程龙、李龙伊）

《人民日报》2019 年 10 月 03 日 02 版发文《国庆盛典 4K 直播粤语版电影将登陆粤港澳大湾区影院》：

本报北京 10 月 2 日电　（记者张贺）由中央广播电视总台央视频出品、央视频和总台大湾区之声联合推出的《此时此刻——国庆 70 周年盛典》4K 直播粤语版电影，国庆期间登陆粤港澳大湾区影院。大湾区观众可望在影院身临其境般重温新中国成立 70 周年庆典的震撼场面。

2 日下午，中央广播电视总台、中央人民政府驻香港特别行政区联络办公室与国家电影局，联合在京举办《此时此刻——国庆 70 周年盛典》4K 直播粤语版电影发布会。中宣部副部长、中央广播电视总台台长慎海雄，中央人民政府驻香港特别行政区联络办公室副主任杨健，国家电影局副局长李国奇等出席发布会并启动上线。这是继 10 月 1 日总台 4K 超高清国庆直播信号进入全国 70 家影院后，4K“直播大片”再次登陆院线。粤港澳大湾区内的首批 80 余家影院有望率先播映。

发布会上，中央广播电视总台央视副台长孙玉胜介绍了《此时此刻——国庆 70 周年盛典》4K 直播电影进院线及粤语版电影的情况。此次粤语版盛典“大片”登陆粤港澳影院，将画面、声效、镜头语言和现场同期巧妙糅合，实现了全流程、全要素 4K 体验与 5.1 环绕声结合运用。中央广播电视总台大湾区之声知名粤语主持人配以粤语解说后，更方便了粤港澳地区的观众观看。

据悉，国庆节当天，大湾区之声实现了史上首次用粤语直播国庆盛典，在大湾区产生了良好反响。此次国庆 70 周年盛典 4K 直播粤语版电影登陆香港、澳门和广东的部分院线，将实现语言贴近与 4K 超高清画面的完美结合，再给观众一场视听盛宴。

中央广播电视总台相关人士表示，《此时此刻——国庆 70 周年盛典》4K 直播粤语版电影的发布，就是希望包括港澳同胞在内的海内外中华儿女在观影中体味新中国70年来不平凡的成就，共享新中国70年的自豪与荣光。

据介绍，广东华美星美影城等20多家影院，香港的百老汇院线、MCL院线、英皇院线，澳门的永乐戏院等，都将于近期上线这部4K直播粤语版电影。

《人民日报》2019年10月03日02版发文《新中国成立70周年庆祝活动电视直播实现六大突破》：

本报北京10月2日电　（记者刘阳）庆祝中华人民共和国成立70周年大会1日上午在北京天安门广场隆重举行。承担此次活动电视直播公共信号的中央广播电视总台报道团队通过技术和创作方式创新，为全球电视观众奉献了一道大气磅礴、震撼人心的视觉盛宴。

直播体系由1个总系统、6个分系统共91个机位组成，另有34个微型摄像机安装在受阅装备和群众游行队伍中，并实现全4K超高清制作，规模大、投入多、设备先进、技术复杂。

中央广播电视总台于2月26日着手组建报道力量，成立了前方直播工作团队，7月18日进驻阅兵村。创作人员结合历次国庆报道等成功经验和精彩之处，通过多次演练，以及对北京市群众游行和彩车多个训练场地的走访踏勘，最终形成共计1500多个直播分镜头的脚本。这些分镜头在最后的直播中得到了严格执行，画面丰富、镜头多元、效果壮观。

在电视直播方面，报道实现了六大突破：

第一次使用升降塔拍摄时政画面，减少了对其他机位拍摄效果及领导人观礼视线的影响，从而确保了时政新闻的画面饱满、鲜活、生动。

第一次在阅兵沿线外侧使用移动拍摄车跟随拍摄，实现在侧面、用平视角度拍摄阅兵对话的同框画面，使时空关系高度一致。

第一次实现离中心区更近的索道摄像机架设，镜头的表现力和视角的覆盖面得到极大提升，使国旗、受阅部队（群众游行队伍）、天安门城楼三层关系同框。

第一次在领导人阅兵移动拍摄车上增加陀螺仪，大大提升了画面稳定性。

第一次设置了近距离贴地机位。

第一次自主研发，提升了仿真系统的“仿真”作用。

要闻 2　2019年10月3日　星期四　人民日報

相信未来会更加美好
——港澳舆论及社会各界热议习近平主席国庆讲话

“一次震撼人心的视觉盛宴”
——国庆庆典活动直播精彩纷呈

中国梦·家国情

我的青春在洱海

新中国成立70周年庆祝活动电视直播实现六大突破

向祖国和人民献上最真诚的祝福
——记大型音乐舞蹈史诗《奋斗吧 中华儿女》主创团队

整个文艺界的一场大考

艺术之根深扎人民生活

以奋斗精神攀登艺术高峰

国庆盛典4K直播粤语版电影将登陆粤港澳大湾区影院

《人民日报》2019年10月03日02版

《光明日报》2019年10月15日04版发文《六种外语版4K直播电影〈大阅兵·2019〉面向全球发行》：

本报北京10月14日电　（记者牛梦笛　通讯员吉韵光）由中央广播电视总台影视翻译制作中心、中国国际电视台（CGTN）、央视频联合出品的六种外语版4K直播电影《大阅兵·2019》，已面向全球发行。这一系列多语种版本的国庆盛典直播电影包括英语、俄语、法语、西班牙语、阿拉伯语、葡萄牙语六种语言，覆盖全球30多亿人口。

10月13日，六种外语版4K直播电影《大阅兵·2019》在北京正式发布。中宣部副部长、中央广播电视总台台长慎海雄，中央广播电视总台副台长阎晓明，中央广播电视总台编务会成员孙玉胜、姜文波等出席发布仪式。中央广播电视总台国广副总编辑任谦在致辞中表示："多语种版4K直播电影《大阅兵·2019》通过世界大多数国家观众熟悉的语言和天安门广场壮丽场景带来的震撼体验，更加直观地展示自信、开放的中国取得的非凡发展成就和举国同心的精神风貌。全片采用4K超高清画面和5.1环绕声制作，特别是配以海外观众熟悉的本土语言解说，为观众带来精彩绝伦的视听盛宴。"

据了解，中央广播电视总台还将发挥40多种语言译制能力的优势，根据世界各国播出机构的具体需求，对4K直播电影《大阅兵·2019》进行译配，让更多国家的观众了解多姿多彩的中国、欣欣向荣的中国、爱好和平的中国。中国国际电视台下属的国际视频通讯社有限公司等，将陆续向全球150多家影视合作伙伴提供这部4K电影。

中国青年网于2019年10月1日转发央视新闻文章《军乐团将演奏28首乐曲　在历次国庆阅兵中音乐速度变化最多》：今天（10

月1日）是新中国70华诞，我们都会情不自禁地唱起祝福祖国的欢歌，当然在今天的天安门广场，我们的联合军乐团和合唱团也将奏唱出雄壮的军乐和动听的歌曲。

《新京报》于2019年10月1日刊文《火箭军方队　由“兵”变“军”首组徒步方队》：据央视新闻报道，火箭军方队官兵来自全国22个省、市、自治区，平均年龄23岁，平均身高1米82。他们大多数都参加过作战值班、实弹发射、战备演训等重大任务。火箭军方队政委张伟接受央视采访时说，徒步方队受阅展示的是作风形象，检阅的是忠诚品格，火箭军方队既有来自导弹部队的导弹操作号手，也有来自施工和保障一线的官兵。可以说，他们充分体现了火箭军部队新时代新风貌新风采。

澎湃新闻网2019年10月1日转发央视新闻文章《国庆70周年阅兵：人民军队改革重塑后的首次集中亮相》：国之大典少不了旌旗猎猎，今天（10月1日）上午的庆祝活动，一个重要环节就是举行国庆阅兵。这次阅兵是新时代的首次国庆阅兵，也是人民军队改革重塑后的首次集中亮相。强国必须强军，军强才能国安。今天即将走上长安街的这支人民军队里，有博士也有硕士，有兵王更有学霸，他们玩转的是高科技，脑子里琢磨的是创新制胜，骨子里还是听党指挥的红色基因。

二、各地市民积极观看阅兵直播，称赞阅兵场面恢宏，威武雄壮

新浪网于2019年10月1日发文《市民驻足观看庆祝新中国成立70周年大会、阅兵式、群众游行视频直播》：10月1日，北京天安门广场隆重举行庆祝中华人民共和国成立70周年大会，庆祝大会后，将举行盛大的阅兵活动和群众游行。……对于这场规模宏大的阅兵式，全国各地群众可谓万众期待，翘首以盼。记者了解到，今

天早晨，成都多个公共场所的公共大屏幕都将对这场阅兵式进行直播，出行在外的市民朋友绝不会错过任何一个精彩瞬间。

今日头条号“上游新闻”于2019年10月1日发文《重庆社会各界观看庆祝中华人民共和国成立70周年阅兵式》：10月1日，庆祝中华人民共和国成立70周年阅兵举世瞩目，在重庆每个地方，都能看到观看阅兵式的市民。……大家被阅兵式上的震撼画面所吸引。人行道上站满了看阅兵式的市民。

新浪网于2019年10月1日发文《庆祝新中国成立70周年！恒大全体成员观看阅兵仪式》：2019年10月1日，中华人民共和国成立70周年，举国同庆。正在日本备战亚冠半决赛的广州恒大淘宝足球队全体教练员、运动员和工作人员通过网络观看了国庆70周年大阅兵直播。

三、4K超高清、VR技术、全景直播、70小时不间断直播等新玩法、高科技技术手段吸睛不断

北京日报客户端于2019年10月1日发文《难忘！近2000观众电影院里看国庆庆典4K超高清直播》：坐在影院里看阅兵，大屏幕感受庆祝新中国成立70周年盛典的精彩。10月1日，我国首部直播院线电影《此时此刻——共庆新中国70华诞》在全国10余个省份的70家影院同步播出。中央广播电视总台通过4K超高清信号，在大银幕上直播新中国成立70周年庆祝大会、阅兵和群众游行的场面。北京共有16家影院参与直播，近2000观众观看了直播。

今日热点于2019年10月1日发文《国庆阅兵观看指南来啦　央视将首次使用VR直播技术》：10月1日当天，中央广播电视总台在长安街两侧设置VR机位，对分列式全程进行直播。这也是共和国历次阅兵以来，首次使用VR直播技术。庆祝中华人民共和国成立70周年阅兵，这一次的阅兵亮点最多，是最近几次阅兵中规模最

大的一次。

微信公众号“琨澎传媒”于2019年10月1日发文《国庆阅兵最全亮点解析，央视7机位观看指南，收好！》：新中国成立70周年阅兵在即，相信每个中国人都已经迫不及待一览盛况。

微信公众号“合阳微生活”于2019年10月1日发文《【直播】4K国庆大阅兵，8个视角展现全景活动盛况，超赞！》：新中国成立70周年盛典直播，本次盛典直播有8个独特视觉，4K全景展现大阅兵直况：一、央视新闻国庆70小时不间断直播；二、4K首次亮相央视新闻移动端；三、盛典前夕　长安街全景；四、盛典前夕　天安门实时画面；五、近距离看礼炮；六、仰视镜头　战车隆隆势不可挡；七、仰望长空　机群飞过　10分钟不容错过；八、这里欢乐气氛浓　花团锦簇　彩旗飘飘。

微信公众号“海丰市民中心”于2019年10月1日发文《大阅兵 | 央视新闻新媒体推出70小时无间断直播……》：新中国成立70周年庆典在即，阅兵马上开始！央视新闻新媒体推出70小时无间断直播！看！前所未有的视角，在总台超过70路直播机位中，央视新闻精选，最独家的7路特殊视角镜头，任你选择，想看哪里看哪里，想怎么看就怎么看！

四、国庆盛典直播　网友讨论聚焦四个方面

1. 网友多渠道观看央视直播，称赞大阅兵效果震撼，祝福祖国日益繁荣昌盛

网友@墨白_Vivian：检阅部分太震撼！精彩！展现了大国军威！受阅官兵有自信、有正气！这是军人将士应有的气势！听党指挥，能打胜仗，作风优良，就是一名军人的最高荣耀！“日出东方央视新闻70小时大直播”也非常给力！现场感十足！

网友@狮城鹏友说：这个央视新闻链接可在10月1日开始看

阅兵，相当于坐在天安门观礼台上观看国庆大阅兵！这和看电视有所不同，有身临其境之感！人在海外，心系祖国，我和我的祖国，一刻也不能分割，无论我走到哪里，都流出一首赞歌。

网友 @ 双鱼婷 L：从早上八点一直看央视国庆阅兵，一直看到结束，一上午的时间，真的很震撼。爱我中华。

网友 @You.Are.MY.SunSHine：一早上看得热泪盈眶的，祖国太强大了！我们的生活很幸福！新中国生日快乐！我爱你中国！

网友 @ 洋崽 eric：为生在伟大的中国而自豪！此生不憾入华夏！为阿中打 Call!! 我爱你中国！

网友 @ 丁丁兵姐：看得我热血沸腾，检阅时士兵坚定的眼神，整齐的注目礼，为祖国的强大、我们的幸福生活而自豪。愿祖国越来越好。

2. 网友肯定央视直播效果和直播工作，认为央视直播有进步

网友 @ 真命天子之忠贞卫士：14 亿粉丝升国旗，今天是新中国七十华诞，14 亿粉们升国旗唱国歌！还有为拍好阅兵央视摄像大哥不停擦拭镜头，同胞们都以自己的方式表达对祖国母亲的爱……

网友 @ 米格战斗飞机联合体：央视的摄影师进步飞速啊！

网友 @ 姐姐不是废柴：央视这个收音效果太好了，标兵一步一步那个脚步声太震撼！

网友 @ 航空新视野 - 赤卫：标兵就位，阅兵高潮即将到来。这次央视拍得真不错。

3. 网友称赞阅兵解说词有文采、有感染力，调侃部分解说词俏皮、接地气

网友 @ 小辣鸡要努力呀：夏丹姐姐和白岩松老师的主持真好，控场和配合都超厉害。海霞姐姐和康辉老师解说也超棒，女兵出来的时候，海霞姐姐的声音都温柔了好多。太有感染力啦!!! 央视的记者们都好棒，好羡慕人民有信仰，民族有希望，国家有力量的感觉也太好啦。致敬我的祖国！……

网友 @ 水中一居鱼：阅兵解说词太棒了，太佩服这文采了，听主持人朗读都是一种享受，求一个阅兵解说词!!

网友 @ 肤浅的变化 08：央视的主播真的好棒啊，声音超有感染力，阅兵的每一个画面都好值得拍下来啊。

网友 @ 夏目家的小诗哥：这次的解说词真的很棒“长剑在手　敢缚苍龙”“东风浩荡　雷霆万钧”“美哉我少年中国，与天不老；壮哉我中国少年，与国无疆”“我们必将从胜利走向新的胜利”“东风快递，使命必达”“一切向前走，都不能忘记走过的路”“敢将日月换新天”豪情壮志看得热血沸腾，豪迈写意的文字是中华民族的意境传承!! 侠骨豪情的凌云壮志真的又血性又浪漫。

网友 @ 北极婧：“长剑在手，敢缚苍龙。”“东风浩荡，雷霆万钧。”好喜欢这次的解说词啊。

网友 @ 游戏那些事儿呀：这俩解说超棒的！这次阅兵细节满满，为之震撼。

4. 网友称赞央视新媒体、4K 超高清直播效果好，称央视直播观看人数多

网友 @ 大卫璧咸：央视的新媒体策划很优秀，能让用户自由切换机位角度看阅兵，比看电视的传统直播有意思。在微博就能看，推荐给大家。另外，我放出一些显得有文化的观礼用词，大家拿好不谢：威武雄壮、威风凛凛、排山倒海、气势磅礴、气吞山河、摧枯拉朽、气势恢宏、撼山易撼解放军难。

网友 @ 茜 _ 菠萝包里没菠萝：这做到了极致的直播体验，厉害了我的央视。

网友 @ 坚持选 C 的小太阳：全方位的直播信号都很好，画质清晰，这是感触很深的一点。这就是国家的进步!!

网友 @FlyingBirdyeah：央视新闻的这次直播现在观看就有 3.2 亿，这纪录吉尼斯妥妥吧？阿中生快!!

网友 @ 青青初夏：新中国生日快乐！14 亿人为你庆生。今天的

央视新闻是观看人数最多的直播了吧，现在 2.6 亿人了。

网友 @ 素寒空：除了央视也没谁能直播几亿人观看了，在宿舍，在走廊，在公交车上，甚至现在跟小伙伴一起排队等烧烤，都有很多人在看阅兵直播，还有几个人用一个手机看，真的挺感动的，祝新中国生日快乐，举国同庆。

网友 @ 今日宝藏：我天!!! 4K 看阅兵，不要太震撼!!!!!!

第三节　全球媒体“刷屏”中国盛典

一、80 多个国家和地区的上千家电视频道引用总台国际视频通讯社对外发布的内容

2019 年 10 月 1 日上午，庆祝中华人民共和国成立 70 周年大会在北京天安门广场隆重举行。据统计，截至 10 月 8 日，全球共有 87 个国家和地区的 1191 家广电及网络媒体采用国际视频通讯社发布的直播信号或新闻素材，其中电视播出次数达 10 127，播出总时长 126 小时 25 分 14 秒。其中，欧美国家的频道数占比 85.8%，G7 国家的频道数占比 76.8%。

国际视频通讯社采用卫星和网络两种方式对外发布公共信号，面向全球媒体实时发布“庆祝大会”直播信号，国际主流媒体广泛转播。截至 10 月 8 日上午 10 时，卫星直播信号被 FOX、BBC、CNN、RT、法国 24 台、德国电视二台、意大利广播电视公司、加拿大广播公司、日本 NHK、韩国 KBS 等 80 个国家和地区的 893 家境外电视台 / 频道以直播、插播、新闻报道等方式累计采用 4653 次，播出总时长超 105 小时 52 分 45 秒。其中，CNN International 直播了习主席的重要讲话，委内瑞拉的国家电视台

和南方电视台、巴基斯坦 Indus TV、泰国新闻电视台 TNN 全程转播。同时，印度 NEWS24、巴基斯坦 Such TV、泰国 MCOT、蒙古 TV2、柬埔寨东盟头条新闻网、冈比亚 Eye Africa 网络电视台、萨尔瓦多 TVX、纳米比亚 CND 等 11 个国家和地区的 17 家境外媒体在其新媒体平台上全程转播；国际视频通讯社还邀请总台亚洲非洲地区语言节目中心专家，配上日语同传，在日本最大的视频网站 Niconico 合作开设的“日中热线”网络频道进行日语转播。

二、国际媒体关注庆祝新中国成立 70 周年活动的情况

报道新中国成立 70 周年庆典活动的国家和地区遍及全球，巴西、委内瑞拉、古巴、新加坡、阿拉伯联合酋长国等国家的媒体更是全方位、多角度报道了这场庆典活动。

巴西《圣保罗页报》头版刊登国家主席习近平阅兵的照片，介绍习近平在庆祝新中国成立 70 周年活动中检阅部队的盛况。巴西旗手电视台主持人详细解说了我国此次阅兵的规模、参与人数和现场情况，对阅兵盛况赞不绝口。这位主持人在开场时介绍说，共同庆祝新中国成立 70 周年，是全体中国人民一直期盼的一天，而活动现场也空前盛大……这家电视台持续多天关注这次活动，深入报道中国各地为庆祝新中国成立 70 周年而上演的灯光秀活动。借助报道中国灯光秀活动，主持人同时介绍了中国“一带一路”倡议的历史渊源，以及中国地方灯光秀体现的中国科技元素。

委内瑞拉总统马杜罗在委内瑞拉南方电视台发表电视讲话，热烈祝贺新中国成立 70 周年。马杜罗在讲话中高度赞扬了中国在各个领域取得的伟大成就，以及中国在当今国际社会中发挥的重要作用。

他说，70年前，中国种下了一个梦想，中国人怀揣这个梦想奋斗了几十年，让中国发生了翻天覆地的变化。这家电视台还转播了庆祝新中国成立70周年活动。此外，委内瑞拉国家电视台、委内瑞拉国家通讯社等多家媒体纷纷在官方网站首页刊登我国这次阅兵活动的照片，祝贺新中国成立70周年。

古巴共产党机关报《格拉玛报》发表题为《习近平：继续同世界各国人民一道推动共建人类命运共同体》的图文报道，介绍庆祝新中国成立70周年活动的盛况。报道称，在中国共产党的领导下，中国人民经过不懈努力，使中国实现了社会经济快速发展，成为全球最大外国直接投资流入国和全球第二大经济体。报道援引了习主席讲话的部分内容："今天，社会主义中国巍然屹立在世界东方，没有任何力量能够撼动我们伟大祖国的地位，没有任何力量能够阻挡中国人民和中华民族的前进步伐。""前进征程上，我们要坚持中国共产党领导，坚持人民主体地位，坚持中国特色社会主义道路，全面贯彻执行党的基本理论、基本路线、基本方略，不断满足人民对美好生活的向往，不断创造新的历史伟业。""前进征程上，我们要坚持和平发展道路，奉行互利共赢的开放战略，继续同世界各国人民一道推动共建人类命运共同体。"《古巴辩论报》发表了题为《庆祝新中国成立70周年大会举行　习近平主席检阅受阅部队》的图文报道，着重报道了习近平发表的重要讲话的主要内容，以及阅兵所展示的新型武器装备等，强调中国坚持和平发展道路，奉行互利共赢的开放战略，继续同世界各国人民一道推动共建人类命运共同体。

新加坡《联合早报》多次援引总台关于庆祝新中国成立70周年活动的重要报道。该报在其中一篇文章中写道："负责现场直播的中央广播电视总台在新闻旁白介绍说：'一国两制'伟大构想具有强大生命力，只要坚持全面准确理解和贯彻‘一国两制’，严格按照宪法和基本法办事，香港和澳门必将拥有更加美好的明天！”

阿拉伯联合酋长国的阿布扎比电视台于当地时间1日援引中央广播电视总台关于庆祝新中国成立70周年活动的电视画面，对当天习主席发表重要讲话和阅兵活动进行了报道。报道称，新中国成立70年来在各个领域都取得了非凡成就，这次阅兵展现了中国强大的国防力量，中国的发展对维护世界和平具有重要意义。当地时间2日，阿布扎比官方日报《联邦报》发表评论文章《70周年国庆：中国承诺和平发展与长治久安》，其中援引中央广播电视总台《国际锐评》栏目的评论称，中国始终坚定地做世界和平的建设者、全球发展的贡献者、国际秩序的维护者。当前，世界面临百年未有之大变局，中国坚持合作共赢，共同发展，坚持维护和推动经济全球化，积极发展全球伙伴关系，坚定支持多边主义，维护国际公平正义，推动共建“一带一路”高质量发展，积极参与引领全球治理体系改革和建设。中国将以更加开放包容的姿态，同世界形成更加良性的互动，给彼此创造更多的发展机遇。无论国际形势如何变化，无论自身如何发展，中国永不称霸、永不扩张、永不谋求势力范围，将矢志不渝地为建设更加美好的世界贡献力量。

三、4K系列超高清直播电影海外传播情况

2019年11月3日，安哥拉共和国最大的商业电视台TV Zimbo首播葡萄牙语版《大阅兵·2019》，这是该电影在非洲大陆首次播放，引起安哥拉社会各界的热烈反响。

阿拉伯联合酋长国当地11月8日晚，《大阅兵·2019》登陆中阿卫视黄金时段中国剧场，当地观众反响非常强烈。中阿卫视特别采访了阿拉伯联合酋长国当地的一些观众。他们纷纷表示，这部影

片展示了中国过去70年在军事改革、先进装备、科技实力、经济发展、人民生活等方面取得的巨大成就，给他们留下了非常深刻的印象。此外，中阿卫视第一时间在脸书、优兔等新媒体平台上传阿拉伯语版《大阅兵·2019》预告片，引发网友热烈讨论，总覆盖量超过2.2万人次，观看完整预告片人数超过1300人，转评赞总互动量超过650人次。当地网友纷纷为日益走向繁荣昌盛的新中国点赞，表示热切期望阿拉伯语版《大阅兵·2019》成片上映。鉴于阿拉伯联合酋长国观众的强烈反响，中阿卫视于该国的迪拜时间11月15日的晚黄金时段重播了《大阅兵·2019》。

巴勒斯坦马安电视台于2019年当地时间11月13日首播阿拉伯语版《大阅兵·2019》，并于11月14日和15日进行了重播。

葡萄牙的伊比利亚电视台于当地时间11月15日至16日连续两天在黄金时段播出中央广播电视总台制作的葡萄牙语版《大阅兵·2019》，影片中整齐的军容、严明的军纪、现代化的军事力量引发当地民众的热烈反响。

当地时间11月18日，中国驻布隆迪使馆在布隆迪大学穆汤嘎校区举办葡萄牙语版《大阅兵·2019》公映仪式，邀请布隆迪外交部常任秘书长、国家新闻委员会主席等政要，各国驻布使节和国际组织代表，中国驻布中资机构和企业代表，布隆迪华侨代表等前来观看。同日，布隆迪国家电视台RTNB播出了法语版《大阅兵·2019》。该片在当地一经播出，即引起观众的热烈反响。

当地2019年11月15日下午，赞比亚国家行政学院全体师生齐聚该院会议中心，共同观看了英文版《大阅兵·2019》。当天，赞比亚首都卢萨卡举办“中国电影非洲行”活动，放映英语版《大阅兵·2019》，引起前来观影的观众热议。

下　篇

庆祝中华人民共和国成立 70 周年
首都联欢活动直播报道纪实

第五章　深情礼赞祖国母亲

第一节　庆祝中华人民共和国成立 70 周年首都联欢活动电视直播解说词

任鲁豫：中央广播电视总台！

楚悦：中央广播电视总台！

任鲁豫：这里是中国。

楚悦：这里是中国首都北京。

任鲁豫：各位观众、各位朋友，

楚悦：全国各族人民，

任鲁豫：台湾同胞、港澳同胞、海外侨胞、全世界的中华儿女，大家——

合：节日好！

任鲁豫：今晚，我们将在这里通过中央广播电视总台，向全世界直播庆祝中华人民共和国成立 70 周年联欢活动的盛况。

楚悦：今晚的北京，以庄严秀美的气度，迎候着全世界的瞩目。

任鲁豫：今晚的北京，以流光溢彩的容颜，迎候着全世界中华儿女的祝愿。

楚悦：今晚，我们要在这里，向全世界讲述五星红旗的故事，28 年革命，2000 万人牺牲，换来的这一面五星红旗，在中国大地上猎猎飘扬 70 年，颜色愈发鲜艳，姿态愈发昂扬；

任鲁豫：今晚，我们要在这里，向全世界讲述新中国的故事，70 年风雨兼程，70 年沧桑巨变，这个伟大的国度，不断迎接挑战、前赴后继，用 70 年的艰苦跋涉、不懈奋斗，书写了一部感天动地的创业史、奋斗史、发展史。

楚悦：今晚，我们要在这里，向全世界讲述中国人民的故事，英雄的中国人民为争取民族独立、人民解放，舍生取义、无畏牺牲；热血的中国人民发出团结起来、振兴中华的时代强音，在新中国的广阔天地艰苦创业、忘我奉献；奋进的中国人民团结一致，奋斗拼搏，为实现中华民族伟大复兴的梦想，一往无前！

任鲁豫：“乘风好去，长空万里，直下看山河。”中国梦是历史的、现实的，也是未来的，中华民族伟大复兴的中国梦终将在一代代中国人民的接力奋斗中变为现实。为梦前行、为梦拼搏，为理想耕种，盼幸福获得。这么美好的一天，并不遥远，这么美好的一天，正在此刻。

楚悦：我们幸而生息在这里，漫步山河间，看故土变迁，车流穿行、灯光如织，楼宇竞速、拔地而起，中国速度、中国高度、中国智慧、中国创造，构建出这流光溢彩的地方，这是我们希望丛生的美好家乡。

任鲁豫：我们幸而生息在这里，回望 70 年，看时光荏苒，70 华诞的新中国，日新月异、尽展新颜，70 华诞的新中国，青春正时，奋进展新姿！

【城楼观礼】

任鲁豫：此刻，党和国家领导人已经登上了天安门城楼，将与来自全国各地、各民族、各行业的数万群众以及电视机前的海内外同胞，共庆佳节、共同联欢。

任鲁豫：观众朋友们，今晚联欢活动的表演部分将在20:00整正式开始，届时，您将看到气势恢宏的主题表演、精彩纷呈的中心联欢、万民同乐的群众联欢和光耀九州的烟花表演。

楚悦：东西长安街上，由各界群众组成了10个联欢区，数万群众发自内心地欢歌热舞，礼赞新中国、讴歌新时代、点赞新生活。

任鲁豫：今晚的天安门广场犹如欢腾的海洋，全世界都会看到这里。自由、生动、欢愉、活泼的人民；今晚的北京夜空，璀璨的礼花盛放，那耀目的光芒，将照亮每一个中国人自豪、喜悦的脸庞。

【全场静候】

【《东方红》乐曲】

【现场司仪宣布活动开始】

【开幕礼花】

任鲁豫：70根烟花柱，从长安街的两头，向天安门广场汇集。

楚悦：这是从过去向现在的汇集，这是自此刻向未来的致意。

任鲁豫：70年风雨征程，70年砥砺奋进，终于迎来此刻举国的庆贺。

楚悦：多少奋斗，多少跋涉，多少感慨，多少收获，多少深情，多少喜乐，凝结在此刻，想要大声说：我爱你，中国。

【《红旗颂》乐曲】

任鲁豫：五星红旗，是闪耀在中国大地上最夺目的颜色。我们不会忘记，是多少英雄的中华儿女用鲜血将它染红；我们不会忘记，是多少英雄的中华儿女用生命将它扛起。

楚悦：这鲜艳的红色，在祖国的山河大地漫卷，每一寸土地都庄严而温暖；

任鲁豫：这鲜艳的红色，在中华儿女的血脉中蔓延，每一声心跳都是自豪的礼赞。

联欢晚会开幕礼花

［雪山形成］

任鲁豫：我在冰冻严寒的雪山之巅守卫祖国的边防线，你鲜艳的红色，就是我心中风雪不侵的温暖；

［海岛形成］

楚悦：我在孤寂无人的海岛每天把你升起，你鲜艳的红色，在汪洋之中，标注着祖国神圣不可侵犯的方寸土地；

［宇宙飞船］

任鲁豫：当神舟飞船漫步太空，深邃浩瀚的星宇被你的红色点燃，几代人奋斗不止、接续不断，让梦想与祖国的距离，不再遥远；

［长城浮雕］

楚悦：英雄的中华民族，历经炮火硝烟、浴血奋战，以民族独立、人民解放，赢得世人的刮目相看，捍卫五星红旗的鲜艳。

［屏幕全红］

任鲁豫：英雄的中华民族，历经开拓奋进、创新挑战，书写中国传奇、彰显中国力量。就在今天，就在此刻，全世界的中华儿女，不论身处多远的地方，都会向着五星红旗的方向，深情、豪迈地放声歌唱。

【中心联欢表演《好儿好女好家园》】

楚悦：这里是幸福的家园，有 56 个民族的儿女，有多姿多彩的山河，每一个中国的孩子，擂响欢鼓，唱起歌。

任鲁豫：鼓声激越，万众欢腾。这擂响的鼓声是 70 载耕耘收获迸发的激情；这澎湃的呐喊是中华儿女血脉里传承不衰的丰盛。

【烟花表演《青年友谊圆舞曲》】

任鲁豫：造型各异的璀璨烟花，随着圆舞曲的节奏轻盈跃动，携手起舞的联欢群众，在灿如白昼的天安门广场，释放心底无与伦比的快乐。

楚悦：我亲爱的祖国，曾经历尽沧桑，而今再细细看你，依旧是青春的模样；

任鲁豫：我亲爱的祖国，此刻礼花绽放，这恰如你的绚丽蓬勃，光芒万丈！

【主题表演《我们走在大路上》】

［彩虹向大路转变］

任鲁豫：用脚步丈量大地，才能听到最嘹亮的回响。新中国用70 年时间，顽强探索、坚定不移，走出了专属于自己的“中国道路”，这条路，凝结着多少中国智慧与中国勇气；这条路，见证了多少中国速度与中国奇迹。

［四座小山，山路形成］

楚悦：荆棘遍布、陡峭巍峨的崇山峻岭不会忘记，有一群勇敢开拓的中国人，开山路、架桥梁、铺铁轨、通天途，让祖国每一个偏远闭塞的角落，都能看到光与希望；

《红旗颂》

［白云、飞鸟出现］

任鲁豫：飞沙走石、寸草不生的大漠戈壁不会忘记，有一群勇敢开拓的中国人，勤耕耘、甘奉献、舍青春、换绿洲，让祖国的每一寸干涸之地，都滋养出绿油油金灿灿的美满、丰裕。

［海上大桥出现］

楚悦：波涛汹涌、一望无际的蔚蓝深海不会忘记，有一群勇敢开拓的中国人，集智慧、聚勇气，伶仃洋千百年的叹息换作天堑变通途的奇迹，让中国有了"当惊世界殊"的民族底气。

任鲁豫："大舸中流下，青山两岸移。"民族复兴的航路已经打通，我们脚下的光荣与梦想之路，每一步向前的征程，都注定通向胜利。

【中心联欢表演《山笑水笑人欢笑》】

任鲁豫：祥龙腾飞，瑞狮欢舞，喜悦的中国，山笑水笑人欢笑；

楚悦：天南地北，欢聚此刻，自豪的中国，龙腾虎跃贺今宵。

中心联欢表演《山笑水笑人欢笑》

【烟花表演《北京喜讯到边寨》】

【主题表演《在希望的田野上》】

楚悦：这是一幅充满诗意的图景：清风中的云朵，化作滴滴春雨甘露，洒落在广袤的沃野，润泽了希望的幼苗，破土而出、开枝散叶、茁壮成长。那一抹青青的幼苗，就这样日复一日长成了大树参天。

任鲁豫：中国人民不会忘记，41 年前的一声惊雷，唤醒了新中国又一个崭新的春天。新中国奋斗的故事，滚滚向前波澜壮阔的历史，见证了前所未有的时代新篇。

楚悦：改革开放如春风化雨滋润着神州大地，在希望的田野上，每一个中国人，用自己勤劳的双手，创造着越来越好的家园。

[大树向风筝场景转换]

任鲁豫：这是个值得奋斗的时代，这是个特别幸福的时代，这是个梦想盛放的时代，这是个前所未有的好时代。

楚悦：这是个前所未有的好时代，每一个人都可以放飞梦想。一只巨大的蝴蝶风筝，在小女孩儿手中放飞。我们向蓝天仰望，我们向未来眺望，看梦想最美的模样，扛起未来的担当。

任鲁豫：在中国这片充满希望的热土中，播撒下梦想的种子，一代又一代执着的中国人，心手相牵、薪火相传，把梦想放飞至云端之上，看梦想花开在盛世新天。

[烟花树出现]

楚悦：此刻，在烟花树上缤纷绽放的，是一幅幅充满童趣的幸福家园图景。

任鲁豫：这是我们最甜美的家园，有最勤劳的兄弟姐妹，我们携手同心、耕耘共进、收获同享、幸福同享！

【中心联欢表演《新天新地新时代》】

任鲁豫：彩色的风车、旋转的光轮，展现出新时代的中国人民多彩的日子、沸腾的生活。

楚悦：激情的舞动，活力的奔跑，彰显着各族人民为实现中华民族伟大复兴追风逐梦的时代风貌。

【烟花表演《新时代圆舞曲》】

任鲁豫：这是一个创造了历史的时代，也是一个写满故事的时代。回望 70 年雄浑壮阔的奋斗史诗，中华民族迎来了从站起来、富起来到强起来的伟大飞跃，中国特色社会主义迎来了从创立、发展到完善的伟大飞跃，中国人民迎来了从温饱不足到小康富裕的伟大飞跃。

楚悦：而今，中华民族以更加崭新的姿态屹立于世界的东方，正在一步一个脚印地向着中华民族伟大复兴的目标迈进。此刻，我们有理由欢舞庆贺，此刻，我们有自信邀约未来。

【主题表演《领航新时代》】

[“不忘初心”主旋律之后]

任鲁豫：正是因为有梦想，70 年前，这片土地上才会有那么多前赴后继的英雄人民，为了新中国的建立，抛头颅、洒热血。

楚悦：正是因为有梦想，70 年来，这片土地上才会有那么多不舍奋斗的英雄人民，为了新中国的发展，敢实践、勇开拓。

任鲁豫：正是因为有梦想，70 年征程新起点，这片土地上才会有那么多敢于担当的英雄人民，喜悦再集结，激越又出发，跋涉不停歇，盛世见繁花。

[“不忘初心”主旋律再次出现]

楚悦：这个国家，之所以伟大，是因为它始终把“人民”二字深深镌刻在新中国的名字上，为亿万人民谋幸福，是它 70 年壮阔交响中最动人心弦的乐章。

任鲁豫：这个国家，之所以值得热爱，是因为不论征程多坎坷、征途多漫长，始终有一个“为人民服务”的政党，把人民的思量，牢牢放在心上。

楚悦：不忘初心，继续奋斗，搭载着 14 亿中国人民的时代巨轮，向着中国梦的方向，豪迈又出征，扬帆再远航。

［七只白鸽出现］

任鲁豫：七羽振翅的白鸽，自由翱翔在天安门广场，这是对祖国繁荣发展最圣洁的祝愿，这是对世界和平安宁最由衷的期盼。

楚悦：开放的中国，张开双臂拥抱世界，愿做全世界的朋友，愿对构建人类命运共同体做最勇敢的担当。

［一只白鸽出现］

任鲁豫：此刻，一羽白鸽幻化成一个经纬交错的地球，“一带一路”的智慧与情意，牵起历史与未来的联通，构建中国与世界共同发展的美好图景。

楚悦：邀全世界一同携手，共创和平、安宁、繁荣、开放、美丽的未来，是新中国对共同发展的不懈努力，是中华儿女对世界和平的深情告白。

中心联欢表演《新天新地新时代》

［焰火树牡丹］

楚悦：牡丹绽放，璀璨夺目，这是我们富足兴旺的祖国，这是我们繁花遍野的祖国，这是我们赤诚深爱的祖国。

【中心联欢表演《同欢同乐同祝愿》】

［《我和我的祖国》手语间奏］

任鲁豫：《我和我的祖国》在天安门广场的每一个角落，依次唱响，这是每个中华儿女心中最深情的歌。

楚悦：此刻，中国残疾人艺术团的演员，用手语向祖国表达着心中的热爱，虽无声，但意浓。

【烟花表演《歌唱祖国》】

任鲁豫：歌唱祖国，这是每一个中华儿女，最炽热的深情。

中心联欢表演《同欢同乐同祝愿》

楚悦：人民万岁，这是中国共产党继往开来的时代新征，始终不变的初心。

［孔雀开屏］

任鲁豫：此刻，光耀中华。烟花树上祥瑞的孔雀开屏，寄托着中华儿女对祖国未来的吉祥祈盼；

楚悦：此刻，福佑祖国。广场上空姹紫嫣红、万花烂漫，表达着中华儿女对新时代的由衷礼赞。

【现场司仪宣布活动结束】

楚悦：今晚，千歌万曲汇成一种表达——歌唱祖国；

任鲁豫：今夜，千山万水回荡着一个声音——人民万岁。

楚悦：展望未来，到中国共产党成立100年时，我们将全面建成小康社会；到新中国成立100年时，我们将全面建成社会主义现代化强国。

任鲁豫：让我们更加紧密地团结在以习近平同志为核心的党中央周围，高举中国特色社会主义伟大旗帜，以习近平新时代中国特色社会主义思想为指导，锐意进取，埋头苦干，为决胜全面建成小康社会、夺取新时代中国特色社会主义伟大胜利、实现中华民族伟大复兴的中国梦、实现人民对美好生活的向往继续奋斗！

楚悦：中央广播电视总台！

任鲁豫：中央广播电视总台！

楚悦：各位观众，各位朋友，

任鲁豫：全国各族人民、台湾同胞、港澳同胞、海外侨胞、全世界的中华儿女——

楚悦：让我们再次祝愿伟大祖国繁荣昌盛、灿烂辉煌！

任鲁豫：庆祝中华人民共和国成立70周年联欢活动就为您直播到这里，祝各位——

合：晚安！

第二节　庆祝中华人民共和国成立 70 周年首都联欢活动电视直播分镜头脚本

序号	内容	时间	时码	表演区域 / 解说词 / 分镜头	音频	视频	在线包装	备注
1.	片头	19:52:30	30″		EVS	EVS		
2.	开场渲染	19:53:00	4′00″	E1　CBD 区域东长安街向西飞行 **25″** 有效 EVS	EVS MIC 手 2	EVS		
3.	领导出大殿 ***B 系统　2+1　两组镜头 ***	19:57:00	30″	B2 跟　首长等步出大殿 B11　缓摇　从城楼摇下 A8　过渡、等候落座 B2　首长落座　近景　固定 C7　保持有效　固定	MIC 手 2			
4.	空镜转场 男：观众朋友们，今晚联欢活动的表演……烟花表演。 女：东西长安街上，由各界群众……点赞新生活。 女：今晚的天安门广场，犹如欢腾的海洋……将照亮每一个中国人自豪、喜悦的脸庞。	19:57:30	1′40″	A8　北向南跨长安街移动　14″ E3　国博楼顶红旗　固定　3″ C20　联欢群众近景至联欢区侧全 C19 A8　南台年号　向北移动 A4　观礼台处理 A15　观众喜悦表情	HD MIC 手 2			
5.	全场静默	19:59:10	10″	A8　广场区域接近红楼　缓动				

6.	电报大楼《东方红》乐曲	19:59:20	40″	E2　木樨地桥　西向东飞行 EVS		EVS		
7.	现场司仪宣布活动开始 ***B 系统一个镜头　固定 ***	20:00:00	15″ 000000	B3　主持单人近景 A2				
8.	开幕礼花	20:00:15 1′14″	000003 000027 000041	E5　西长安街侧全焰火固定　4″ E14　东长安街向西焰火全景　固定　4″ D17　向西拍摄焰火透视　固定　4″ D11　向西拍摄焰火透视　固定　3″ E2　西长安街向东拍摄　跟随　4″ A2　广场全景固定　2″ E1　木樨地桥北大全景　2″ A2　广场全景固定　4″（70） A 系统 旗杆区小全固定 70 C8　带大碑 70、礼花弹　移动 E 系统 各机位礼花有效 A 系统 带标志性符号礼花近景 C 系统 带标志性符号礼花近景	MIC 手 2	EVS		

序号	内容	时间	时码	表演区域 / 解说词 / 分镜头	音频	视频	在线包装	备注
9.	主题表演《红旗颂》	20:01:29	000117	A 系统　演员汇聚至国旗	MIC 手 2	EVS		
	***B 系统两组镜头 ***	8′25″	000157	国旗出现 — 五星凸出 — 国旗涌动				
	3 个镜头连切		000205	***B 系统：3 个镜头连切				
	国旗升起　1 个单人			B2 固定　首长单人				
				B1 横摇　主桌 2 人——2 人				
	*** 中心四区央有人浪			B2 横摇　主桌 2 人——2 人				
			000240	A 系统　国旗变蓝天				
	000300 手旗出现		000300	手旗出现				
			000312	E2　手旗宏观（低高度）				
			000319	A 系统　手旗中心向外扩散				
			000323	C 系统　C21（备人浪）				
			000326	A 系统　雪山、海岛、长城飞船				
		***	000505	E1　长城北向南　正向（低高度）				
			000512	C6　指挥				
				C1　管乐组　9″　2 个镜头				
		***	000519	E1　长城合拢　北向南正向（低高度）				
			000528	A 系统　长城合拢、浮雕				
		***		E2　长城浮雕　北 — 南正向（南台）				
			000624	E1　长城光芒、散开　宏观（高）				

			000630	C6/C1/C3	指挥				
				C4	弦乐组向南运动				
			000649	A系统	蓝白条变化				
			000702		五星红旗再次出现				
			000708	A4	跟随向南传递　看国旗升起				
		***	000718	E2	红楼北向南正向　国旗升起				
	000730-000843		000725	C4	巨幅五星红旗侧全				
	五星红旗迎风飘扬		000730	A系统	战士演唱　近景				
	胜利歌声多么响亮								
	歌唱我们亲爱的祖国								
	从今走向繁荣富强			C14	丰台区“公检法司”敬礼				
	［小间奏］								
	五星红旗迎风飘扬		**000802**	A系统	**战士带动作演唱**　**高空焰火　43″**				
	胜利歌声多么响亮				捂胸口				
	歌唱我们亲爱的祖国								
	从今走向繁荣富强								
	歌唱我们亲爱的祖国			C20	群众区块平移运动				
	从今走向繁荣富强			C4	合唱台（南台）				
				A系统	喜悦观众				

序号	内容	时间	时码	表演区域 / 解说词 / 分镜头	音频	视频	在线包装	备注
	[间奏 30″]		000848	E1　核心区队形变化				
			000851	A 系统　祖国万岁形成				
			000909	A 系统　祖国万岁　俯视				
			000917	手持烟花				
	(口号) 祖国万岁		000922	固定　主题表演者喊口号				
	(口号) 祖国万岁			C16　固定　少数民族群众喊口号				
	(口号) 祖国万岁			C14　固定　近景喊口号				
				A 系统　观众画面				
			000931	A2　高空焰火				
	全场欢呼结束　音乐重音	***	000934	E2　祖国万岁　北向南正向　焰火				
10.	中心联欢《好儿好女好家园》	20:09:54	000942	E3　红飘带少数民族横摇　6″　落幅	MIC 手 2	EVS		
	(1) 《好儿好女好家园》	12′53″	000948	EVS　"嗨"　打鼓				
	[前奏 48″]		000956	E1、E2 核心区宏观				
			001004	C1/C4　南台表演全景　10″				
			001015	A8　保持有效　中心区彩屏南移				
			001023	EVS　打鼓				
	男儿有情笑容暖		001030	A 系统　安塞腰鼓、中心联欢				
	女儿有爱歌声甜							
	欢歌笑语遍神州　遍神州							

	爱我中华大家园　大家园							
	山那边　水那边			E1、E2 核心区宏观				
	生我养我大河山							
	山那边　水那边			C4　合唱台、南台宏观　移动				
	生我养我大河山							
	山那边　水那边		C21 备	EVS　太阳花女孩				
	生我养我大河山							
	山那边　水那边			EVS　区块表演				
	生我养我大河山							
	你我同行在路上			EVS　安塞腰鼓、长鼓				
	好儿好女好家园							
	［间奏 16″］		001145	A 系统　正面小全　平衡车离开　1 个镜头				
			001152	EVS　区块群众互动　360°				
	男儿有志山河变		001200	A 系统　中心表演				
	女儿有梦天地宽							
	壮志乘梦展新图　展新图							
	赞我中华大家园　大家园							
	天这边　地这边			C 系统　南台表演、区块联欢				
	风光独好大画卷			风车女孩				

序号	内容	时间	时码	表演区域 / 解说词 / 分镜头	音频	视频	在线包装	备注
	天这边　地这边							
	风光独好大画卷							
	天这边　地这边							
	风光独好大画卷							
	天这边　地这边							
	风光独好大画卷							
	万众同心创伟业			EVS　腰鼓				
	好儿好女好家园							
	好儿好女好家园			朝阳白衣群众				
	［14″尾奏］			欢呼群众				
	（2）《赞歌》		001334					
	［前奏 6″］			E1、E2　核心区宏观				
	啊……			A 系统　中心联欢　前区蒙古舞				
	男：从草原来到天安门广场			C13　2 男领唱				
	高举金杯把赞歌唱			C11　男领唱				
	感谢伟大的共产党			A 系统　前区蒙古舞				
	毛主席恩情深似海洋							
	女：英雄的祖国屹立在东方			C13　4 女领唱				
	像初升的太阳光芒万丈			C11　女领唱				

	各民族兄弟欢聚在一堂 庆贺我们的翻身解放			EVS　围绕鼓旋转				
	啊…… 啊……			C7　反打 E1、E2　核心区宏观				
	［间奏《鄂伦春小唱》啦啦］		001500	EVS　石景山区　玉米大叔 东城区　银发夫妇				
	（3）《唱支山歌给党听》 ［前奏 3″］		001514	A8　保持有效				
	唱支山歌给党听 我把党来比母亲 母亲只生了我的身 党的光辉照我心		001517	EVS　进入鼓阵 A 系统　中心区托举演唱　近景 *** E1、E2　核心区宏观				
	（4）《北京的金山上》 北京的金山上光芒照四方 光芒照四方		001544	C13　6 男 1 女领唱　斜排				
	毛主席就是那金色的太阳 多么温暖　多么慈祥		C21 备 C22 备	EVS　反打　锅庄（第一版）				

序号	内容	时间	时码	表演区域 / 解说词 / 分镜头	音频	视频	在线包装	备注
	把我们农奴的心儿照亮			A8　保持有效				
	我们迈步走在			A 系统　中心联欢				
	社会主义幸福的大道上　哎……							
	巴扎嘿			C7　反打				
	[间奏《情深谊长》]		001620	EVS　扛鼓挥手				
	啊……							
	啊……		001625	E1、E2 核心区宏观　南台"山"				
	(5)《青春舞曲》[前奏 5″]							
	女：太阳下山明早依旧爬上来		001636	C13　4 女领唱				
	花儿谢了明年还是一样地开			C11　领唱				
	美丽小鸟一去无影踪			A 系统　中心区域新疆舞蹈				
	我的青春小鸟一样不回来							
	我的青春小鸟一样不回来							
	别的那样呦　别的那样呦			C5　南台、合唱台　大宏观				
	我的青春小鸟一样不回来			C4				
	别的那样呦　别的那样呦							
	我的青春小鸟一样不回来			E1、E2 核心区宏观				
	[小间奏]							
	男：太阳下山明早依旧爬上来			C 系统　西城区领唱　男				

	花儿谢了明年还是一样地开 美丽小鸟一去无影踪 我的青春小鸟一样不回来 我的青春小鸟一样不回来 别的那样呦　别的那样呦 我的青春小鸟一样不回来 别的那样呦　别的那样呦 我的青春小鸟一样不回来			 EVS　区块群众 新疆舞 转鼓 C16　通州区块 A 系统　战士击掌“嘿” 新疆舞蹈对切				
	［间奏《有一个美丽的地方》］	24″	001735 001742 001748	E1、E2　核心区 E3　少数民族横摇 E1、E2　核心区				
	（6）《红太阳照边疆》 红太阳照边疆 青山绿水披霞光 长白山下果树成行 海兰江畔稻花香 劈开高山　大地献宝藏 拦河筑坝　引水上山岗　哎咳 延边人民斗志昂扬		001757	 C13　3 女领唱　固定 EVS　长鼓舞 C11　3 女领唱　固定 EVS　长鼓舞 A 系统　中心区舞蹈				

序号	内容	时间	时码	表演区域 / 解说词 / 分镜头	音频	视频	在线包装	备注
	民族团结建设边疆							
	共产党领导我们胜利向前方			A8　华灯前景　南台表演				
	［间奏《万泉河水清又清》］		001837	A 系统　有效观众				
			001843	E1、E2　核心区 14″　南台				
	（7）《只有山歌敬亲人》		001850					
	女：多谢了　多谢四方众乡亲			C13　3 女生领唱				
	我今没有好茶饭哪			EVS　蹦床				
	只有山歌敬亲人哪敬亲人							
	男：山歌好　山歌能把海填平			C11/C13　3 男生领唱				
	上天能赶乌云走呀			A 系统　中心联欢　有效观众				
	下地能催五谷生哪五谷生							
	合：山歌好　山歌能把海填平			EVS　打招呼观众				
	上天能赶乌云走呀							
	下地能催五谷生哪五谷生			中心表演				
	（8）《可爱的一朵玫瑰花》		001938	A8　有效移动				
			001949	EVS　火凤凰阿姨				
				互动群众				
	（9）《花儿与少年》		002000					

	男：春季里那么到了这 水仙花儿开　水仙花儿开			EVS　苹果鼓				
	年轻轻的个女儿呀 踩呀么踩青来呀　小呀哥哥			C13　5 男生领唱				
	小呀哥哥呀 小呀哥哥呀　托一把手过来			EVS　转圈				
	女：秋季里那么到了这 丹桂花儿香　丹桂花儿香 女儿家的个心上呀 起呀波浪呀　小呀哥哥 小呀哥哥呀　小呀哥哥呀 扯不断情丝长			C11　6 女生领唱 C13 C21 C14　丰台区 C16　通州区				
	［间奏《高山青》］	22″	002043 002052 002059	E1、E2　核心区宏观 C17　房山区　中幡表演 A 系统　腰鼓、战士喊号				
	（10）《母亲是中华》 ［前奏 18″］ 太阳星星月亮是天上的一家 草原森林湖泊是地上的一家		002106 002116	A8　保持有效 E1、E2　核心区宏观 A 系统　安塞腰鼓　斜排透视				

序号	内容	时间	时码	表演区域 / 解说词 / 分镜头	音频	视频	在线包装	备注
	春风雨露阳光是我们的一家			C18　区块腰鼓				
	兄弟姐妹手拉手亲亲一家			C20				
	［间奏 7″］			A 系统　安塞腰鼓　斯坦尼康运动				
	五十六个民族亲亲一家			EVS　中心舞蹈				
	就像百花园里盛开的花							
	红红石榴结籽儿抱在一起			C4　合唱台				
	谁也离不开谁　母亲是中华			C10　东城区　金婚夫妇				
	五十六个民族亲亲一家			A 系统　安塞腰鼓　斯坦尼康运动				
	就像百花园里盛开的花							
	红红石榴结籽儿抱在一起			中心区舞蹈				
	谁也离不开谁　母亲是中华							
	是中……华……			E1、E2　核心区				
	嘿嘿			EVS　舞蹈、群众				
	嘿！			C7　反打				
	我爱你　中国（3 遍）			A 系统　我爱你中国　演员近景				
				战士近景				
				C18　顺义腰鼓群众				

11.	烟花《青年友谊圆舞曲》	20:22:47	002235	**E1、E2**	**核心区　带焰火**	MIC 手 2	EVS		
	［前奏 20″］	2′43″	002251	**C6**	**指挥 4″**				
	蓝色的天空像大海一样		002255	C4、C1	交响乐团与焰火				
	广阔的大路上歌声飞扬			C18、C20	顺义区				
	穿森林过海洋来自各方			C19	大兴区				
	千万个青年人欢聚一堂								
	拉起手唱起歌跳起舞来								
	让我们唱一支友谊之歌			E1、E2	焰火宏观				
	［间奏 10″］		002325	**EVS**	小提琴近景（女）				
			002328	**C4**	带交响乐宏观焰火				
	欢乐的歌声在回旋荡漾			C16	通州手语与焰火				
	歌颂着我们的幸福时光								
	亲爱的朋友啊心连着心			E3	焰火近景				
	我们有共同的美好理想			E1、E2	焰火宏观				
	拉起手唱起歌跳起舞来			A 系统	标志性符号焰火				
	让我们唱一支和平之歌				与观众处理				
	［间奏 29″］　解说		002402	C4、C3	交响乐队与焰火				
				C14	丰台军民跳舞				
	白鸽在天空中展翅飞翔			E9 缓推	宏观焰火				

序号	内容	时间	时码	表演区域 / 解说词 / 分镜头	音频	视频	在线包装	备注
	青春的花朵在心中开放			E3 焰火近景固定				
	年轻的朋友啊团结起来			C19 大兴区与焰火				
	为和平为友谊献出力量			C15 石景山与焰火				
	拉起手唱起歌跳起舞来			A 系统 带标志性焰火				
	让我们唱一支团结之歌			与观众处理				
	拉起手唱起歌跳起舞来							
	让我们唱一支团结之歌			E1、E2 焰火宏观				
12.	主题表演《我们走在大路上》	20:25:30	002518	A 系统 彩虹组成	MIC 手 2	EVS		
	［音乐 23″］	7′11″						
	向前进 向前进	***	002540	E1 核心宏观 北向南正向				
	我们气势不可阻挡							
	向前进 向前进			C4/C1/C3 合唱团 带南台 大宏观镜头				
	朝着胜利的方向			落幅				
	我们走在大路上			A 系统 彩虹组成				
	意气风发斗志昂扬							
	共产党领导革命的队伍							
	披荆斩棘奔向前方	***	002611	E2 北向南正向 核心与南台				
	［音乐］		**002615**	**A 系统 彩虹立板、正视角度**				
			002624	C6、C1 指挥、交响乐团 9″ 2 个镜头 ***				

			002633	A 系统	彩虹变成路				
			002656	C7	彩虹路				
	啊……向前进　走在大路上 向前进　向前进 向前进　走在大路上		002701	A 系统	主题处理				
	［音乐］		002743	E1、E2	核心区（低高度）				
			002759	C4	交响乐宏观				
			002813	EVS	大提琴一组				
	向前进　啊……　向前进　啊…… 向前进　向前进		002818	A 系统	山路图形 战士立起演唱				
	［音乐］	***	002848	E2	北向南正向　大路				
			002856	A 系统	山形变化（山变海鸥）				
	啊……（22″）	***	002938	E1	北向南正向　海鸥				
			002946	A 系统	海鸥飞翔　细节				
			003002	E2	大路涌动				
			003011	A8	大路涌动				
			003017	C4	交响乐宏观　7″				
			003024	A 系统	海鸥变最后大路				
		***	003041	E1	北向南　接近正向				

序号	内容	时间	时码	表演区域 / 解说词 / 分镜头	音频	视频	在线包装	备注
			003050	A 系统　大路向两侧渐变				
	胜利红旗迎风飘扬		**003059**	**A2**　中空、高空焰火				
	中华儿女奋发图强			C1/C4　带合唱队焰火　固定				
	勤恳建设锦绣河山							
	誓把祖国变成天堂			E3　焰火近景				
	向前进　向前进	***		E2　接近正向　核心区带焰火				
	我们气势不可阻挡							
	向前进　向前进			A8　北向南运动				
	朝着胜利的方向							
	[音乐 5′]		003134	A 系统　大路全金色				
	我们的道路多么宽广		003140	战士演唱　无焰火				
	我们的前程无比辉煌							
	我们献身这壮丽的事业							
	无限幸福无限荣光							
	向前进	***	003157	**E1**　正向核心区宏观　焰火 ***				
	向前进							
	我们气势不可阻挡							
	向前进　向前进			A 系统　大路彩色涌动				
	朝着胜利的方向……							

		***	003218	**E2**	**带焰火核心区宏观　北向南**				
			003223	C3、C4	交响乐团带礼花　4″				
	嘿!		**003227**	C7	大路反打				
13.	中心联欢《山笑水笑人欢笑》	20:32:41		***B 系统 ***	4 个镜头一组，共计 8 组	MIC 手 2	EVS		
	（1）《山笑水笑人欢笑》	13′08″	003229	E11	景山　门廊缓推				
	［前奏 33″］		003236	E13	永定门　城楼缓推				
			003243	E14	向核心区缓推				
			003250	C21	向核心区缓推 ****				
			003300	**C7**	**跑龙进入　固定**				
	叮咯咙咚呛那个叮咯咙咚敲		**003302**	EVS	跑龙				
	叮咯咙咚山笑水笑人欢笑								
	叮咯咙咚呛那个叮咯咙咚敲			A 系统	跑龙俯视　固定				
	啊……			E1、E2	核心区宏观				
	［间奏 4″］			A8	保持有效				
	杏花美　梨花俏			***B 系统：	第 1 次 4 个镜头连切				
	一层层花儿开满阳光道								
	汗水浇　众手描								
	幸福的小康生活乐陶陶								
	天晴朗　地富饶								

序号	内容	时间	时码	表演区域 / 解说词 / 分镜头	音频	视频	在线包装	备注
	一代代奋斗接力架彩桥							
	心如海　情如潮			A8　保持有效				
	追梦的路上明天更美好							
	叮咯咙咚呛那个叮咯咙咚敲			EVS　观众互动　迷彩				
	叮咯咙咚山笑水笑人欢笑							
	叮咯咙咚呛那个叮咯咙咚敲			A 系统　盘龙				
	叮咯咙咚山笑水笑人欢笑							
	青山是个宝　绿水是个宝			观众				
	金山呀银山呀比不了							
	美丽的中国更美丽			EVS　红龙盘龙				
	山笑水笑人欢笑							
	青山绿水是个宝			C20　区块联欢				
	金山银山比不了			C11				
	美丽中国更美丽			C14				
	山笑水笑人欢笑							
	叮咯咙咚呛那个叮咯咙咚敲			A 系统　中心联欢　盘龙				
	叮咯咙咚山笑水笑人欢笑							
	叮咯咙咚呛那个叮咯咙咚敲			EVS　互动群众				
	叮咯咙咚山笑水笑人欢笑		C22 备					

	青山是个宝　绿水是个宝				中心托举				
	金山呀银山呀比不了								
	美丽的中国更美丽				合唱团				
	山笑水笑人			E1、E2	核心区				
	欢笑……			C20	区块联欢				
	（2）《我的祖国》		003511	E1、E2	核心区大河形成				
	［间奏 18″］		003521	A8	大河形成				
	这是美丽的祖国		003529	A 系统	观众互动演唱				
	是我生长的地方				**不要熊猫**				
	在这片辽阔的土地上			A4	大河宏观				
	到处都有明媚的风光								
	［小间奏］			E1、E2	核心区有效				
	一条大河波浪宽								
	风吹稻花香两岸			EVS	中心区				
	我家就在岸上住				群众区块　演唱				
	听惯了艄公的号子		C 备						
	看惯了船上的白帆		演唱	C 备	领唱新老两对夫妇				
	［小间奏］			***B 系统：第 2 次 4 个镜头连切					
	这是强大的祖国								

序号	内容	时间	时码	表演区域 / 解说词 / 分镜头	音频	视频	在线包装	备注
	是我生长的地方							
	在这片温暖的土地上							
	到处都有和平的阳光							
	（3）《花儿朵朵向太阳》		003700	E1、E2 大宏观				
	［间奏 2″］							
	童：你看那万里东风浩浩荡荡		003705	A 系统：儿童鲤鱼 中心联欢、熊猫				
	万里东风浩浩荡荡							
	你看那漫山遍野处处春光							
	漫山遍野处处春光							
	合：青山点头 河水笑							
	万紫千红百花齐放							
	［间奏 4″］			A8 保持有效				
	春风吹 春雨洒			C12 东城区 太阳花				
	娇艳的鲜花吐着芬芳		C18 备	EVS 合唱台 太阳花				
	抬起头 挺起腰			互动观众				
	张开笑脸迎太阳							
	花儿离不开土壤 啊……			旋转跳舞				
	鱼儿离不开海洋 啊……			鱼和孩子				
	少年儿童千千万			***B 系统：第 3 次 2 个镜头连切				

	离不开亲爱的祖国 离不开亲爱的党 离不开亲爱的党							
	（4）《中国　鲜红太阳永不落》		003831	E1、E2　核心区有效				
	［前奏 13″］							
	中国　中国　壮丽的山河		003840	C7　反打				
	长江奔腾　昆仑巍峨			EVS　旗阵				
	共产党领导崭新的国家			***B 系统：第 4 次 4 个镜头连切				
	处处盛开社会主义花朵							
	中国　中国							
	鲜红的太阳永不落							
	中国　中国　沸腾的山河							
	前进浪潮　波澜壮阔							
	新长征步伐无比坚定			C14　丰台军人挥旗				
	加快建设现代化的强国			C19　备　饱满				
	中国　中国			A 系统　中心联欢、互动观众				
	鲜红的太阳永不落							
	（5）《红旗飘飘》			E1、E2　核心区				
	［前奏 12″］		003927	E3　红旗（备）****				

序号	内容	时间	时码	表演区域 / 解说词 / 分镜头	音频	视频	在线包装	备注
	那是从旭日上采下的虹			C7　反打红旗				
	没有人不爱你的色彩			EVS　红旗跑动				
	一张天下最美的脸			C12　朝阳轮滑				
	没有人不留恋你的容颜							
	你明亮的眼睛牵引着我			***B 系统：第 5 次 2 个镜头连切				
	让我守在梦乡眺望未来							
	当我离开家的时候							
	你满怀深情吹响号角							
	吹响号角		C21 备	A8　红旗压缩移动				
	五星红旗　你是我的骄傲			EVS　顺顺挥国旗				
	五星红旗　我为你自豪			核心区红旗跑动				
	为你欢呼　我为你祝福			腰鼓舞蹈				
	你的名字　比我生命更重要			C16　通州大国旗				
	（6）《大中国》		004042					
	中国　祝福你			EVS　合唱团				
	你永远在我心里			A 系统　观众 / 战士　演唱				
	中国　祝福你			EVS　狮子演唱				
	不用千言和万语　嘿			E1、E2　核心区有效				
	［小间奏］							

	男：我们都有一个家　名字叫中国			***B 系统：第 6 次 2 个镜头连切				
	兄弟姐妹都很多　景色也不错							
	女：家里盘着两条龙							
	是长江与黄河呀							
	还有珠穆朗玛峰儿							
	是最高山坡			C7　反打				
	我们都有一个家　名字叫中国			C11　海淀　机器人舞蹈　1 个镜头 ***				
	兄弟姐妹都很多　景色也不错							
	看那一条长城万里　在云中穿梭			EVS　狮子跳舞				
	看那青藏高原　比那天空还辽阔							
	我们的大中国呀　好大的一个家			C 系统　区块领唱				
	经过那个多少　那个风吹和雨打							
	我们的大中国呀　好大的一个家			A 系统　互动观众演唱				
	永远　那个永远　那个我要伴随她			前排舞狮汇聚、特写				
	中国　祝福你		C4 备	EVS　合唱团				
	你永远在我心里							
	中国　祝福你			EVS　互动战士、紫衣少女				
	不用千言和万语　啊·····							
	啊······		004234	A8　压缩红旗移动				

序号	内容	时间	时码	表演区域 / 解说词 / 分镜头	音频	视频	在线包装	备注
	（7）《阳光路上》［前奏 8″］		004239	E1、E2　核心区				
	阳光路上　旗帜飞扬		004241	***B 系统：第 7 次 4 个镜头连切				
	科学发展为和谐的中国							
	引领方向							
	［间奏 4″］							
	走过了春和秋			C14　丰台　挥旗演唱				
	走在阳光路上							
	花儿用笑脸告诉我			C5、C4　南台				
	天空好晴朗							
	多少追梦的身影			E1、E2　核心区　龙船				
	奔跑着拥抱希望							
	一路同行的人们			A 系统　龙船　俯视				
	心中暖洋洋			互动观众				
	阳光路上　无限风光			C7　龙船进入				
	前进的脚步日夜兼程			EVS　龙船				
	不可阻挡			A8　龙船进入　宏观移动				
	阳光路上　旗帜飞扬			A 系统　冰墩墩、雪容融				
	科学发展为和谐的中国			互动观众				
	引领							

	方……向			C4　南台移动 1 个镜头 E1、E2 核心区				
	（8）《同心共筑中国梦》 ［前奏 11″］ 北疆的雪　南国的花 一轮明月映照我们共同的家 东海的浪　西域的霞 不同乡音道出我们心里的话 万里山河　春秋冬夏 和美的大家庭如诗如画 中原大地　海角天涯 团圆的全家福有你我他 五十六个兄弟姐妹彼此牵挂 风里雨里在一起我们是一家 五十六个兄弟姐妹英姿焕发 同心共筑中国梦我们是一家 同心共筑中国梦 我们是一家　是一家 嘿！		004419 004427	EVS　互动群众 C4　合唱团　宏观处理 ***B 系统：第 8 次 4 个镜头连切 A8　保持有效 EVS　少数民族舞蹈 C19　大兴小火车 A 系统　中心联欢区　少数民族小朋友 A8、C7 保持有效				

序号	内容	时间	时码	表演区域 / 解说词 / 分镜头	音频	视频	在线包装	备注
14.	烟花《北京喜讯到边寨》	20:45:49	004537	C4　交响乐队宏观　带焰火　移动		EVS		
		2′35″	004550	C6　指挥　1 个镜头				
	※※※ 焰火树亮起 ※※※		004553	EVS　弦乐				
			004559	E3　焰火近景				
	西城、海淀		004605	A 系统　标志性符号焰火　1 个镜头				
	东城、朝阳　有区块调度		004611	C 系统　联欢区块焰火　1 个镜头				
			004617	E3　焰火近景				
	***B 系统　主桌过肩 ***		004620	E11　景山　门廊焰火缓推				
			004626	A 系统　标志性符号焰火　1 个镜头				
			004632	E1　宏观焰火				
			004644	E3　焰火近景				
			004647	E13　永定门焰火　固定				
			004651	A 系统　标志性符号焰火　1 个镜头				
			004657	E3　焰火近景				
			004704	C 系统　区块焰火　1 个镜头				
			004711	E9　焰火缓推				
			004720	E2　宏观焰火				
			004726	C 系统　交响乐焰火　1 个镜头				
			004737	A 系统　标志性符号焰火　1 个镜头				

			004743	**E3** 焰火近景				
			004749	**E7** 焰火宏观　固定				
			004752	**C8** 大碑焰火　**1** 个镜头				
			004757	**E1** 宏观焰火				
			004804	**E3** 焰火近景				
			004808	**A2**				
15.	主题表演《在希望的田野上》	20:48:24	004812	A 系统　水珠落下、小苗生长	MIC 手 2	EVS		
	［音乐：啊……1′12″］	7′12″	004819	EVS　儿童合唱近景				
	童声：啊……		004823	A 系统　水珠落下、小苗生长				
			004849	C2 / C3 小提琴首席近景　固定				
			004903	A 系统　水珠融汇				
			004917	C6　指挥近景　固定				
		***	004923	E1　北向南正向				
			004929	A 系统　大树逐渐形成				
		***	005020	E2　北向南正向				
	我们的家乡		005023	EVS　合唱				
	在希望的田野上			“田野”切走				
	炊烟在新建的住房上飘荡			E1　核心区宏观　南台				
	小河在美丽的村庄旁流淌							

序号	内容	时间	时码	表演区域 / 解说词 / 分镜头	音频	视频	在线包装	备注
	一片冬麦那个一片高粱			A 系统　大树涌动				
	十里荷塘　十里果香							
	［间奏］		005115	EVS　小提琴 solo（保持）				
			005123	E2　核心区有效　接近正向				
			005140	C6　指挥固定				
			005145	E1　核心区有效				
			005152	A 系统　大树向风筝变化、放风筝				
			005238	EVS　琴头				
			005243	A 系统　放风筝、绿地涌动				
			005255	C6、C4 指挥、交响乐　共 11″				
			005306	E2　核心区有效　接近正向				
			005319	A 系统　风筝绿地涌动、人浪、变大树				
	我们的家乡		005347	A 系统　焰火树炸开 *******				
	在希望的田野上			人浪变金色				
	人们在明媚的阳光下生活	***	005400	E1　北向南正向　大树结果				
	生活在人们的劳动中变样			A 系统　焰火树细节　横摇				
	老人们举杯那个孩子们欢笑							
	小伙儿弹琴		005427	A2　高空焰火　蜻蜓、蝴蝶				
	姑娘歌唱			风车涌入				

	我们的家乡 在希望的田野上 我们的家乡 在希望的 田野上	***	**005440** **005501**	**E2 北向南正向 空中大树** C8 空中大树 带大碑 A2 空中大树 A 系统 俯视效果 **A2 麦浪焰火** A 系统 俯视、A7 麦浪 C2 小提琴首席（备） A 系统 欢呼观众				
16.	中心联欢《新天新地新时代》 （1）《新天新地新时代》 ［前奏 20″］ 啦……再一次打开窗 天空豁然晴朗 彩色的画板上 更新着每个愿望 更新每个愿望 树用绿叶 鸟用翅膀 写真每天的心情 如影随形 是幸福相伴的时光	20:55:36 11′29″	005524 005531 005536	***B 系统 ***4 个镜头一组，共计 4 组 E1、E2 核心区 南台表演（低高度） A 系统 风车撤离 C4 南台表演 宏观 E1、E2 核心区（低高度） **C7 保持有效**	MIC 手 2	EVS		

序号	内容	时间	时码	表演区域 / 解说词 / 分镜头	音频	视频	在线包装	备注
	新天新地　新时代			***B 系统：第 9 次 4 个镜头连切				
	与你同行是自信和自强							
	新天新地　新时代							
	我们一起拥抱复兴							
	拥抱希望			A8　有效移动				
	啊……			EVS　合唱团“啊……”				
	再一次深呼吸			A 系统　A7　侧面透视				
	空气多么清爽			有效观众				
	出发的大路上		C22 备	EVS　拉丁舞				
	每一刻都不一样							
	每一刻都不一样							
	山不再高　水不再长			互动观众				
	因为梦想在前方							
	分分秒秒　是一路相伴的			E1、E2　核心区（低高度）				
	阳光			A8　有效移动				
	新天新地　新时代			A 系统　中心联欢				
	与你同行是自信和自强			互动观众				
	新天新地　新时代			EVS　合唱团				
	我们一起拥抱复兴							

	拥抱希望 我们一起拥抱复兴 拥抱希望		005827	C7 反打 C19 区块围圆 A 系统 欢呼群众 1 个镜头			
	（2）《美丽中国走起来》 美丽美丽中国 走起来 不要迟疑 别再等待 一起摇摆 美丽美丽中国 走起来 你走起来 你走起来 大河上下 千里高原 万重的山脉 长江黄河 春暖花开 云朵也洁白 山中的鸟儿 大声地歌唱 唱出那快乐 享受着天籁 美丽美丽中国 走起来 不要迟疑 别再等待 一起摇摆		005830 C4南台	E1、E2 核心区（高） EVS 互动观众 ***B 系统：第 10 次 4 个镜头连切 A8 保持有效 EVS 空姐、跳绳、牛			

序号	内容	时间	时码	表演区域 / 解说词 / 分镜头	音频	视频	在线包装	备注
	美丽美丽中国　走起来							
	只要你寻找就能找到精彩							
	美丽美丽中国　走起来			A 系统　中心舞蹈、互动观众				
	不要迟疑　别再等待							
	一起摇摆							
	美丽美丽中国　走起来							
	只要你寻找就能找到							
	你的			C7　反打				
	最爱			E1、E2 核心区（高）				
	（3）《相亲相爱》		005945					
	天下相亲与相爱			A 系统　楼宇形成　俯视固定				
	动身二里外　心自成一脉			EVS　合唱团				
	今夜万家灯火时							
	或许隔窗望　梦中佳境在			A 系统　楼宇形成　俯视固定				
	天下相亲与相爱			C 系统　新婚夫妇　区块				
	动身二里外　心自成一脉							
	今夜万家灯火时			A 系统　楼宇形成				
	或许隔窗望　梦中佳境在……							
	［间奏 3″］	***	010018	E1、E2 核心区　正向（低高度）				

	仰泰山之高　穿时空隧道 身在接天的怀抱 年轻的心跳　同步在骄傲 云中圣贤的微笑 蜿蜒黄河水　相聚东入海 龙出涛尖与浪尾 这心海盛会　九州的祥瑞 意动神飞 东风静静吹 天下相亲与相爱 动身千里外　心自成一脉 今夜万家灯火时 或许隔窗望　梦中佳境在 天下相亲与相爱 动身千里外　心自成一脉 今夜万家灯火时 或许隔窗望　梦中佳境在		C13备 海淀 抛接人 C20备	***B 系统：第 11 次 4 个镜头连切 B11　红楼侧全到广场侧全 **** A8　压缩中心圆移动 C10　朝阳领唱 C20　顺义玩偶 EVS　圆圈舞蹈 互动群众 A 系统　互动观众				
	（4）《男儿当自强》 ［前奏 18″］		010137	E1、E2 核心区（高） A 系统　始终保持战士打拳近景				

序号	内容	时间	时码	表演区域 / 解说词 / 分镜头	音频	视频	在线包装	备注
	傲气面对万重浪		010154	EVS　迷彩武术				
	热血像那红日光							
	胆似铁打骨如精钢		010207	C4、C5、C1　南台武术				
	胸襟百千丈眼光万里长			C16　演唱与南台交替				
	我发奋图强　做好汉			C13　演唱与南台交替				
	做个好汉子　每天要自强			E1、E2 核心区（低高度）				
	热血男儿汉			A 系统　中心小全　抛接				
	比太阳更光			C7　反打				
	做个好汉子			A 系统　中心小全　抛接				
	热血热肠热			互动观众				
	比太阳更光			C 系统　C4　南台人塔				
	（5）《北京我的爱》		010259	E3　红旗备				
	［前奏 10″］		A 有效	EVS：北京夜景 + 联欢群众				
	北京　我的爱		C4 备					
	敞开三千年的胸怀							
	让岁月看到今天的精彩			胡同、四合院				
	不一样的未来							
	北京　我的爱							
	拥抱一个新的时代			［长空镜］				

	让世界把你期待 幸福就是我们的表白 ［小间奏］ 当我在你的城墙上眺望 给心一份不一样的豪迈 自豪的笑容　年轻的风采 告诉世界我们崭新的未来 北京　我的爱 敞开五千年的胸怀 让岁月看到今天的精彩 不一样的未来 北京　我的爱 拥抱一个新的时代 让世界把你期待 幸福就是我们的 表白			C14　丰台手语 C21　全景 EVS　城墙、古观象台 联欢群众、年轻群众［长镜头］ C19　大兴充气小飞机 E1、E2 核心区（低高度） A 系统　中心演唱、互动观众 A7 压缩 A8　压缩移动 EVS　互动群众　表白				
	（6）《我们都是追梦人》 ［前奏 3″］ 男：每个身影　同阳光奔跑		C21 备	EVS　联欢群众 中心舞蹈				

序号	内容	时间	时码	表演区域 / 解说词 / 分镜头	音频	视频	在线包装	备注
	童：我们挥洒汗水　回眸微笑			花式篮球				
	男：一起努力　争做春天的骄傲			A8　华灯前景、南台表演、移动				
	童：懂得了梦想　越追越有味道							
	我们都是追梦人		C22 备	EVS　中心舞蹈				
	千山万水　奔向天地跑道			花式篮球				
	你追我赶　风起云涌春潮			一组舞蹈				
	海阔天空　敞开温暖怀抱							
	我们都是追梦人			E1、E2 核心区有效（低高度）				
	在今天勇敢向未来报到			***B 系统：第 12 次 4 个镜头连切				
	当明天幸福向我们问好							
	最美的风景是拥抱							
	啦……			B11　红楼侧全到广场侧全 ****				
	我们都是追梦人			A 系统　斯坦尼康　前排少数民族				
	千山万水　奔向天地跑道			互动观众				
	你追我赶　风起云涌春潮							
	海阔天空　敞开温暖怀抱							
	我们都是追梦人			C18/C20 顺顺人偶　互动				
	在今天勇敢向未来报到							
	当明天幸福向我们问好			EVS　篮球、跳绳华彩				

	最美的风景是			互动群众				
	拥抱			A8 保持有效				
				A 系统 互动观众				
17.	烟花《新时代圆舞曲》	21:07:05	010653	C4 带焰火交响乐团	MIC 手 2	EVS		
		2′41″	010701	C9 钢琴演奏 2 人				
	EVS 钢琴		010709	E3 焰火近景				
			090713	E9 焰火固定				
			010717	A 系统 标志性焰火				
			010721	E3 焰火近景				
			010725	E8 焰火固定				
			010732	EVS 钢琴手				
			010736	C 系统 标志性焰火				
			010740	A 系统 标志性焰火				
			010744	E9 焰火固定				
			010748	C4 交响乐队焰火				
			010756	E7 焰火固定				
			010801	A 系统 标志性焰火				
			010803	E3 焰火近景				
			010806	EVS 钢琴手				

序号	内容	时间	时码	表演区域 / 解说词 / 分镜头	音频	视频	在线包装	备注
			010814	E1 核心区焰火				
			010821	C9 钢琴演奏 2 人				
			010833	E2 核心区焰火				
			010842	A 系统 标志性焰火				
			010845	E3 焰火近景				
			010850	C 系统 区块焰火				
			010858	E3 焰火近景				
			010902	E7 焰火固定				
			010905	A 系统 标志性焰火				
			010910	E3 焰火近景				
			010916	EVS 钢琴手				
			010920	C9 钢琴演奏 2 人				
			010924	E3 焰火近景				
			010929	A2				
18	主题表演《领航新时代》	21:09:46	010934	E1 核心区 北向南正向［“中国梦”］	MIC 手 2	EVS		
		9′28″		A 系统 中国梦缓推 后拉出				
			011020	E2 核心区 大花变化（低高度）				
			011034	A 系统 大花拓展				
			011053	E1 核心区 大花变化（低高度）				

			011107	A 系统 彩色花变换				
			011126	C4 交响乐宏观处理 12″				
			011140	A 系统 花团起伏、变化				
			011224	E2 核心区 大花图案（低高度）				
			011237	A 系统 花团变化				
			011310	E1 核心区 大花图案（低高度）				
			011330	A 系统 大花涌动、变鸽子				
			011333	EVS 弦乐背透 4″				
		***	011415	E2 核心区正向 7 鸽子图案 旋转				
			011435	C4 交响乐大宏观 10″				
			011445	A 系统 7 鸽子旋转				
			011505	E1 核心区 7 鸽子宏观 10″				
			011513	A 系统 7 鸽子散开 俯视 1 个镜头				
			011520	C7 旋转				
			011526	E1 核心区 大圆形成				
			011532	A 系统 大鸽子形成				
	万水千山不忘来时路	***	011600	E2 核心区 正向 鸽子飞翔				
	鲜血浇灌出花开的国度							
	生死相依只为了那一句承诺			A 系统 鸽子移动				

序号	内容	时间	时码	表演区域 / 解说词 / 分镜头	音频	视频	在线包装	备注
	报答你是我唯一的倾诉							
	树高千尺根深在沃土							
	你是大地给我万般呵护			A 系统　鸽子变“一带一路”				
	生生不息只为了那一份托付							
	无惧风雨迎来新日出			EVS　合唱团备				
	你是我的一切我的全部		011653	A 系统　焰火树　“牡丹”出现				
	向往你的向往			A 系统　笑脸出现				
	幸福你的幸福							
	不忘初心　继续前进			横摇焰火树				
	万水千山最美中国道路			EVS　观众合唱备				
	你是我的一切我的全部			A 系统　变“新时代”				
	向往你的向往							
	幸福你的幸福			EVS　观众合唱备				
	不忘初心　继续前进							
	万水千山最美中国道路	***	011739	E1　核心区　北向南正向“新时代”				
	［小间奏］							
	你是我的一切我的全部		011749	A 系统　手持烟花“新时代”持续 30″				
	向往你的向往			战士演唱				
	幸福你的幸福							

	不忘初心　继续前进 万水千山最美中国道路 你是我的一切我的全部 向往你的向往 幸福你的幸福 不忘初心　继续前进 万水千山最美中国道路 万水千山最美 中国道路	***	011815	E2　核心区　北向南正向　笑脸烟花 A 系统　战士演唱 互动观众 C 系统　交响乐、焰火宏观 C7　国徽 A 系统　互动观众				
19.	中心联欢《同欢同乐同祝愿》 （1）《我和我的祖国》 ［前奏 19″］ 我和我的祖国 一刻也不能分割 无论我走到哪里 都流出一首赞歌 我歌唱每一座高山 我歌唱每一条河	21:19:14 4′00″	011902	A 系统：金水桥区（手风琴　小朋友）	MIC 手 2	EVS		

序号	内容	时间	时码	表演区域 / 解说词 / 分镜头	音频	视频	在线包装	备注
	袅袅炊烟小小村落							
	路上一道辙							
	我最亲爱的祖国			C7 向天安门方向缓推 *******				
	我永远紧依着你的心窝			A8 有效移动				
	你用你那母亲的脉搏和我			E1、E2 核心区（低高度）				
	诉说			EVS 核心区小朋友互动				
	［间奏］6″ 钜管							
	我的祖国和我			C2 旗杆区 6 国旗班战士				
	像海和浪花一朵			A 系统 正面呼应				
	浪是那海的赤子							
	海是那浪的依托			C4 备 南台、无交响				
	每当大海在微笑			C5 备				
	我就是笑的旋涡							
	我分担着海的忧愁			A8 有效移动				
	分享海的欢乐							
	［小间奏］							
	我的祖国和我			C 系统 东 1 老夫妇 4 人				
	像海和浪花一朵			西 1 快递小哥 3 人				
	浪是那海的赤子			东 2 志愿者 1 人				

	海是那浪的依托 每当大海在微笑 我就是笑的旋涡 我分担着海的忧愁 分享海的欢乐 我最亲爱的祖国 你是大海永不干涸 永远给我碧浪清波　心中的歌			西 2　航天科工 4 人 东 3　公检法司 4 人 西 3　冬奥运动员 4 人 东 4　公务员 4 人 西 4　乡村师生 3 人 东 5　国航空乘 4 人 西 5　工人 4 人				
	［间奏 38″］			A8　带手语　移动				
				A 系统　中心区：残疾人艺术团				
			012229	C6　指挥 ****				
	我最亲爱的祖国 你是大海永不干涸		012231	E1　核心区宏观　高空焰火				
	永远给我碧浪清波 心中的歌			EVS　小朋友欢呼				
				C 系统　南台风筝				
	（2）《同欢同乐同祝愿》 ［前奏 20″］	21:23:14 2′36″	012302	E2　越正阳门向核心区接近				

序号	内容	时间	时码	表演区域 / 解说词 / 分镜头	音频	视频	在线包装	备注
	啊……		012316	EVS 安塞腰鼓				
	女：太阳是同心圆		012324	C4 交响乐 合唱台 宏观运动				
	相拥着我们传递爱的温暖							
	男：每个瞬间都是阳光灿烂			EVS 安塞腰鼓（错后使用）				
	中国的表情是张张笑脸			小朋友				
	女：我们是同心圆			A 系统 中心联欢区				
	亿万个梦结成幸福美满							
	男：一起出发一起走到最远							
	初心是回望时的清晰依然							
	合：同欢同乐同祝愿		012358	A2 高空焰火				
	每颗心都是愿望的原点			C10-C14 联欢群众和烟火				
	同欢同乐同祝愿			C1-C8				
	在每个早晨每个晴朗的夜晚							
	[间奏 23″]		012414	E1、E2 核心区宏观 高空焰火				
				A8 保持有效				
			012430	C4 交响乐队 6″ 宏观带焰火移动				
	地球是同心圆			A 系统 中心联欢				
	编织着未来的纵横线							
	新的蓝图等待你我描绘							

	命运共同点亮同一片蓝天 同欢同乐同祝愿 让每颗心都是愿望的原点 同欢同乐同祝愿 在每个早晨每个晴朗的夜晚 同欢同乐同祝愿 让每颗心都是愿望的原点 同欢同乐同祝愿 在每个早晨 每个晴朗的夜晚 同欢同乐同 祝愿			C10-C14 群众区块　带焰火 E1、E2 核心区　带焰火 A 系统　互动联欢 A8　带焰火移动 E1、E2 核心区　带焰火				
20.	《歌唱祖国》 ［前奏 4″］ 五星红旗迎风飘扬 胜利歌声多么响亮 歌唱我们亲爱的祖国 从此走向繁荣富强 歌唱我们亲爱的祖国	21:25:50 1′23″	012538 012542	E1、E2 核心区　带焰火 ***B 系统：2 个镜头连切 C7　拉出				

序号	内容	时间	时码	表演区域 / 解说词 / 分镜头	音频	视频	在线包装	备注
	从此走向繁荣富强							
	越过高山越过平原		012608	A 系统 焰火树“孔雀尾”炸开				
	跨过奔腾的黄河长江							
	宽广美丽的土地							
	是我们亲爱的家乡							
	英雄的人民站起来了		**012625**	**A2 “人民万岁”（三次持续 15″）**				
	我们团结友爱坚强如钢			C8 人民万岁				
	五星红旗迎风飘扬							
	胜利歌声多么响亮							
	歌唱我们亲爱的祖国		012642	***B 系统：1 个镜头 1 个单人				
	从今走向繁荣富强							
	歌唱我们亲爱的祖国			A8 有效移动				
	从今走向繁荣富强							
			012658	**A2 “孔雀开屏”持续 20″**				
			012721	A 系统 标志性建筑符号焰火				
	[2′23″纯焰火]			C 系统 联欢人群与标志性建筑符号焰火				
				E1、E2、E3、E7、E8、E9、E10				
				E11、E12、E13、E14 保持有效				

21.	现场司仪宣布活动结束 群众自行联欢	21:29:36	10″					
22.	精彩回放 片尾字幕	21:32:00	4′		HD MIC 手 2	HL1		

* 表格中的颜色区分表示不同的直播系统

第三节　庆祝中华人民共和国成立 70 周年首都联欢活动“中国之声”现场直播稿

【直播片花】

70 年初心不改，70 年壮丽辉煌，70 年，一个充满生机的中国，一个充满希望的中国，屹立在世界东方。让我们用腾飞的喜悦、奋斗的幸福，为新时代的中国纵情歌唱！

中央广播电视总台现场直播庆祝中华人民共和国成立 70 周年联欢活动。

智鹏：中央广播电视总台！

王艺：中央广播电视总台！

智鹏：各位听众，各位朋友，

王艺：台湾同胞、港澳同胞、海外侨胞、全世界的中华儿女——

合：大家晚上好！

智鹏：我是中国之声主持人智鹏。

王艺：我是中国之声主持人王艺。我们是在天安门城楼上为您做现场直播。再过十几分钟，也就是北京时间 20:00，天安门广场将举行庆祝中华人民共和国成立 70 周年联欢活动。

智鹏：中央广播电视总台所属中国之声、经济之声、音乐之声、经典音乐广播、文艺之声、中华之声、神州之声、中国交通广播、中国乡村之声、环球资讯广播、华语环球广播、南海之声并机直播。全国各地广播电台将同步转播。央广网、央广新闻客户端也将同步网络音频直播。

王艺：雄伟的天安门今天上午见证了中国人民解放军三军的威武雄壮和群众游行的激情飞扬。此刻，这里又成了欢乐的海洋，劲舞、欢歌、花海、人潮，一幅壮美绚丽的图画浑然天成！

智鹏：今晚，习近平等党和国家领导人将和首都6万多群众在这里一同欢聚，共庆新中国70华诞，祝福我们伟大祖国繁荣富强！

王艺：70年筚路蓝缕，70年砥砺奋进，人民共和国创造了举世瞩目的伟大奇迹，天安门广场也见证了新中国70年的发展历程。

智鹏：70年前的今天，就是在这里，毛泽东主席向全世界庄严宣告："中华人民共和国成立了！"中华民族几千年浩瀚史册，开启了人民共和国的壮丽篇章。

王艺：今天，历史已经翻开崭新的一页，中国特色社会主义进入了新时代，近代以来久经磨难的中华民族实现了从站起来、富起来到强起来的伟大飞跃，正在向着中华民族伟大复兴的目标坚定前行。

智鹏：70年前的今天，我们的前辈——播音员齐越和丁一岚就是站在我们此刻站立的位置，直播新中国的开国大典，亲眼见证五星红旗第一次迎风招展，亲耳聆听雄壮的国歌第一次响彻寰宇。

王艺：今晚，我们也站在这里，见证70年后的10月1日，天安门广场的欢歌笑颜，怎样成为光耀历史的华美篇章。

智鹏：今夜的中国，今夜的北京，今夜的天安门广场，没有观众，我们每一个人都将成为举国同庆这部恢宏的欢乐颂中快乐的音符。

王艺：56个民族、14亿中华儿女对祖国母亲的万千情愫，将共同汇聚成万里神州的欢乐交响。

智鹏：今晚的北京披上了节日盛装，彩光把高高低低的建筑装扮得奇幻多姿，华灯把东西长安街照得亮如白昼。天安门城楼上崭新的宫灯映出喜庆的大红，长安街舞出了璀璨的彩练。

王艺：天安门广场的东西两侧，两条200多米长的"红飘带"主题景观雕塑，庄重而灵动，寓意着红色基因连接着历史、现在与未来。

智鹏："红飘带"主题景观内外两侧的立面上，分别展现了祖国的大好河山和56个民族载歌载舞的造型，呈现出一幅美丽祥和的盛世图景。

王艺： 巍巍人民英雄纪念碑，静静地耸立在天安门广场中央。在灯光的辉映下，显得庄严肃穆。

智鹏： 我们今天的幸福生活是无数革命先烈用热血和生命换来的。这盛世欢歌，是对他们最好的纪念。我们永远不会忘记那些为祖国奉献、牺牲的人们。我们也将用热血和忠诚续写祖国更加美好的明天。

王艺： 此刻，五星红旗在夜空中飘扬，从人民英雄纪念碑到国旗旗杆不足百米，但是从觉醒抗争，到迎来胜利，中华民族历经了半个多世纪艰苦卓绝的斗争。在共和国和平发展的未来，我们心底有着一份坚定的信念，永远捍卫五星红旗夺目的鲜艳。

智鹏： 此刻，金水桥汉白玉的栏杆在夜色和灯光的映衬下闪烁着光辉，桥面铺上了红地毯，显得格外喜庆。

王艺： 东西华表与城楼上的大红灯笼遥相辉映，与广场上的数万名首都各界群众一起，期待着即将开始的盛大联欢。

智鹏： 各位听众，您正在收听的是庆祝中华人民共和国成立70 周年联欢活动的现场实况。还有不到 10 分钟，联欢活动就要开始了。

王艺： 今晚的联欢活动由主题表演、中心联欢表演、群众联欢和焰火表演组成，共同演绎这场盛世华章。四大部分你中有我、我中有你，互为关联、互动递进，共同呈现自由、生动、欢愉、活泼的联欢胜景。

智鹏： 联欢活动的主舞台就设在金水桥南到国旗旗杆之间。在这宽阔的长安街上，在这个举世瞩目的超级舞台上，主题表演和中心联欢表演将在同一个区域轮番登场。

王艺： 主题表演分为《红旗颂》《我们走在大路上》《在希望的田野上》《领航新时代》四个部分。3290 名联欢群众将手持科技含量十足的光影屏，共同“绘就”一幅幅流动的光影画卷，展现新中国从站起来、富起来到强起来的伟大飞跃。

智鹏： 中心联欢表演分为《好儿好女好家园》《山笑水笑人欢笑》《新天新地新时代》《同欢同乐同祝愿》四个部分。

王艺： 各民族兄弟姐妹将带来他们最具特色的歌舞，全国各地的特色群众艺术团体和非遗传承人，将带来他们的特色文化和拿手绝活。一会儿他们就要踏歌而来，各显绝技。

智鹏： 在主题表演和中心联欢表演区的南侧，从旗杆到人民英雄纪念碑之间，搭建了一个由十层台阶组成、近百米长的巨大立体区域，构成了今晚联欢活动的南北表演台。

王艺： 北表演台上，来自全国的 16 支交响乐团组成了庞大的千人交响乐队。此刻，乐手们身着盛装，指挥家已经在指挥台上就位，他们正准备为今晚的庆典奏响快乐的乐章。

智鹏： 北表演台上，还有一支由 1400 名大中小学生组成的合唱团，他们将为新中国 70 华诞放声歌唱。这也是历次国庆联欢活动中，首次运用大型交响乐与群众表演互动的方式。

王艺： 今晚联欢中的每一首歌曲、每一段旋律，都是我们耳熟能详的经典作品。这些熟悉的旋律，将唤起我们对新中国 70 年最深情、最温暖的记忆！

智鹏： 此刻，千人交响乐队和千人合唱团已经就位，他们正蓄积着心中的激情，准备引吭高歌。

王艺： 南表演台用红色的“光球”拼组出“1949—2019 国庆”的图案，闪闪发光。2000 多名武术学校的学生和联欢群众在这里集结。今晚，他们将用自己独特的道具“光球”，为主题表演和中心联欢搭建起一个动感十足、气象万千的大背景。

智鹏： 在接下来的联欢活动中，他们将有非常精彩、趣味十足的表现！

王艺： 在主题表演和中心联欢表演区的两侧，沿着宽阔的东西长安街，设有 10 个群众联欢区，那是由首都各界群众和国际友人组成的。

智鹏：十大群众联欢区分别以幸福生活、同心筑梦、时代风采、放飞梦想、鱼水情深、健康中国、砥砺奋进、绿水青山、美丽乡村、拥抱世界为联欢主题。

王艺：一会儿，这些各具特色、风格鲜明的群众联欢区，将以各自独特的方式礼赞新中国、讴歌新时代。

智鹏：身处在这样一片可听、可触、可感的欢乐里，我们每一个人都迸发着同样的幸福与欢乐！

王艺：今晚的天安门广场不但有精彩的演出、热情的联欢，同时还有盛大的焰火晚会。天安门广场绚烂的烟花，伴随着新中国一次次国庆盛典，深深烙印在几代人的脑海。

智鹏：今晚，天安门广场及周边区域的高、中、低空烟花，几大区域相互连接、错落有致，将为今晚的庆典打造一幕幕激昂律动、气势恢宏的全景式烟花画卷，营造出一个动感奇幻的空间。

王艺：绚烂的烟花表演中更有多个世界首创亮相。比如天安门广场北侧，设置了七棵 25 米高的“三维动态烟花树”。七棵烟花树象征着新中国盎然的生机，为广场中心构建了和谐生态、美好家园的立体场景。

智鹏：同时，七棵树的动态烟花装置也将与群众表演的主题紧密呼应，为整个联欢活动营造一场视觉盛景。

王艺：今晚，首都的夜空将被烟花装点成一幅美丽的画卷，五彩的焰火尽情闪耀，向世界展现一个繁荣、和谐、美好的中国。

[播放迎宾曲]

智鹏：此刻，天安门广场响起了热烈的欢呼声。习近平、李克强、栗战书、汪洋、王沪宁、赵乐际、韩正、王岐山等党和国家领导人来到了天安门城楼，和全国亿万人民一起庆祝新中国 70 华诞。

王艺：现场联欢群众一片沸腾，大家挥舞着手中的国旗、鲜花、彩球，向党和国家领导人欢呼致意。

智鹏：今晚，习近平等党和国家领导人将和为新中国革命和建设事业作出突出贡献的老战士、老同志、各族各界群众代表，台湾同胞、港澳同胞、海外侨胞、国际友人，还有各国驻华使节一同参加联欢活动。

王艺：他们把为国建功、无私奉献的自豪带到了天安门广场。他们把长城内外、大江南北、960 万平方公里最真切的喜悦带到了天安门广场。

智鹏：他们把台、港、澳同胞血浓于水的骨肉亲情带到了天安门广场。他们把海外赤子最深情的思念带到了天安门广场。他们把全世界爱好和平、崇尚友谊的朋友们最真挚的祝愿带到了天安门广场。

智鹏：各位听众，您正在收听的是庆祝中华人民共和国成立 70 周年联欢活动的现场。尽管距离开始还有几分钟，但此时此刻的天安门广场早已沉浸在无边的欢乐之中。

智鹏：主题表演区的 3290 名联欢群众已经站定了自己的位置，用光影屏组成了数字“70”。他们已经准备好用震撼人心的组图表演

主持人王艺和智鹏

吸引世人的目光！

王艺：我们起舞，我们放歌，我们欢笑，只为唱响心中那一支深情的歌：我爱你！中国！

智鹏：现在，整个广场安静下来，静静地等待着欢乐喷发的一刻。

王艺：我们静静地等待狂欢的开始。

【电报大楼《东方红》报时】

【宣布联欢活动开始】

［开幕烟花］

智鹏：各位听众，北京市委书记蔡奇宣布联欢活动开始，现场6万多群众用热烈的声浪启动了庆祝中华人民共和国成立70周年联欢活动！

王艺：“我爱你，中国”，伴随着这熟悉动人的旋律，从建国门到复兴门，70根250米高的巨型光柱烟花腾空而起，从东西两侧向天安门广场中心汇聚而来。

智鹏：这个璀璨闪亮的动态过程，象征着新中国70年辉煌壮丽的发展历程。70年，一步步走来，步伐铿锵、坚实有力。

王艺：70根金色光柱就像是为新中国70周年点燃的生日蜡烛，绚烂的光彩，与万家灯火同辉，编织着今晚属于我们每一个人的中国梦。

智鹏：此刻，一组由金色的焰火组成的数字“70”腾空而起，在天幕中熠熠生辉。这是对新中国披荆斩棘奋斗历程深情的回望，也是对灿烂明天的热烈期许。

【《红旗颂》乐曲】

智鹏：漫天的焰火拉开了今晚联欢的序篇——《红旗颂》。千人交响乐队奏响了《红旗颂》，这是送给共和国的生日赞歌。

王艺：3290名联欢群众涌进主题表演区。他们身穿闪闪发光的“星光服”，手持光影屏，光影屏如星星般闪烁变幻，一颗颗星星慢慢汇聚着。

智鹏：此刻，光影屏组成了一面巨大的五星红旗，随着人浪的起伏，这面巨大的五星红旗猎猎飘扬。

王艺：70 年来，这抹鲜艳的红色，在每一个中国人的血液中澎湃激荡。无论身在何方，只要看见这面五星红旗，每一个中国人都会心潮激荡。

[出现红旗]

智鹏：现在，3290 名联欢群众每人都举起了一面红旗，他们尽情地挥舞着红旗。一面面红旗像一群飞翔的火鸟，像满山绽放的山丹丹花，像一个个希望的火种。

王艺：五星红旗，是我们的骄傲和自豪，是引领我们走向未来的火炬，是召唤我们继续前进的号角。

[出现蓝色雪山哨所]

智鹏：光影屏上的图案持续流动，蓝天白云之下，巍峨的雪山高耸入云，一面五星红旗在雪山哨所高高飘扬。

王艺：为了国旗更红，在高寒缺氧的“生命禁区”，年轻的官兵紧握钢枪守护着祖国的边疆。

智鹏：人民军队把忠于党、忠于祖国、忠于人民的承诺镌刻在旗帜上。军魂如山，铁骨巍然。人民军队用忠诚和奉献守护着每一寸国土。

[出现海岛小学]

王艺：光影屏上泛起了蔚蓝色的涟漪。在祖国辽阔的万里海疆，一座座岛礁，像星星一样闪烁。

智鹏：海岛小学里，一场升国旗仪式正在举行。一座海岛、一面国旗，这是独属于孩子们的仪式。

[出现太空]

王艺：光影屏瞬间演化成浩瀚的星空，神奇辽远的太空，一直牵动着我们探索的目光。

智鹏：从嫦娥奔月的神话到万户飞天的尝试，中国人的飞天梦悠远绵长。从1970年，我国成功发射第一颗人造卫星，到今天的神舟飞船、嫦娥探月，中国人把一连串的足迹标记在太空上。

王艺：神舟飞船正向浩渺宇宙的深处飞去，飞船上面的五星红旗，是太空中最鲜艳的色彩。

[出现长城]

智鹏：以飞船的视角从太空俯瞰大地，雄伟的万里长城赫然呈现在眼前。

王艺：褐色的巨石嵌刻着历史的印记，中华民族以不屈的意志重整河山，“把我们的血肉，筑成我们新的长城”。

[出现浮雕]

智鹏：此刻，长城沧桑而坚实的城墙上，出现了一幅幅流动的浮雕。

王艺：这些浮雕出自人民英雄纪念碑，分别刻画了“虎门销烟”“五四运动”“抗日战争”“解放战争”的历史图景。

智鹏：那是中国人一百多年的奋斗历程，是中华民族用鲜血和生命一步步走出来的历史！百余年的磨难，百余年的抗争，百余年的奋斗，换来新中国的诞生！

王艺：那些咬着牙、铆着劲、努力向前冲的人们，仿佛从千古不朽的浮雕中走来，提醒着我们：不忘初心，牢记使命，继续前行。

[出现五星红旗]

智鹏：光影屏上再次升起了巨大的五星红旗。

[传递国旗]

王艺：此刻，光影屏呈现的巨幅五星红旗，正从主题表演区向人民英雄纪念碑托举传递。今夜，14亿中华儿女都是护旗手！

智鹏：一幅长90米、宽60米的国旗飘扬在纪念碑前的网幕上。

[面对国旗，高唱《歌唱祖国》]

王艺：所有表演者集体面向国旗，为祖国母亲唱颂赞歌——

智鹏：此刻，广场上，所有联欢群众转身，面向天安门，放声歌唱——

王艺：此时的天空，红色、黄色的牡丹烟花层叠升高，漫天绽放，成为五星红旗绚烂的背景。

智鹏：队形再次变换，四个金色的大字渐渐显现——“祖国万岁”！

王艺：九万里风鹏正举，在中国共产党的领导下，新中国沧桑巨变，正向着中华民族的伟大复兴坚定前行。

智鹏：表演者们举起了手持烟花，“祖国万岁”四个大字被烟花点亮，闪烁着璀璨的光芒！

[现场齐呼三次“祖国万岁”]

王艺：全体参演者大声喊出了心底最深情的告白：祖国万岁！

【中心联欢表演《好儿好女好家园》】

智鹏：欢呼声中，联欢晚会的第一篇章《我们走在大路上》开始了。伴随着《好儿好女好家园》的欢歌，中心联欢表演区涌进了各路鼓手，一齐敲响各族同胞团结奋进的心声。

王艺：50组立鼓形成了一个巨大的“鼓阵”，将中心联欢的各民族群众环绕其间。

智鹏：他们从草原来到天安门广场，他们从边疆村寨来到天安门广场，他们从黄土高坡来到天安门广场，他们从天涯海角来到天安门广场。

王艺：56个民族的兄弟姐妹，欢聚在祖国母亲温暖的怀抱中，“像石榴籽一样紧紧抱在一起”，亲如一家，齐心奔小康，共圆中国梦。

智鹏：白羊肚手巾红腰带，安塞腰鼓敲起来了。第一排正中央的那位安塞腰鼓老艺人，今年已经60岁了，是中心联欢表演中最年长的，这已经是他第三次参加国庆联欢活动了。此刻，老艺人热烈奔放地尽情敲打，打出了黄土高坡的厚重，打出了黄河奔腾的豪迈！

王艺：几面巨型的大鼓被联欢群众推向广场中心。几百名少年骑着平衡车登场了，他们挥动着彩色气球，组成一个活泼的方阵，在表演区里自由地穿梭，挥洒着青春的活力。

智鹏：在歌声的引导下，穿着各色民族服装的年轻人踩着轻盈的舞步向中心表演区聚集。彩色的裙裾翻飞着，像一团团彩霞！

王艺：场地的四角，主题表演者们用光影屏拼出了传统的窗棂造型，将中心联欢区的欢歌劲舞围绕在正中央。

智鹏：南表演台上，大家用红色“光球”拼出了一个中国结，中国结红艳艳的飘带与广场两侧的巨型红飘带遥相呼应。

王艺：此刻，10 个群众区块和南北表演台上的群众也一起唱起来、跳起来！

[歌曲《赞歌》]

智鹏：悠扬的乐声把我们带向了无边的草原。一群身着蒙古族服装的姑娘飘然而至，筷子舞凝结着蒙古族人民对生活的热爱。听，那动听的刷刷声，透出的是满满的喜悦和幸福！

[歌曲《唱支山歌给党听》]

王艺：一对藏族的姑娘、小伙子此刻跑到了金水桥前，小伙把姑娘托起，姑娘唱出了心中的歌——

[歌曲《北京的金山上》]

智鹏：多么熟悉的歌声，藏族同胞们跳起了热巴鼓舞。

王艺：他们一边舞蹈一边用长鞭敲打着鼓面，欢快的鼓声仿佛在为今天的幸福时刻喝彩。

[歌曲《青春舞曲》]

智鹏：熟悉的手鼓响起来，小伙子打着手鼓，姑娘们甩着铃鼓。欢快的铜环发出悦耳的声音，一下子把我们带到了雄奇壮美的天山脚下。

王艺：维吾尔族姑娘长长的裙摆好似天山下盛开的小花儿。让我们随着歌声跳起来吧！

[歌曲《红太阳照边疆》]

智鹏：一群美丽的朝鲜族姑娘款款而来，轻盈的舞姿如绽放在田野的金达莱花。腰间的长鼓，和着姑娘们蹁跹的舞步。

王艺：帅气的朝鲜族小伙子跳起了传统的象帽舞。象帽舞具有很高的技巧性，舞者需要用颈部的力量让象帽的飘带旋转如风，似光轮飞转，画出一道道美妙的彩环。

[歌曲《只有山歌敬亲人》]

智鹏：此刻，一群壮族小伙儿和姑娘们在广场中心跳起了传统的铜鼓舞。

王艺：铜鼓，已有两千多年的历史，是中华民族文化宝库中的一颗明珠。每逢节日和婚庆的好日子，壮族青年都会跳起铜鼓舞。听，他们还唱起了山歌——

[歌曲《花儿与少年》]

王艺：熟悉的《花儿与少年》响起，回族少年们穿着传统的民族服装排成方阵。打起手鼓，跳起舞。

智鹏：回族的姑娘们身着长裙，好似一朵朵马兰花傲然怒放。

[歌曲《母亲是中华》]

王艺：安塞腰鼓、横山老腰鼓、太平鼓、热巴鼓、长鼓、铜鼓、手鼓一起响起来！

智鹏：你听，鼓点铿锵，喊声震天，威风凛凛，喜气洋洋！各民族同胞正用击鼓庆贺的方式祝福伟大祖国！

王艺：此时，平衡车少年们在联欢的人群中来回穿行。俯瞰广场，中心联欢区，人们好似正在编织一个硕大的“中国结”。

智鹏：中国结，编织的是和谐，串联的是幸福，凝聚的是力量。

【烟花表演《青年友谊圆舞曲》】

智鹏：在全场群众“我爱你中国”的高呼声中，一束束华光冲向天穹，第一篇章的烟花表演《青年友谊圆舞曲》开始了！

王艺：千人交响乐团奏响了这支属于青年的歌、青春的舞曲，这旋律，这情景，曾经成为多少人成长记忆中最美妙、最浪漫的时刻。历次天安门的群众联欢，人们都是踩着《青年友谊圆舞曲》的旋律翩翩起舞，它也是天安门广场欢乐的见证和记忆。

智鹏： 赤橙黄绿青蓝紫，七彩缤纷的花朵在深蓝色的天幕依次绽开，宛若彩虹从银河流下，落地生花。

王艺： 高空焰火、中空焰火、低空焰火相约着一同盛放，把天安门广场环绕成了一个立体烟花空间。阵阵形态各异、色彩艳丽的烟花，伴随着圆舞曲的欢快旋律，犹如年轻人潇洒轻快的舞步。

智鹏：“东风夜放花千树，漫洒霓裳耀星辰。”一朵朵向阳而生的向日葵在天空茁壮生长。绿色的根茎、黄色的花瓣，映照着广场上一张张欢乐的笑脸。

王艺： 道道七彩的焰火瀑布从天而降，铺开一幅幅壮美的画卷。火树银花，姹紫嫣红开遍。此刻，焰火扮靓了夜空，点亮了天安门广场。

智鹏： 现在正在进行的是第一篇章的烟花表演《青年友谊圆舞曲》，这美妙的歌声来自北表演台的千人交响团和千人合唱团。

王艺： 此时此刻，大地、夜空在烟花的连接下交相辉映，共同奏响了一曲绚烂的空中交响。

智鹏： 千姿百态的烟花尽兴地描摹着今晚天安门的不夜天，渲染着首都的不夜城，装点着每个中国人喜悦的不眠夜。

【主题表演《我们走在大路上》】

王艺： 精彩的烟花盛放之后，主题表演区的联欢群众手持光影屏再次登场，翻开今晚第一篇章的主题表演——《我们走在大路上》。

智鹏： 流动的光影屏上，一片绿色的原野中，一条条彩色“天路”正在建设。

[歌曲《我们走在大路上》]

王艺：《我们走在大路上》，半个多世纪以来，这铿锵有力的旋律，激情澎湃的歌声响彻祖国的大江南北。

智鹏： 光影屏上，一条七彩大路不断伸展，终于铺就。一条条盘旋的公路，像一条条彩带在原野上蜿蜒。“逢山开路，遇水架桥。”从青藏高原到大漠深处，共和国的建设大军正奔向祖国需要的每一个地方。

王艺：70 年，从一穷二白起步，中国人民一路走来，靠着自力更生、艰苦奋斗，创造了举世瞩目的中国奇迹。

王艺：听，这是建设者们铿锵的号子，喊出了开路者的无畏、建设者的勇敢、守护者的执着。他们都是共和国的奋斗者！

智鹏：看，“大路”两旁已经绿树成荫。看，高原上蜿蜒的天路不断延伸，高耸入云！

王艺：百年梦想，曾经那么遥远；伟大复兴，今朝触手可及。奋斗者逐梦的脚步从未停歇，勇往直前的拼搏精神源远流长。

王艺：披荆斩棘，敢为人先，中国人民用一股子闯劲儿开启发展新征程。

智鹏：持之以恒，久久为功，中国人民用一股子韧劲儿开辟发展新局面。

王艺：时速 350 公里的“复兴号”、首台千万亿次超算“天河一号”，这是让世界惊艳的中国速度！

智鹏：从“蛟龙”探海到“解锁”深层页岩气田，几代人前赴后继，开启了全新的中国深度！

王艺：载人航天、探月工程……仰望星空，崛起的中华民族创造着崭新的中国高度！

智鹏：碧波之上，港珠澳大桥飞架三地，气贯长虹，成就了创造奇迹的中国跨度！

王艺：新中国 70 年走过的光辉历程，是一部感天动地的奋斗史诗！

智鹏：今天的中国，已经站在新的历史起点上。“浩渺行无极，扬帆但信风”，凝聚几代人夙愿的“中国梦”奏响了我们伟大时代的最强音。

智鹏：流动的光影里，大路一直在不断延伸，延伸到辽阔的大海上。白云朵朵、海鸥翩翩，一座壮观的跨海大桥横空飞跨在海面上。中国路、中国桥、中国车、中国港……一个个圆梦工程铺展宏图。

王艺：70 年来，中国人民走出了一条独一无二的发展建设之路。现在的中国，正乘着中国特色社会主义新时代的东风，昂首阔步，朝着建设社会主义现代化强国的宏伟目标大步前进！

智鹏：此时，一捧“大花篮”造型的烟花在空中显现，这是献给新中国建设者的鲜花，这是向各行各业的建设者致敬！向共和国的奋斗者致敬！

王艺：朵朵幸福的花儿放飞出奋斗者的豪迈，片片花瓣洋溢着蓬勃的生机，将中国人民建设伟大祖国的豪情壮志尽情表达。

王艺：一条宽阔的金光大道延伸向远方，大道两旁，高楼大厦正拔地而起，向上生长。

智鹏：沿着这条金光大道，新中国正阔步走向强盛，中华民族正昂首走向复兴。

【中心联欢表演《山笑水笑人欢笑》】

智鹏：各位听众，这里是庆祝中华人民共和国成立 70 周年联欢活动的现场。

王艺：伴着欢快的歌声，广场上的联欢群众载歌载舞，掀起一阵又一阵欢乐的潮水。联欢晚会进入第二篇章《在希望的田野上》，伴着《山笑水笑人欢笑》的歌声，中心联欢的表演开始了。

智鹏：现在，九条蜿蜒腾跃的巨龙占据了中心联欢区，它们时而腾跃，时而盘旋，时而飞天，时而探海，把广场上的热情搅动得愈来愈高涨。

王艺：金、银、赤、橙、黄、绿、青、蓝、紫，这象征着四海、五方的九条巨龙，体态华美，气势非凡，龙头饱满圆润，龙身晶莹剔透，舞得刚劲有力，热情奔放。它们来自重庆铜梁，从 1984 年国庆 35 周年起，重庆铜梁龙舞已经是第四次参加国庆盛典了。

[歌曲《我的祖国》]

智鹏： 经典歌曲刻着时光的烙印，无论何时，歌声响起，和着熟悉的旋律，都会立刻打开我们记忆的大门。

王艺：《我的祖国》是我们的生命之源，是我们生长的地方！听着这传唱了半个多世纪的歌声，怎能不让人心潮澎湃！

智鹏： 2022 年北京冬奥会吉祥物“冰墩墩”、冬残奥会吉祥物“雪容融”出现在了中心联欢区。它们的出场形式非常特别，是“坐”在联欢群众的肩膀上进场的。这种方式其实是融合了两种流传于华北的民间艺术——背搁和背棍。

王艺：“冰墩墩”和“雪容融”这对儿生动可爱的“小精灵”向世界发出邀请：北京欢迎你！

[歌曲《花儿朵朵向太阳》]

智鹏： 伴着这首《花儿朵朵向太阳》，在金水桥的南侧，身着节日盛装的各民族的小朋友们正在欢歌起舞。在祖国美丽的花园里，在祖国母亲温暖的怀抱中，56 个民族携手一家，尽享和谐安康。

王艺： 此刻南北表演台出现了一幅动人的场景，有人在踢毽子，有人在扔沙包，有人在跳皮筋，还有人玩起了老鹰捉小鸡的游戏，仿佛穿越了时光，带我们回到了无忧无虑的童年。

智鹏： 各地的特色表演、非物质文化遗产项目是今天群众联欢的重要承载形式，各个群众联欢区也轮番上演着神奇的绝活儿。竹竿舞、抖空竹、中幡……五千年灿烂文化历久弥新。

王艺： 传统鲤鱼灯欢畅地游动穿梭，这会儿成了场上的主角。“鲤鱼”活泼灵动，舞姿轻盈。小朋友们在和鲤鱼灯玩耍嬉戏。

[歌曲《中国，中国，鲜红的太阳永不落》]

智鹏： 现在，中心联欢区组成了红旗的矩阵。每个小伙子手里一面大旗，舞得虎虎生风。红旗飒飒翻转，如大河奔腾，山峦起伏。这首《中国，中国，鲜红的太阳永不落》气势磅礴，振奋人心。

[歌曲《红旗飘飘》]

王艺： 红旗飘飘，永远不落，广场上已是红旗的海洋。那鲜艳、纯粹的中国红，如跳动的火焰，把广场映照得无比温暖，把我们的好日子映照得无比红火。

智鹏： 1949 年 10 月 1 日，新中国第一次升起五星红旗。从 4 亿人的希望到 14 亿人的骄傲，无论何时，无论何地，鲜艳的红旗，五角星的光芒，都是引领我们奋进的力量。

智鹏： 这首广为传唱的《大中国》，唱出了祖国山河的多姿多彩，唱出了中国人的自信与豪迈。

[歌曲《大中国》]

王艺： 现在各路狮子表演再次登场了。广东的南狮子劲巧灵动，河北沧州的北狮子英姿飒爽，江西赣州彩色的瑞狮则舞姿细腻，它们翻江倒海，同搅动天地的巨龙一起舞动。

智鹏： 此刻，全场联欢群众一起和着中心联欢区的歌声高唱起来！

[歌曲《阳光路上》]

王艺： 走在阳光路上，无限风光，前进的脚步日夜兼程，不可阻挡，这是 14 亿中华儿女对祖国的万千情怀，和肩负民族伟大复兴神圣使命的信念和誓言。

智鹏： 广场中央，九条巨龙组成了一艘巨大的龙舟，舞动的红旗是船桨，欢乐的人群是波浪，中国这艘巨轮扬帆起航。

王艺： 70 年的峥嵘岁月，70 年的沧桑巨变，共和国的航船正在破浪前进，以更加开放的姿态走向世界，在国际舞台上展示东方巨龙的雄姿英发！

[歌曲《同心共筑中国梦》]

智鹏： 我们的祖国，走过了万水千山，走过了千难万险，新的征程，天南海北心心相印。一曲《同心共筑中国梦》，唱出了所有中国人的梦想。

王艺：旗阵、花海、笑脸，歌舞龙腾，人潮如海……联欢群众热烈喜庆的气氛正从天安门广场传遍祖国的四面八方。

智鹏：一首首耳熟能详的旋律带我们翻阅着时光的相册，触摸着岁月年轮。初心不变，未来可期。

【烟花表演《北京喜讯到边寨》】

王艺：这首明快流畅的《北京喜讯到边寨》又把我们带到了绚丽似锦的焰火环节。

智鹏：今晚天安门广场的夜空成了深色底板的画卷，斑斓的色彩在空中尽情挥洒。

王艺：金色光柱接力腾空，似一串串跃动的火焰，和着轻快的旋律，流光溢彩。它们四散开来，又化作点点碎金，铺满了天安门广场的夜空。

智鹏：“凭空出五彩，夜色灿犹喧。”一束束华光冲上天穹，开出了鲜艳的花朵。

王艺：低空烟花欢腾舞动，高空烟花绚烂绽放，它们融为一体，把天安门广场变成了百花盛开的原野。

智鹏：“穿花蛱蝶深深见，点水蜻蜓款款飞。”轻快的蝴蝶、蜻蜓烟花挂上了天空，蝴蝶在花丛深处飞舞，蜻蜓在叶尖上盘旋。小蜜蜂落在香甜的花蕊上。我们的祖国，就是一座鲜花盛开的花园。

王艺：夜空中的精灵们，飞过了青山、树林，飞过了田野、小溪，像一个个美丽快乐的小天使，播撒着幸福美好的种子。

【主题表演《在希望的田野上》】

智鹏：这里正在直播的是庆祝中华人民共和国成立70周年联欢活动。现在主题表演区的光影屏在广场中央“集合”，联欢晚会进入了主题表演的第二篇章《在希望的田野上》。

王艺：光影屏幻化出一连串充满诗意的图景：轻风吹拂大地，云朵化作春雨，点点滴滴洒落沃野。

智鹏：雨露滋润，希望的种子破土而出，生出翠绿的嫩芽，嫩芽缓慢而顽强地向上生长。

王艺：70 年前的今天，新中国向世界宣告，中国人民从此站起来了！从那一天起，中国共产党就带领全国人民为富起来、强起来不懈探索、努力奋斗。

智鹏：“富起来”的改革先从农村开始。改革开放以来，我国粮食年产量翻了一番，超过了 6 亿吨，希望的田野生长着中国人的百年梦想。

王艺：今天的中国，大道至远，衢通八方，开放之门越来越大……

智鹏：“春种一粒粟，秋收万颗子”。在希望的田野上，丰收的喜悦正在荡漾。

[歌曲《在希望的田野上》]

王艺：小苗长成了希望之树，树干越长越高，枝丫越来越密，生机勃勃，茁壮而繁茂。

智鹏：千人合唱团深情歌唱着希望的田野，音乐缓缓流淌，正如点点雨滴渗入泥土，滋润着树苗不断茁壮生长。

王艺：3290 块光影屏组成眼前这幅舒缓轻柔、流动自如的画面，联欢群众手持的光影屏，每块不到三公斤，上面布满了光粒子，通过无线激发，组合成一幅幅流动的光影画卷。

智鹏：经历了冬春秋夏，经历了风吹雨打，大树遮住了烈日，撑开了一把绿伞。此刻，烟花树上呈现出充满童心童趣的幸福家园动态图，孩子们快乐地嬉戏玩耍。

王艺：主题表演区光影屏组成的大树下，一个身穿红裙子的小姑娘手里牵着蝴蝶风筝在奔跑。“草长莺飞二月天，拂堤杨柳醉春烟。儿童散学归来早，忙趁东风放纸鸢。”孩子的笑容是幸福生活最美的写照，透着天真烂漫、自由自在、无拘无束的欢乐。

智鹏：广场南侧的七棵三维动态烟花树上，出现了一幅幅充满了童真童趣的儿童简笔画，描绘了童话般的美好家园：七色彩虹的映衬下，熊猫惬意地啃着竹子，金鱼自由自在地游动，朵朵葵花旋转盛开，蜻蜓飞舞，鸟儿展翅，孩子们放风筝、快乐游戏。

王艺： 在希望的田野上，扑鼻而来的是泥土的芳香。在希望的田野上，我们用双手创造着美丽的家园。

智鹏： 生根、发芽、成长，小树长成绿意盎然的大树，结出了累累硕果。一群小朋友奔跑着、簇拥着跑到树下玩耍，红彤彤的果实挂满枝头。这个充满生机、动态十足的生长过程，象征着新中国走过的光辉历程。

王艺： 七棵烟花树同时燃放，夜空中也长出了一棵“常青大树”！天上地下，绿意盎然，交相辉映。

智鹏： 此刻，南表演台变成了金色梯田，一千多名表演者站在梯田上，用手中的光球拼接出层层麦浪，一望无际的麦田里，染尽金黄。

王艺： 这时“麦浪滚滚”的造型烟花，以夜空为底版，挥毫泼墨，描绘出了丰收在望的喜人景象。

【中心联欢表演《新天新地新时代》】

智鹏： 这里正在直播的是庆祝中华人民共和国成立 70 周年联欢活动。现在，中心联欢区扬起了无数个彩色的风车，旋转的光轮像无数个多彩的梦想。联欢活动的第三篇章《领航新时代》在《新天新地新时代》的歌声中拉开帷幕。

王艺： 中心联欢区内跃动着数千名欢乐的身影，朝气蓬勃，昂扬向上，他们把欢乐传递给了东西两侧的数万名联欢群众，传递给了现场观礼的每一个人。

智鹏： 广场中央欢乐的人群中，无数个绿色的圆轮滚过来，那是“光影车”！车手们身着红色发光服，就像坐在巨大的轮胎里操控“光影车”向前转动，红绿色彩的对比，让“光影车”的流转更加夺目。

[歌曲《新天新地新时代》]

王艺： 穿着亮银色制服的年轻姑娘舞动着彩球，联欢群众跳着自由奔放的舞步。广场上，强烈的色彩对比，配合光影效果，让新时代新气息扑面而来！

智鹏：“科技让生活更美好”！广场上也出现了机器人的身影。新概念层出不穷，新事物不断涌现，现代生活的日新月异大大提升了我们的幸福指数。从出行方式到支付手段，我们正在享受着更时尚、更便捷的每一天。

[歌曲《美丽中国走起来》]

王艺：这首《美丽中国走起来》呈现了“美丽中国”的图景，勤劳的人们，壮丽的山川河流，共同绘成一幅现代中国、生态中国的和谐景象。

[歌曲《相亲相爱》]

王艺：“蜿蜒黄河水，相聚东入海”，一曲《相亲相爱》，道出了我们对幸福生活的憧憬——今夜万家灯火，天下相亲相爱。

智鹏：平衡车少年顶着绿色的头灯在广场上穿梭，平衡车上流动的光影柱像一根根银色的彩带流畅地舞动，与飞转的“光影车”共同拼出了具有现代时尚气息的青春乐章。

[歌曲《男儿当自强》]

王艺：豪迈激昂的《男儿当自强》，字字见筋骨，句句显精神。丰台联欢区近300名军人整齐列队，伴着《男儿当自强》的歌声，打出一套刚劲有力的组合拳，打出了中国军人的气魄和勇猛。

[歌曲《北京我的爱》]

智鹏：在轻轻地吟唱中，中国敞开了五千年的胸怀，让岁月看到今天的精彩，让我们期待着明天的模样！

王艺：悠扬的旋律让欢快热闹的广场一下子安静了下来，人们三五成群站在一起，轻轻地挥舞着手里的荧光棒，深情地歌唱，诉说着今夜北京的幸福欢聚。

[歌曲《我们都是追梦人》]

智鹏：我们向着阳光奔跑，我们向着明天出发，乘风破浪，追逐梦想。我们向祖国表白，我们都是追梦人！

王艺：此刻的天安门广场已是歌的世界、舞的海洋。激扬的歌，深情的歌，奔放的舞，轻灵的舞。南表演台的表演者们佩戴着荧光大手套，击掌欢腾。

智鹏：梦想有多大，世界就有多大！梦想的实现需要我们每一步的脚踏实地，前路纵有高山荆棘，我们微笑面对，努力追寻。中国梦已经起航，让我们用奋斗拥抱未来和希望。

【烟花表演《新时代圆舞曲》】

王艺：踏着明快的节奏跳起来吧！跳起今晚属于每个中国人的圆舞曲。新时代的歌声里，一簇簇焰火腾空而起！

智鹏：现在，一架钢琴出现在千人交响乐团中，两个十五六岁的中学生四手联弹，奏响了《新时代圆舞曲》。

王艺：蓝色、紫色、红色、金色，色彩缤纷的烟花像流泻的瀑布，像光艳夺目的烟霞。

智鹏：瞬息万变的烟花直冲夜空，渐渐舒展开来，在空中开出了无数花朵，繁花似锦，生机盎然。

王艺：土星环形状的烟花出现了。夜空中，焰火喷出土星环的造型，环环相套，看上去像一张硕大无比的唱片上，发散着一圈又一圈的螺旋纹路。焰火土星环又亮又薄，似乎透过土星环，能看得到光环周围闪烁的星星。

智鹏：现在，光影中透出五彩缤纷的花朵，洋溢着芬芳，飘向神州大地、四面八方。此刻，中心联欢区已经成了光的世界、花的海洋，广场四周的建筑物也被灯光和焰火染上了绚烂的色彩。

王艺：生命的绿色绽开了，就像幼苗破土而出；鲜红的礼花绽放，就像即将跳出海面喷薄的朝阳。相信这欢乐的一曲将深深地定格在我们的记忆中，让我们融入这欢乐的乐章里。

烟花表演《新时代圆舞曲》

【主题表演《领航新时代》】

智鹏：此刻，在广场中央，姹紫嫣红的花朵绽放出“中国梦”的美好愿景，光影屏上出现了三个金色的大字“中国梦”，将主题表演带入第三篇章《领航新时代》。

王艺：中国梦是每个中国人自己的梦，聚沙成塔，每个人的小梦想汇聚在一起，就能共同撑起中华民族伟大复兴的中国梦。

智鹏：主题表演区的光影屏上开出了一朵硕大的牡丹。雨露滋润，阳光照耀，花儿吐出嫩芽，渐渐生长，花瓣次第张开，色彩越来越艳丽，层次越来越分明。花中之王高悬夜空之中，寄寓着我们对新中国70华诞最美好的祝愿。

王艺：从空中俯瞰，这朵牡丹的每一片花瓣都看得分明，“四色变而成百色，百般颜色百般香。”三维立体的牡丹花，花瓣重重叠叠，花色数不胜数，好似微风吹来，身姿摇曳，溢出了沁人心脾的花香。

智鹏：这朵牡丹花国色天香，娇艳欲滴，绚丽多彩，绽放笑颜，枝丫不断向外延伸，积蓄着力量。

王艺：花朵的循环绽放由联欢群众手举光影屏，用进与退的每一步形成运动曲线，让花儿动起来。计算机演示运动曲线，表演手册细化每个动作，联欢群众经过无数次排练，组成了这朵流淌着生命旋律的花朵。

智鹏：花朵生长的力量喷薄而出，从绽放到怒放，最后旋转幻化成万花筒，缤纷绚烂，光彩夺目。

王艺：花开时节，繁花怒放，令人心驰神往。

智鹏：万千种花朵，各有姿态。雍容华贵是牡丹的美，含羞待放是海棠的美，清新雅致是兰花的美，漫天红霞是山丹丹的美，炽热浪漫是玫瑰的美……

王艺：“各美其美，美人之美；美美与共，天下大同。”这是哲人隽语，更是时代风尚。“共生共存，和而不同；和实生物，同则不继。”这是中华文化的精粹。

智鹏：今天，在风云变幻的国际舞台上，中国已经成为一个负责任的大国。70 年风雨磨砺，面对各种危机与挑战，中国自强、自信、自豪地屹立于世界东方。

王艺：花蕊绽放出中国梦的美好愿景，花瓣洋溢出新时代蓬勃的生机。现在，缤纷的花瓣翩然起舞，化作七羽自由翱翔的白鸽。

智鹏：白鸽在天安门广场飞翔，这是对新中国生日的美好祝愿，这是开放的中国与世界的拥抱，这是中华儿女祈愿世界和平的信念。

王艺：进入新时代的中国，愿做世界和平的建设者、全球发展的贡献者、国际秩序的维护者。

智鹏：相通则共进。中国向世界敞开怀抱，构建人类命运共同体，这是我们共同的期许和担当。踏上扩大开放的新征程，这是中国的自主选择，更是世界的机遇。

王艺：现在，大兴区的联欢群众组成了大兴机场航站楼的造型。

十年前，在新中国成立60周年联欢晚会上，大兴区展示的是著名的大兴西瓜，今年9月25日，北京大兴国际机场正式通航，新机场成了大兴的新名片。现在，联欢群众手持发光的飞机模型穿梭飞舞，展现了中国敞开心怀、拥抱世界的姿态。

智鹏：此刻，一羽白鸽自由飞翔，幻化出经纬线交错的地球，把和平共赢的理念传遍了世界。让和平白鸽带去温馨与安宁，让美好的橄榄枝伸展到辽阔的远方，编织出人类和谐美好的愿景。

王艺：和平的使者飞过高山大河，飞过雪山草原，中国人“和”的思想和理念播撒世界，我们热爱和平，崇尚和谐，同一片蓝天下，我们与爱好和平的人们同舟共济。

［歌曲《不忘初心》］

智鹏：此刻，光影屏拼出了“‘一带一路’国际合作高峰论坛”的会徽，金色和蓝色的丝带汇聚成地球，体现包容、团结、合作的寓意。

王艺：从古老长安的灞陵伤别，到西出阳关的旅途日暮，从长河落日的边陲大漠，到绵延万里的丝绸之路，新时代让千年古道有了崭新的含义，“一带一路”倡议在五大洲落地生根、开枝散叶。

此刻，3290块光影屏化作一张巨大的笑脸，这是每一个中国人最生动的幸福表情。

智鹏：广场中央，联欢群众手举光影屏组成了金光闪闪的三个大字“新时代”，与“中国梦”相映生辉，表达了中华儿女对实现中华民族伟大复兴光明前景的无限憧憬，对实现国家富强、民族振兴、人民幸福共同理想追求的坚定信念。

王艺：广场南侧，七棵三维动态烟花树再次亮相，开出了象征富足兴旺、吉祥如意的牡丹花。朵朵国画风格的牡丹，花瓣、绿叶伸展变幻，多彩颜色交替更迭；牡丹花丛中蝴蝶、蜜蜂翩翩飞舞，如梦似幻。

智鹏：天空中，一簇簇烟花变成一张张笑脸，地面上，在手持烟花的映衬下，“新时代”字样更加光彩夺目，勾勒出了一幅欢乐祥和的光影长卷。

王艺：火树银花不夜天，天安门广场璀璨夺目，中心联欢区的群众不断向广场中央会聚，用发自内心的歌声汇聚成一曲《不忘初心》的心灵交响。

【中心联欢表演《同欢同乐同祝愿》】

［歌曲《我和我的祖国》］

王艺：一群戴着红领巾的孩子手牵手从金水桥走过来，拉着手风琴，进入欢乐的天安门广场。

智鹏：歌声清脆悠扬，孩子们唱出心中对祖国的真挚热爱，既是对祖国的祝福，也宣示了将来报效祖国的决心。

王艺：六位国旗护卫队官兵身着陆海空军装在国旗下唱起《我和我的祖国》。每天清晨，他们托举着五星红旗和太阳一起升起，两分零七秒，是国旗升起的时间，无论盛夏酷暑，还是寒风凛冽，他们昂首阔步，只为那庄严神圣的时刻。

智鹏：身着各民族鲜艳服饰的联欢群众从四面八方快闪出现，共同唱响《我和我的祖国》。动人的旋律响彻广场，诉说着我们心中对祖国母亲的满腔热爱。

王艺：两对新人和一对金婚夫妇唱起《我和我的祖国》，每个家庭都是幸福中国的一分子。

智鹏：快递小哥唱起《我和我的祖国》，每天，他们把人们的生活所需送到千家万户。

王艺：科技工作者唱起《我和我的祖国》，上天入地下海，科技强国的梦想离不开每一位科技工作者默默的付出；公检法守护着社会的公平正义，产业工人筑牢发展根基……各行各业的奋斗者用实力创造着中国美好的明天。

智鹏：南表演台的演员手持风筝穿梭起舞在茵茵绿草之上，歌声向十大群众联欢区传递，数万名群众同歌共舞，歌声从广场荡漾到东西长安街，欢乐的人群情不自禁同唱献给祖国的赞歌。

王艺：此刻，40 名身穿白色长裙的聋哑人站在广场中央的人群中，用手语诠释着《我和我的祖国》。用手语为新中国庆贺生日，这在共和国庆典主题表演中尚属首次。

智鹏：今天，我们在首都北京，在天安门广场向祖国母亲真情告白。

王艺：今天，我们心手相连，表达心底最炽热的祝愿。

智鹏：今天，我们欢歌，为祖国的日新月异而骄傲、自豪。

［歌曲《同欢同乐同祝愿》］

智鹏：同欢同乐同祝愿！今夜，我们欢聚在北京，欢聚在天安门广场，表达对祖国深情的祝福，对新时代由衷的礼赞。

王艺：此时，南表演台的演员们手持“光球”再次组成了“1949—2019”和“国庆”画面。联欢群众融入中心联欢区，全场欢腾。

智鹏：广场上欢声雷动，喜悦的声浪不断蔓延，斑斓怒放的七彩焰火，灿若云霞，如诗如画。

【烟花表演《歌唱祖国》】

王艺：今晚，千万个旋律汇成一个表达——歌唱祖国；今晚，千山万水回荡着一个声音——人民万岁；今晚，千言万语汇成一个交响——我爱你，中国！

智鹏：全场 6 万联欢群众笑着、跳着，高唱《歌唱祖国》，这是我们心中澎湃的歌，这是 14 亿中国人心中的交响。

王艺：在《歌唱祖国》的歌声里，焰火以礼赞祖国的“欣欣向荣”特效烟花开头，七棵三维动态烟花树再次登场，从右向左，一个个焰火花环依次旋转出“科技腾飞”“生态文明”等主题，继而舒展成 200 多米长、25 米高的五彩孔雀开屏。

智鹏：广场上空打出了“人民万岁”四个金灿灿的大字。“人民万岁”！这是人民共和国赋予每一个公民的荣耀，这是新中国赋予国民的最高礼遇，这是祖国母亲赋予自己儿女最亲切的致意。

王艺：烟花孔雀长卷变幻成“孔雀开屏”造型，寓意祖国繁荣昌盛。

智鹏：走过了70年光辉岁月，我们的人民共和国正以青春的活力、奋斗的豪情创造着更加灿烂的明天。

【宣布联欢活动结束】

王艺：从东海之滨到雪域高原，从北国边陲到南疆村寨，70年的开拓进取，中国人民创造了波澜壮阔、惊天动地的历史。

智鹏：让我们紧密团结在以习近平同志为核心的党中央周围，高举中国特色社会主义伟大旗帜，为实现“两个一百年”奋斗目标，实现中华民族伟大复兴的“中国梦”努力奋斗。

王艺：中央广播电视总台！

智鹏：中央广播电视总台！

王艺：各位听众，各位朋友，台湾同胞、港澳同胞、海外侨胞、全世界的中华儿女——

智鹏：让我们再次祝愿我们伟大的祖国前程似锦、人民幸福安康！

王艺：庆祝中华人民共和国成立70周年联欢活动就为您直播到这里。祝您节日快乐，阖家幸福！感谢您的收听，再见！

第六章　让中华儿女爱国激情一齐迸发

第一节　高难度直播引爆全民大联欢

2019年10月1日晚，庆祝中华人民共和国成立70周年联欢活动在天安门广场顺利举行。中心联欢表演、群众大联欢、烟花表演，荟萃成一场气势恢宏的艺术盛宴。

从天安门广场的艺术盛宴到全民共享的视听盛宴，中央广播电视总台采用先进技术手段、创新镜头语言，让“自由、生动、欢愉、活泼”成为当晚中国表情最生动的注解。广大观众纷纷点赞，认为这是“一场无可挑剔的电视呈现”。总台的直播不仅生动展现了中华民族从站起来、富起来到强起来的伟大飞跃，而且让全世界都看到一个幸福绽放的今日中国。

一、直播理念突出群众性和联欢性

这次国庆联欢活动共分为三个篇章，每个篇章由主题表演、中心联欢表演与烟花表演组成。

主题表演分为《红旗颂》《我们走在大路上》《在希望的田野上》

《领航新时代》四个部分。中心联欢表演由《好儿好女好家园》《山笑水笑人欢笑》《新天新地新时代》《同欢同乐同祝愿》四个部分组成。各族各界群众以民族民间艺术和丰富多彩的群众文化展示等方式尽展风采、尽情联欢。

沿东西长安街，极富时代特色的10个群众联欢区包括幸福生活、同心筑梦、时代风采、放飞梦想、鱼水情深、健康中国、砥砺奋进、绿水青山、美丽乡村、拥抱世界，联欢群众以发自内心的欢歌热舞礼赞新中国、讴歌新时代。同时，在广场南北表演台上，全国各大乐团联合组成千人交响乐团与北京各艺术院团、高校、小学组成的千人合唱团奏乐高歌。

二、高科技直播描绘大国风貌

无论是载歌载舞的全民联欢，抑或激情澎湃的千人交响，还是以“70双勾”烟火、三维烟花树等为代表的烟花特效，都让人叹为观止。然而，这场精彩绝伦的大联欢却给电视工作者带来罕见的挑战。技术与艺术的融会贯通便是本次联欢活动直播的主要特色。

金水桥窝8K高画质记录精彩时刻

通过直播，观众捕捉到了烟火绽放瞬间的极致绚烂，也迎面撞见了联欢群众写满热情、自豪的笑脸；通过直播，《我的祖国》《花儿朵朵向太阳》《红旗飘飘》

《阳光路上》等几代人耳熟能详的经典歌声传递到 14 亿中华儿女的心中。大国腾飞、人民幸福，联欢活动的直播，是先进科学技术与电视艺术创作相融合的开先河之作。

联欢活动首次采用 4K 全系统直播，同时 8K 超高清视频技术也在开展，这让超高清、超视野画面视觉体验成为现实，让观众近距离感受现代通信及视频技术结合之下的速度与精彩，以“转播流程规范性，镜头语言创新性，故事讲述人民性”为工作宗旨，精心设计电视画面，讲好中国故事。

数字仿真技术也是首次运用，91 个位置的数字建模和广场地区厘米级高精度的物理建模，保障了拍摄效果更加精准、真实。数字仿真技术的运用，是先进科学技术与电视艺术创作相融合的开先河之作，为新时代、新的艺术表达提供了新理念、新方式、新手段。

无人机的使用也功不可没！联欢活动首次在天安门广场启用了无人机进行全方位拍摄，力图把更好的角度、全方位的视角带给观众……

此次直播共设置了 5 个系统、70 个机位、800 多个分镜头，各系统紧密配合，反复沟通，在直播中展现出了丰富经验与默契合作。

联欢活动直播使用的 19 米摇臂

三、创新性视角记录幸福感

“全世界还没有这样的表演，全部在流动中完成”，这是总导演张艺谋对联欢活动的感慨。在主题表演区，3290 名联欢群众手持光影屏，不断组合出多彩的立体图案。光影变幻中，一面巨幅五星红旗冉冉升起，飘扬在雪山之巅、碧波岛礁、浩瀚星空，映照着雄伟的万里长城、人民英雄纪念碑浮雕……这些让人叹为观止的字样和图案全部是流动完成的，整个图形都是动态走位，没有一秒是重复的。

如此罕见的表演方式也为直播带来了更大的挑战和更高的要求。直播团队充分利用数字仿真编程与建模技术，紧密配合联欢活动直播导演组进行物理摄像机镜头的数学建模、12 种摄像机类型、91 个位置的数字建模和广场地区厘米级高精度的物理建模。同时配合各系统导演及摄影师明确其摄影系统物理极限，提升实际拍摄效率，解决拍摄要素不全等问题。发挥仿真平台的虚实交互、全方位、全流程可视化等优势，将所有直播要素融合在一个平台上，使机位设置更加准确、拍摄排练效果更加真实、方案调整更加快速，使直播筹备工作更精准、更科学、更有效。

直播团队还大胆采用蒙太奇的电影叙事方式，兼顾宏观呈现与细腻刻画，通过一张张可伸手触摸到的幸福笑脸和一个个可感同身受的中国故事，描绘出了 14 亿中国人的家国情怀、国家形象和伟大梦想。

为了多角度展现灿烂的烟火表演、全方位展现人民的幸福感，直播团队还特别通过 14 个景观机位覆盖北京东、西、南、北四个方位，核心区景观机位与远端景观机位合力出击，并运用 2 架直升机、1 台系留空中摄影机。正是有了如此多机位的保驾护航，才能让烟花表演流光溢彩、祖国天地交相辉映。

除此之外，联欢活动当晚，网友们还发起猜想，寻找只闻其声未谋其面的两位解说员。最终，中央广播电视总台央视主持人任鲁豫和中央广播电视总台央广主持人楚悦在大家的接力寻找下得以“浮出水面”。任鲁豫感慨道:“亲眼见证联欢的盛况，几次热泪盈眶。”楚悦也表示，虽然两人是首次搭档，但默契十足。他们的解说获得了许多观众的点赞，并称其“为盛典带来了另一番惊喜和震撼”。

四、攻坚克难保障标杆品质

联欢活动自筹备起，历经 3 个多月、119 个日夜，共有 1130 名工作人员参与直播活动中。从直播的镜头设计到后勤保障，直播团队攻坚克难，为最终的直播安全及精彩呈现努力着。

筹备过程中，为了更好地表达联欢活动节目组的核心亮点，直播团队启用了无人机对主题表演进行全方位拍摄，力图以更好的角度、全方位的视角将内容完整精彩地呈现，在此过程中，遇到了诸多困难：第一次演练由于证件问题导致相关工作人员未能进入现场、及时到位。第二次演练时空域遭到反制，空域是发挥无人机优势的重要前提，导致无人机 GPS 失控，致使无人机画面拍摄无效。但

联欢活动直播中使用的飞猫操作台

直播团队以极大的耐心和毅力与相关部门反复沟通协商，经过多次不懈地向上级申请，最终得到领导的大力支持。9 月 22 日，拍摄到了精彩的主题表演，创造了电视直播中的又一个“史无前例”。

当然，直播团队还与创意表演团队建立了有效的沟通机制，并派专员与主题表演、群众联欢、南北表演舞台、烟花表演四个表演团队密切往来，总计共完成 12 次带机演练。经过不懈的努力与极致的追求，10 月 1 日晚，联欢活动电视直播工作圆满完成，向全世界呈现了站起来、富起来、强起来的中国，让全世界观众看到了一个迈入新时代的崭新中国！

第二节　融媒体传播增亮“中国表情”

10 月 1 日晚 8 时，国庆联欢活动在天安门广场隆重举行，主题表演、烟花表演、大型光艺亮点纷呈。总台以“世界一流、历史最好”为标准，把握“转播流程规范、镜头语言创新、科技手段丰富”的原则，将大气磅礴、动感十足、色彩绚丽的联欢场面完美呈现给所有观众。现场数万联欢群众的倾情演出，总台电视直播团队的倾情直播，共同创造了这样一场让亿万群众满意的艺术盛宴。

亮点一：多位主播多角度探班联欢活动。

在国庆联欢活动开始前，央视新闻在微博、客户端等多渠道提前开启直播，直播中总台多位主播分别从空中、高处、地面等不同角度带领受众感受联欢活动的筹备情况，探班活动直播与 70 小时不间断直播相互协同配合。从微博直播数据来看，截至 10 月 1 日 24:00，共有近 1.4 亿人次通过直播观看此次国庆联欢活动及活动前后的直播内容。在快手平台，总台发布 7 条视频累计点赞量达 4000 万人次，其中，王牌记者主播探班联欢活动的预热视频最受青睐。

亮点二：以视频、动图的形式记录珍贵画面。

在群众联欢活动的报道中，烟花成为总台报道的重要对象，总台相关报道以视频、动图的形式记录珍贵画面，截至 10 月 1 日 24:00，微博话题“国庆烟花”阅读量达 3.4 亿人次。总台以烟花报道为切入点，提炼出《如果奇迹有颜色的话，那一定是中国红！》，以“中国红”“奇迹”来鼓舞人心，提升民族凝聚力，内容在多平台分发，微博获得阅读量超 380 万人次。

第三节　粤语直播唱响“大湾区之声”

中央广播电视总台认真贯彻习近平总书记关于全面准确贯彻“一国两制”方针的重要论述和对总台工作的一系列重要指示批示精神，将新中国成立 70 周年庆典活动向港澳地区有效传播作为重要的政治任务抓紧、抓实、抓到位。总台党组多次召开会议专题研究，主要负责人统筹布局、靠前指挥调度。有关部门集中精锐力量，精心策划实施，创新内容形式，有力增强对港澳地区的传播效果。作为我国首个专门面向粤港澳大湾区的国家级电台频率，刚刚开播一个月的大湾区之声克服人员紧张、条件有限等困难，提前谋划，主动作为。组成了由知名粤语主播、资深编辑、专业技术人员所构成的阵容强大的直播团队，成功实现了历史上首次用粤语直播国庆庆典活动。

直播报道在包括港澳在内的大湾区引发热烈反响，所直播的庆祝大会、阅兵和群众游行以及联欢活动内容震撼，同音同声亲切自然，距离近了，感情深了，让港澳同胞与内地人民一起，共享新中国 70 华诞的喜悦与荣光。

一、多平台联动放大传播效果

2019 年 9 月 29 日至 10 月 1 日，总台大湾区之声完成了国庆盛典活动三场大跨度、高难度的粤语全程直播。29 日上午，直播中华人民共和国国家勋章和国家荣誉称号颁授仪式，时长约 60 分钟；1 日上午，庆祝中华人民共和国成立 70 周年大会隆重举行，天安门广场举行盛大阅兵和群众游行。习近平总书记发表重要讲话并检阅受阅部队，大湾区之声进行全程粤语直播，时长约 170 分钟；1 日晚上，又完成了首都群众联欢活动全程 100 分钟的粤语直播。三场粤语直播时长总计超过 5 小时，这不仅是史上首次粤语直播国庆盛典活动，也是总台对港澳广播直播国家重大活动时长最长的一次。这次用粤语直播从接到任务到直播仅几天时间，主持人对着前方传回的电视信号转播，比以往的转播难度大。直播团队克服困难，反复演练，圆满完成了直播任务。

总台新媒体平台紧密联动，展开积极有效的融媒体传播。9 月 28 日，大湾区之声新媒体平台推出原创微视频《史上首次粤语直播盛典：大湾区之声国庆团队准备好了！》，以生动活泼的形式展现了大湾区之声为国庆直播报道所做的积极准备，对直播报道进行预热。之后，新媒体平台又相继发布《大湾区之声粤语直播：中华人民共和国国家勋章和国家荣誉称号颁授仪式》《大湾区之声粤语直播：庆祝中华人民共和国成立 70 周年大会》《大湾区之声粤语直播：庆祝中华人民共和国成立 70 周年联欢活动》等新媒体作品。央视新闻客户端及微博、央视网、央广网、中国之声、CCTV-4、央视财经、央视综艺、央视一套微博等多个新媒体平台发布《大湾区之声粤语直播：中华人民共和国国家勋章和国家荣誉称号颁授仪式》，对原创微视频《史上首次粤语直播盛典：大湾区之声国庆团队准备好了！》进行了同步转发，形成同频共振的传播态势，集群效应凸显。截至 10

月 1 日中午，央视新闻微博单条视频播放量达 132 万人次，微博阅读量达 136 万人次，用户互动近万次，引发网友热情点赞。相关内容得到腾讯新闻、《深圳特区报》、《晶报》及香港《文汇报》、《东方日报》、华人 PT 门户网站、《葡新报》、欧联华文网、《非洲时报》、西非在线、日本华商网等港澳及海外媒体的关注。根据 CSM 区域收听率调查数据，中央广播电视总台粤港澳大湾区之声 10 月 1 日阅兵和联欢活动的直播，对频率的听众规模拉升非常显著。10 月 1 日当天大湾区之声在深圳的听众规模达 10 万人，是 9 月日均听众规模的 2.2 倍。有网友评论：“大湾区之声，来得正是时候！”“粤语好好听，点赞！”“大湾区之声用粤语播出，接地气！”“作为广东人，感到满满的幸福。”

央视新闻微博　　　　央视网

中央广播电视总台新媒体平台的传播

二、海内外众多媒体自发转载

大湾区之声粤语直播国庆盛典活动受到海内外众多媒体关注，

《史上首次粤语直播盛典：大湾区之声国庆团队准备好了！》《大湾区之声粤语直播：中华人民共和国国家勋章和国家荣誉称号颁授仪式》《大湾区之声粤语直播：庆祝中华人民共和国成立 70 周年大会》《大湾区之声粤语直播：庆祝中华人民共和国成立 70 周年联欢活动》等稿件，被人民网、《深圳晚报》、《深圳商报》、《深圳特区报》、《晶报》、南方网、深圳新闻网、壹深圳、金羊网、大洋网、佛山新闻网、奥一网、21CN、东莞阳光网、UC、ZAKER 等媒体广泛转载，腾讯、新浪、网易等门户网站也转载了相关消息。有网友留言：“聆听祖国的美好，感受祖国的强大；新媒体精品盛宴，传播中国的声音；首次粤语直播，大湾区之声呈现。”

人民网 >> 深圳频道

史上首次粤语直播盛典：大湾区之声国

2019年09月28日22:49 来源：中央电视台 分享到：

原标题：史上首次粤语直播盛典：大湾区之声国庆团队准备好了！

史上首次用粤语直播国庆盛典，

人民网

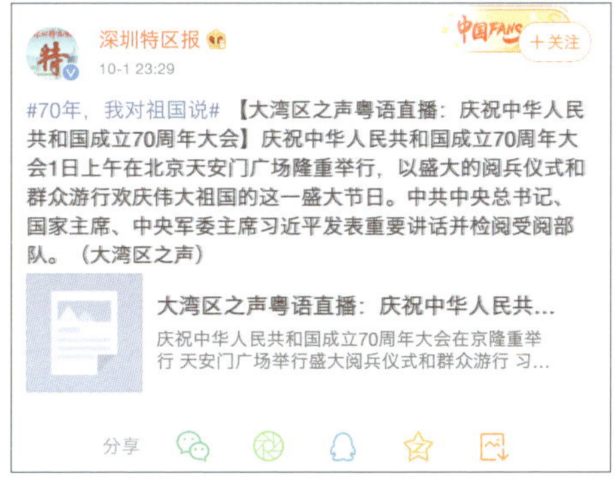
深圳特区报

10-1 23:29

#70年，我对祖国说# 【大湾区之声粤语直播：庆祝中华人民共和国成立70周年大会】庆祝中华人民共和国成立70周年大会1日上午在北京天安门广场隆重举行，以盛大的阅兵仪式和群众游行欢庆伟大祖国的这一盛大节日。中共中央总书记、国家主席、中央军委主席习近平发表重要讲话并检阅受阅部队。（大湾区之声）

大湾区之声粤语直播：庆祝中华人民共...

庆祝中华人民共和国成立70周年大会在京隆重举行 天安门广场举行盛大阅兵仪式和群众游行 习...

分享

《深圳特区报》微博

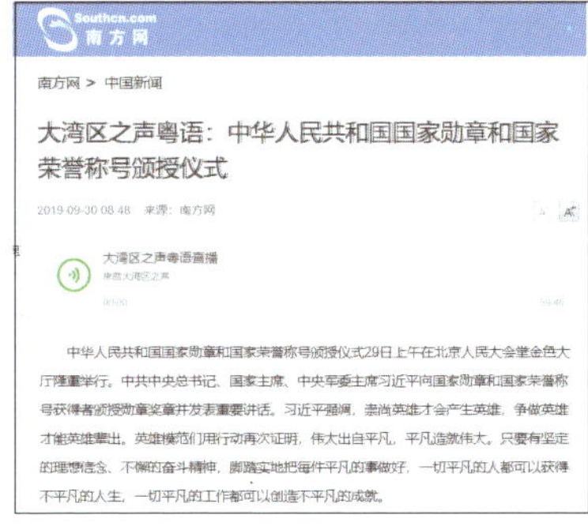
Southcn.com 南方网

南方网 > 中国新闻

大湾区之声粤语：中华人民共和国国家勋章和国家荣誉称号颁授仪式

2019-09-30 08:48 来源：南方网

大湾区之声粤语直播

中华人民共和国国家勋章和国家荣誉称号颁授仪式29日上午在北京人民大会堂金色大厅隆重举行。中共中央总书记、国家主席、中央军委主席习近平向国家勋章和国家荣誉称号获得者颁授勋章奖章并发表重要讲话。习近平强调，崇尚英雄才会产生英雄，争做英雄才能英雄辈出。英雄模范们用行动再次证明，伟大出自平凡，平凡造就伟大。只要有坚定的理想信念、不懈的奋斗精神，脚踏实地把每件平凡的事做好，一切平凡的人都可以获得不平凡的人生，一切平凡的工作都可以创造不平凡的成就。

南方网

壹深圳

史上首次粤语直播盛典：大湾区之声国庆团队准备好了！

壹深圳

09-28 22:43 1360人气

壹深圳

国内多媒体转载“大湾区之声粤语直播”

《北欧时报》、美国时代广场网、《葡新报》及其脸书账号、推特账号、《非洲时报》、华人 PT 门户网站、欧联华文网、西非在线、日本华商网等海外主要华人媒体也纷纷转载总台相关报道。

西非在线网站

日本华商网

海外媒体纷纷转载“大湾区之声粤语直播”

三、发挥立体传播优势，引导港澳社会舆论

中央广播电视总台以大湾区之声为依托，发挥广播和新媒体矩阵传播优势，全力以赴做好国庆 70 周年对港澳传播工作。大湾区之声及其新媒体平台连续推出《庆祝新中国成立 70 周年特别报道——〈新时代之光〉》系列报道，发布《澳门市民为祖国送祝福，超暖心》《林郑月娥现场唱响〈团结就是力量〉，意味深长》《战机列队蓝天，激动》等报道。“听港—铜锣湾”公众号发布《昨天，爱国声音响彻香港，我们不惧黑暗》《这所坚持升国旗 70 年的香港学校，迎来了驻港部队仪仗队》等内容，以独特视角打造原创短视频引发网友共鸣，为庆祝新中国成立 70 周年营造了良好的舆论氛围。该公众号发布的单条内容在微博话题阅读量最高达 1.7 亿人次，视频播放量达 800 万人次。

10月1日，“听港—铜锣湾”公众号推送《同舟共济　才有香港未来》《香港五彩缤纷　盛装欢度国庆》等报道，制作播发原创短视频，聚焦香港主要街道、政府建筑物悬挂灯柱彩旗和横幅，盛装喜迎国庆，香港各界举行一系列庆祝活动；展现香港与祖国紧紧相依的紧密关系，传递了香港与祖国同舟共济、携手未来的坚定信心，祝福新中国70华诞。

与此同时，港澳媒体也对此次粤语直播活动投以极大的关注度。香港文汇网、大公网、HKG报、香港商报网、橙新闻、《东方日报》等均给予报道。

（撰稿：中央广播电视总台港澳台节目中心）

第七章　国庆联欢直播报道台前幕后

第一节　艺术大家的匠心巧思

（编者注：此部分为《盛世欢腾——直播国庆 70 周年联欢之夜》纪录片台本）

2019 年 10 月 1 日，北京天安门广场

【解说】十月的第一天，中国北京，无疑是这颗星球上最为绚丽欢腾的城市。

天安门广场成为万众瞩目的焦点。

临近晚上 8 点，首都各界庆祝中华人民共和国成立 70 周年联欢活动即将拉开帷幕。中央广播电视总台派出的 1100 多名直播工作人员正在各自的岗位上严阵以待。他们将通过 90 分钟的全媒体直播，使全世界的人们见证和参与这场联欢。

【纪实】中宣部副部长，中央广播电视总台党组书记、台长慎海雄

机位、机位还是机位，画面、画面还是画面。拿下这个画面，人家一看，世界一流了，这就是历史最好的。

【纪实】中央广播电视总台编务会议成员朱彤

2019 年中华人民共和国成立 70 周年的活动，注定要在中华人民

共和国的历史上留下浓墨重彩的一笔。

【纪实】中央广播电视总台文艺节目中心召集人郎昆

预祝精彩活动，因为我们更加精彩。

【解说】面积 44 万平方米的天安门广场，见证着新中国 70 年茁壮成长的一年又一年，也见证了首都各界群众在 70 年间的一次又一次集体联欢。

【纪实】

唱歌《我和我的祖国》

【解说】当历史的车轮来到新中国成立的第 70 个国庆日，这个广场的联欢将以怎样的方式向世界呈现当今中国人的精神面貌和生活状态，自由、生动、欢愉、活泼，将是最精准的诠释。

【采访】联欢活动总导演张艺谋

其实就要求所有参加的人，有一种自然的状态和他真正发自内心的喜悦，不要把它看成一个仪式，它其实不是，它是还自然的天性给人民，它就是国家富强了，它体现在人民的精神面貌上，体现在天安门广场每一个人的笑脸上。

【解说】这是一次大胆而新奇的创意尝试。导演组希望用一场大型声光电实景演出为世界呈现新中国动态变化的 70 年，从而使屏幕

联欢直播演播室

前的亿万观众能够感同身受、融入其中，是中央广播电视总台直播团队的终极任务。

2019 年 9 月 6 日，北京吉利大学会议室

【纪实】联欢活动电视直播总导演张晓海

这个我提前跟各位领导、艺术家们报一下，我们能提供实时，也可以提供播出信号。

2019 年 9 月 12 日，张艺谋工作室

【纪实】联欢活动总导演张艺谋

主题表演这块，你们的俯（视）机位肯定是重点，它对整体拼图有一个完整的呈现。

【纪实】联欢活动电视直播总撰稿、总导播吕媛

我会做详细的镜头本，我这边有一个调机的人，啥事不干就读本子的一个人。

【采访】联欢活动总导演张艺谋

99% 的人还是会在电视机前看，让大家共享此时此刻，让大家共同因为新中国的生日而觉得自豪、觉得骄傲，让大家共同燃烧起那个爱国的热情。靠什么呀？靠转播呀。

【纪实】联欢活动电视直播总导演张晓海

我们现在不是用笔，也不是敲键盘，我们是要用每一个精彩的镜头，制造 10 月 1 日中国北京天安门广场联欢的经典。

【解说】在天安门广场直播国庆联欢活动，对于中央广播电视总台的直播团队来说，这样的任务并不陌生。参与这次直播的 1130 名工作人员，绝大部分都是有着多年直播工作经验的电视老兵。

【采访】联欢活动电视直播执行总导演王浩

从 50 周年、60 周年、70 周年华诞，我一直都参与当中。

【采访】联欢活动电视直播总撰稿、总导播吕媛

我也有幸参与了 60 周年国庆阅兵和晚会的电视转播工作。

【采访】联欢活动电视直播 C 系统总负责、导演柳刚

45 周年和 50 周年的时候，我都是摄像。

【采访】联欢活动电视直播执行总导演王浩

所以说做这个活动，从我这个年龄来看，他有一种情怀在里头。

【解说】虽然身经百战，但这次的直播任务无疑更加富有挑战。90 分钟的联欢活动的内容，将被分解成超过 1000 个 4K 超高清镜头，通过电视制播系统传输至观众的收看终端。

中央广播电视总台将首次对国庆联欢活动进行 4K 超高清信号全媒体直播，并将率先尝试使用 8K 摄像机，对活动全程记录。

【采访】联欢活动电视直播执行总导演王浩

因为我们要做的就是一双善于发现的眼睛，一定要把最好的呈现出来，紧扣节目要表达的主题，然后设计我们的电视语言和镜头语言，我们二度创作达到一个完美呈现。

【解说】现场直播的范围将不仅仅局限在天安门广场这个中心舞台，整个北京城的夜空都将成为舞台的延伸部分。

【采访】联欢活动电视直播总撰稿、总导播吕媛

我们是想让大家看到新中国成立 70 周年的时候，首都所呈现的新面貌，繁华且有历史的城市故事。

【解说】这将是迄今为止规模最大、范围最广、点位最多的一次广场联欢直播，这也同时意味着完成它的技术难度也将同步升级。

【采访】联欢活动电视直播总控系统负责人薛知行

总控现在涉及传输达到了 150 路，要保证每一个链路传输的安全可靠。

【解说】实现安全兼高质量转播的第一步，是科学的排兵布阵。前方现场的 70 个机位根据视野和功能的不同分成 ABCDE 五个系统。ABC 系统分别对准主题表演区、天安门城楼观礼区、群众联欢区；DE 两个系统，则通过十几个高点机位为整场活动提供空中视角。

【采访】联欢活动电视直播执行总导演王浩

我们分了 ABCDE 五个系统。然后同时又分地面、中空和高空三层，还分了里、外和大环境，景观的一些镜头也分了三层。地面和空间上我们分三层，距离上我们也分三层。

【解说】ABC 系统的信号将通过前方的导播车进行现场切换，并通过光缆和微波同步回传至中央广播电视总台的 4K 超高清总系统。

【纪实】联欢活动电视直播总撰稿、总导播吕媛

乐队有吗？ 3、2、1，回 A。

【解说】在 4K 超高清总系统，总导播吕媛负责把前方回传的信号进行最终的切换。

【采访】联欢活动电视直播总撰稿、总导播吕媛

电视转播不管有多少个机位，在同一时间大家其实只能看见一个机位。然后集成一个总的系统回到我们总台的演播室来进行分切。

【解说】这是一个极为复杂的系统工程。不仅对中央广播电视总台的摄录制播系统来说堪称重大考验，与此同时，转播线路上所涉及的电力、工信、交通以及安保等北京市相关保障部门，也将在这一过程中经历严峻挑战。

【采访】联欢活动电视直播 C 系统总负责、导演柳刚

在这个过程中，会遇到很多你想象不到的事，可能我们平时花 5 分钟能解决的事，到今天 5 天也未必解决得了，那就一定要在之前有一个预判、预判、再预判。

2019 年 8 月 14 日，北京理工大学

【解说】北京理工大学的师生们正在使用建模仿真技术对整场国庆联欢活动进行从创意到摄录的全方位物理建模。

【采访】北京理工大学仿真团队负责人丁刚毅

因为广场演出不同于一个普通舞台，它是一个 500 米乘 880 米的一个长方形的大广场。这种广场的模型，其实建模难度是很大的，里面大概调用了十几套图纸。这需要跟北京市各部门广泛地沟通协

调，甚至到现场测量。

【解说】中国正在从科技大国走向科技强国，无处不在的高科技正在改变着传统的工作方式，基于仿真平台的虚实交互模拟拍摄技术，可以使直播团队提前对联欢活动的现场情况进行感知和预判，更加精细化地进行技术力量的分配和投入。

【采访】北京理工大学仿真团队负责人丁刚毅

央视转播要求我们精细到秒，精细到米，甚至到厘米级的程度，才能知道机位镜头的设计是不是合理，然后整个流程的转化，镜头的转换，甚至包括一些镜头语言、脚本都进行调整，这样才有一个设计依据。

【采访】联欢活动电视直播执行总导演王浩

60周年的时候我们往广场跑了有七八趟，勘察、考察场地。今年我只跑了两趟，更多的数据都来自仿真，就是说即便你不去广场，只要把这个模建好，数据有了，你的机位应该设置在什么地方，你设置的这个机位要不要平台，平台搭多高，用什么样的，在这个仿真上都能够推演得非常精准。

【采访】联欢活动电视直播A系统总负责、导演张骥

介入这个节目之前，通过它的仿真已经基本能够给我们一个完整效果的呈现，更多的是在那个基础之上，我们根据它实际节目的排演再去组织镜头语言。

2019年8月17日，北京吉利大学

【解说】设在北京吉利大学的演练基地，今天要进行主题表演区的第一场带机联排。

【纪实】联欢活动电视直播A系统总负责、导演张骥

我们主要负责的区域是现在深红色这部分，在吉利的机位号跟真正在天安门广场是一模一样的。咱们从今天开始，每隔一天在这个吉利基地有一次带机彩排。

【解说】3290名演员组成的主题表演方阵，是这次国庆联欢节

目创意中的最大亮点。演员们手中的这块国产 LED 屏幕是表演当天的主要道具之一。

【采访】联欢活动总导演张艺谋

我自己就要用流光溢彩的这样一种动态表演，全流动，有 3D 观念，也体现了科技含量。

【解说】在这样的理念下，这个方阵中每一个演员，将不仅仅是一个表演者，更是一个每分每秒都在发生变化的数据构成。

【采访】联欢活动执行副总导演吴婷

那么，在这里，我们就设计了一套科学的算法：每一个画面算完之后，一个整的画面切分给 3290 个信号，3290 个人没有一个人可以复制。

【解说】3290 人手持的光影屏将幻化成 1700 多万颗璀璨光点，在 5352 秒的表演中，连续变幻出 133 800 帧画面，讲述一个关于新中国从初生、成长到壮大的生动故事。

【采访】联欢活动总导演张艺谋

这种流动带来的是一种浪漫的美感，让人去想象。

采访联欢活动总导演张艺谋

【解说】这样一个不断变幻的动态故事板，应该以什么样的视角进行拍摄和切换，才更加适合观众的欣赏和理解，是直播团队在呈现方式上的难点之一。

【纪实】联欢活动电视直播总导演张晓海

还有这个过程，还得给它，要不然怎么变的不知道。

3号准备，走。

【采访】联欢活动电视直播A系统总负责、导演张骥

一般的平视角度你拍不到它的，角度不好，只有从正面，从天上正扣着这个才能够拍得很明白。让大家能看到它最后呈现出来的图形变化，更多的在中间要插入，要切入很多让大家看懂是由我们的人通过这种队形的变化，最后才去组成这么一个很庞大、很壮观的视觉呈现景象。

2019年9月5日，北京西山国家森林公园

【纪实】联欢活动电视直播总导演张晓海

看我的手，就这儿，那个最高的灯是中国尊，你就比着往西来。小伙儿你给推到头，先给我们找找电视塔在哪儿。哦，这是电视塔。天安门方向，大概其你来来。或者说（焰火）70下，一共四个镜头，最后一个镜头能用上它也好，这个最宏观了。

所有的景观机位看了之后，我们才能够知道我们是否架，怎么架，（镜头）怎么出好，什么时候出。

【解说】要让观众看到最好的画面，就要排除一切困难，为每一帧画面找到最佳的拍摄机位，秉持这样的标准和原则，直播人员逐一对方案中预设的70个机位反复论证推敲，并进行实地测试。

系留无人机，是中央广播电视总台为实现中高空4K超清信号摄录实时传输而研发的特种设备之一。

【采访】联欢活动电视直播特种设备负责人赵伟

因为我们现在一些高机位实际上是比较匮乏的，除了一些升降车，可以提供二三十米的高度，再高一点就是有人直升机，有人直

升机的高度又介于500米以上的空间，我们设计这个系统就是为了在一二百米的上空拍到这个北京的全景。

【解说】从表面上看，这只是一个直径两米左右的无人直升机。它的秘密在于这根一直拖到地面的线缆。

【采访】联欢活动电视直播特种设备负责人赵伟

它可以把非常高的电压送到无人机上去。这样无人机就不需要电池了，它可以通过这根电缆24小时使飞机在空中驻留。还有一个，我们在这根线缆内嵌了一根光纤，这样可以使无人机所有的图像信号在不压缩的状态下，基带就传于转播车。

【纪实】系留无人机工作人员

你看那个石狮子，现在就是频率很高之后出现的一种抖动。我也是第一次遇到这种情况。

【采访】联欢活动电视直播特种设备负责人赵伟

因为系统承载的是一个标准的4K广播级镜头，它的吊舱部分就有10公斤。它的风险可能就比小型的无人机要大一些。我们又为它专门研发了一台12G的传输的小型光端机，大概只有几百克重。全世界都没有那么小的4K的专门传输12G信号的小型光端机。

【解说】始于20世纪80年代的国庆电视直播，真实而生动地记录着当代中国一个又一个十年的沧桑巨变，中国的国力变得越来越强盛，人民的生活变得越来越幸福美满，而这样的变化同样反映在中央广播电视总台的技术研发过程中。

【采访】联欢活动电视直播特种设备负责人赵伟

50周年的时候，其实根本谈不上什么特种设备，我们当年就引进了一条手推的轨道，能够进行小范围的移动画面的拍摄，其他的基本上都是常规设备。而且我们看到国外转播的效果，看到人家用的特种设备，我们的感觉就是羡慕嫉妒恨，因为那需要钱，需要知识，我们都不具备。60周年大庆就有一个进步，我们的想法也多了，我们的诉求也多了。到70周年的时候，我们有大量的特种设备、大量的转播车，完全是国产化，我们特种设备国产化率能达到95%，所以这个进步我觉得就是国家国力的一个进步。

【解说】这次国庆系列活动直播，将是历次广场直播中使用特种设备最多的一次。

这些中国电视技术创新实力的新型高端设备，将为这场盛大的集体联欢提供全新视角。

【解说】从理论上讲，将这些体积庞大的特种设备安装起来并不困难。但是，考虑到演出当天广场上的人群密度，安全问题必须慎之又慎。

【采访】联欢活动电视直播特种设备负责人赵伟

联欢活动那天，在索道下面，会有6万多观众，我们要做非常非常充分、认真的论证工作。

【解说】更大的难题，在于时间和空间上的协调。

【采访】联欢活动电视直播制片主任彭丽娟

我们需要跟各方面去协调，现在牵扯到治安总队、特勤局，还有交管。我的1000分钟的手机套餐，应该是在9月中旬就已经打完了。就这么一个工作量。

【解说】类似的沟通和论证，存在于整个转播筹备过程的每时每刻，涉及参与整个转播的每一个工种。

【采访】联欢活动电视直播总控系统负责人薛知行

光缆经过的节点是非常非常多的，整个节点从这里一直到家里，虽然你看地图上的直线距离大概也就七八公里，光缆一走，可能得走十几二十公里。

【解说】协调和施工都需要时间，然而国庆的脚步却一天天临近。

9月7日，直播团队迎来第一次实地演练。

【纪实】联欢活动电视直播总导演张晓海

你作为这个点的负责人，要能保证你的队伍按时出发，既然你是这个点的负责人，那缺了任何东西都是你的责任。我们的摄像要永远给有效镜头，我们要做到万万不可失手，我们千万不能让镜头有失误。

【解说】在天安门广场进行一次数万人的演出，是一次牵涉全城的联动，为了最大限度地减少对市民出行的影响，施工的时间必须压缩再压缩，实地彩排的次数也从以往的 4 次缩减为 3 次。

【采访】联欢活动电视直播执行总导演王浩

第一次对我们来讲属于纯技术上的。因为中间衔接的时间只有一个半小时转场。一个半小时连我的机位都架不完全，不可能把完整的机位都架了。我们只能是调试部分的设备，信号试通了就完了。

【纪实】联欢活动电视直播制片主任曹天抒

你能不能把这个架子挪到那边去，就是能不能协调，这个架子碍事儿，把这个架子挪到那边去。

【解说】尽管已经做了充分的心理准备，但彩排现场频频出现的情况还是让大家有些措手不及。不仅大部分演员和道具没有到位，画面切换只能依靠想象，相当一部分设备也因为电路和光缆等动力和传输的问题而未能完成调试。

【纪实】联欢活动电视直播 A 系统总负责、导演张骥

毛明（摄像）能收到吗？毛明！你现在动一下，毛明。

【采访】联欢活动电视直播 A 系统总负责、导演张骥

马上彩排就要开始了，整个系统内的这 16 台机器，其实也只有几台有效，因为它确实是一个很庞大的工程。

【纪实】联欢活动电视直播 A 系统总负责、导演张骥

再抬点儿头，张鹏（摄像）。不动啊，11 号，7 号水平也不对啊。（导播助理：他现在 7 号机水平调不了）为什么啊？现在这个构图你得找一下，这个构图包括这个位置很不舒服。

【纪实】联欢活动电视直播 C 系统总负责、导演柳刚

为什么晚上 C7（机位）解决不了电？

【纪实】联欢活动电视直播 A 系统摄像马磊

没有光缆，没通。A4缆没来，还没铺过来，那怎么办啊？

【采访】联欢活动电视直播C4机位供电保障负责人肖平

那段机位，离这边距离太远，你比方说要拉线过去，由于演出人员特别多，很容易给人家绊倒，如果一个人倒了，可能倒一片，而且还是电线，有危险性。

【纪实】联欢活动电视直播A系统总负责、导演张骥

其实我们现在不怕在之前出现问题，因为这时候出现问题，比最后在直播当天出现问题要好得多。

【解说】紧张而忙乱的第一次彩排，使直播团队的每一个成员都认识到了解决问题的紧迫性。

2019年9月9日，联欢活动第一次彩排复盘会

【纪实】

王浩：我们就是为大家做好服务，如果大家有什么需求提出来，我们会想尽一切办法来克服。

曹天抒：C7的电是个大问题，那个电现在过不来。

吕媛：A2在800（导播间）断信号，在A（转播）车也断信号。

张晓海：我们在这儿能够解决的，现在就在这儿决定，想怎么解决，解决不了的记录在案。

【解说】彩排结束之后的复盘会议十分关键，直播团队需要对每一个环节中存在的问题和隐患进行梳理和总结，并在接下来的时间里尽最大努力去修正。

【纪实】联欢活动电视直播总导演张晓海

我们要充分体现群众的联欢性，在下一次全要素（彩排）的时候，我们一定要体现出来。

【解说】9月13日，中秋节，这个万家团圆的夜晚，对于直播团队的很多工作人员来说，是一个需要争分夺秒的不眠之夜。5组无人机拍摄团队，要在这个难得的月圆之夜，在北京城内的景观地进行试飞。

【纪实】联欢活动电视直播总系统直播导演刘冰

我们刚才拍景山也是，虽然咱们报的是东南角楼，但是故宫这儿，就是黑到一盏灯都没有。

【采访】联欢活动电视直播总系统直播导演刘冰

我们其实一直在解决这个问题，也是尽量用我们的方式，通过镜头和构图来呈现出一个非常美好的画面。

【纪实】

刘冰：7 点 59 分 15 秒到 8 点 40 秒，它敲钟的时间。

摄像：对。

刘冰：拍这个表盘特写的时候，卡得紧一点。

【采访】联欢活动电视直播总系统直播导演刘冰

大家牺牲了中秋的休息，也带回了我们发现的一些问题，这对于直播来说都是特别好的一份中秋的礼物吧。

【解说】午夜之后，北京交警部门对天安门路段的长安街实行了临时的交通管制。

中央广播电视总台自主研发的大型特种设备“天鹰座”马上要开始穿越长安街的施工架设。

为了确保这个空中机位可以在 9 月 15 日的第二次彩排中发挥作用，施工团队已经连续工作了 48 小时。

【采访】联欢活动电视直播特种设备负责人赵伟

“天鹰座”的全称应该叫二维有线传输索道摄像机系统，就是空中拉了一条缆索，然后摄像机挂在这条缆索上，在缆索这条线路上水平地飞行。

【纪实】

工人：小心碰头，那儿不够高。

【解说】架设“天鹰座”的难点在于，安装团队需要在长安街的南北两端找到两个点，为钢索形成有效支撑。而更大的困难在于，索道的一端有 106 米需要穿越中山公园，穿索的过程怎样才能不对这座有着近 600 年历史的建筑形成破坏，必须要有万无一失的方案。

【采访】联欢活动电视直播特种设备负责人赵伟

我们用了各种各样的穿索技术，最后在我们塔架和红墙外面，在它们之间做了一个叫牵引滑轮，然后把承重索一条一条地通过牵引滑轮牵引到长安街的北面。

【解说】按照计划，施工人员只要把两条钢索顺利穿过长安街。再用引绳将钢索拉起来升至 40 米高的空中固定，穿索工作就算基本完成。

【纪实】

工人：临时决定，等雨小一点儿再说，如果这雨再持续下，这个绳索放下去很危险。

【解说】谁也没想到的是，这场突如其来的降雨，再次打乱了大家的计划。

【采访】联欢活动电视直播特种设备负责人赵伟

设想了很多很多可能性，在我设想的过程中，就想怎么解决它。很多可能性，很多风险，都得想到。而且还出了技术问题、天气问题，还有人的问题。我们早一天能架上，就早给编导们一次练习的机会。

【纪实】

赵伟：塔架，你们看一下第一根所有的缆系是不是正常。检查一下第二根缆系是不是正常。

工人：目前没有问题。

2019 年 9 月 14 日，“天鹰座”架设完成

【解说】雨过天晴，施工继续。

为了实现“世界一流、历史最好”的直播目标，直播团队每个成员都在尽着最大的努力。

9 月 15 日，国庆联欢的第二次彩排如期进行。

2019 年 9 月 15 日，直播倒计时第 16 天

【解说】负责拍摄中心表演区的无人机团队终于拿到飞行许可，

首次在天安门广场进行试飞。

【纪实】工作人员

如果今天出了问题，就没有机会再给你飞，22号想都不要想。

【采访】联欢活动电视直播执行总导演王浩

在空中尽管安保、工信部、无线电管理局各个方面做了非常大的工作，但是依然遇到了一些空中上的反制和干扰。

【采访】联欢活动电视直播执行总导演王浩

他们一直在用手动操作，让飞机不偏移，后来节目拍完以后可用率达到80%。

【解说】两架高空直升机，14个高点机位和无人机群的组合，构成了多个层次的空中视角，为导播的切换提供了更精准的表达空间。

【采访】联欢活动电视直播执行总导演王浩

一直在跟节目进行演练，进行磨合，什么时候，哪个主题，哪段音乐，几分几十秒，升空到多少米是它最好的效果，我们做了非常详细的功课。

【解说】这是首都北京10个区县的演出团队第一次进入广场排练，他们都是在这座城市工作和生活着的普通市民。

他们手上的发光道具，是总导演张艺谋和他的团队在总结以往经验基础上的全新创意。

【采访】联欢活动总导演张艺谋

这本来就是我们生产的，我们供应全世界的，手持发光道具首先是照亮自己，因为它离脸很近嘛，你拍的时候就会看到，然后全场亮起来，这个亮起来就有科技和发展的过程。

【纪实】现场排演

编导：镜头对着你们呢。

看前面的镜头。

非常好。

【解说】这些热情洋溢的面庞在光的映衬下尤为生动。前方的摄录团队需要精准地捕捉到他们最生动的瞬间。

【纪实】C 系统导播指挥

柳刚：稳定。

来了，用你的。

好，C17 用你。

【采访】联欢活动电视直播 C 系统总负责、导演柳刚

对于我们 C 系统来说，可能更多的是要捕捉这 10 个区块里边的精彩瞬间。

【解说】导播需要在这些精彩的瞬间中作出最优选择。

【采访】联欢活动电视直播总撰稿、总导播吕媛

我们第二次演练的时候，已经有一个 50 页的分镜头本了。这 50 页还只是我总系统的 50 页，ABC 系统的导播他们都有各自的分镜头，包括每一次演练它也会有更新，有调整，做完善，做丰富，最终我们大家还是以这个为蓝本来严格执行。

分镜头以外最重要的就是口令，因为他们彼此之间看不到，只有切到他们，他们才知道自己被用到了。

【纪实】

吕媛：C，到你了，下一个是 A。B，到你了。

吕媛：A1 准备五星红旗特写。

【采访】联欢活动电视直播总撰稿、总导播吕媛

大家虽然有分镜头本，但是可能那个时候，尤其是我们有突发事件的时候，或者说我们不能百分百按照计划来进行的时候，就都需要这个指令非常明确。

【采访】联欢活动电视直播 A 系统总负责、导演张骥

在整个转播当中，其实更多用的都是两极镜头，就是让大家看宏观，看大的这种场面的变化，然后看到细节。无论是战士也好，群众也好，方方面面也好，他们由心而发的那种笑脸，通过这几千名战士去组成的光立方，在整台节目上，在我们看来应该是最大的

亮点，但同时也是最大的难点。

【解说】熟练、默契、精准和自信，缺一不可。

【纪实】

吕媛：A8 准备，D11 准备。

张晓海：彩排收队，前方各位辛苦，把装备收好，谢谢你们。

【采访】联欢活动电视直播总撰稿、总导播吕媛

精准这件事就是熟悉，你都不用再听提示都知道下一秒钟要发生什么，那就不会有什么失误。可能所有的自信都来自你对资源的占有，现在是 90 分钟的一条音乐，如果能够把它的每一个音符、每一段旋律要发生的事件在脑海里都能再现出来的话，我相信那一天晚上是不会有问题的。

【纪实】第二次彩排分镜头总结会

王浩：9 月 22 号我们这一次就是严格地按照 10 月 1 号的流程来进行。

吕媛：我们跟焰火团队沟通的是他们把边界给我们放出来。

【解说】这是国庆直播前的最后一次彩排，这次彩排之后，所有的流程和镜头都将以文本的形式固定下来。成为直播当天的工作手册。

【解说】在 70 年间的国庆群众联欢活动中，焰火是从未缺席的组成部分。

它将以怎样的形态绽放在首都的夜空，是这次国庆联欢中最具悬念的环节。

【采访】联欢活动烟花总设计蔡国强

眼睛看到的是听到的音乐的点，是最舒服的。

【解说】国庆联欢的焰火总设计蔡国强一直在研究如何使焰火的燃放与音乐更好地结合。

【纪实】直播团队与焰火团队分析会

蔡国强：因为这个东西有两种拍法，一种是横的经过，动感很强烈。

【采访】联欢活动烟花总设计蔡国强

当烟花跟表演和音乐的情绪配合得好，人们就不会要求这个烟花要放得经久不息，只要有音乐就够了，所以这既能减少烟花量的使用，也会减少烟的排放量。

【纪实】直播团队焰火分析会

张晓海：前景人们就是这种效果。

【解说】尽管拍摄团队事先已经通过仿真系统见过烟花燃放的模拟效果和机位设定，但焰火瞬间绽放又转瞬即逝的特性，注定了它将是拍摄团队最难捕捉的画面。

也因此，第三次彩排对于摄影师们显得尤为重要。这一次彩排将燃放 30% 的烟花，为直播的机位和拍摄提供参考。

【纪实】直播团队与焰火团队分析会

吕媛：我想问一下，22 号咱们的演练那一次……

蔡国强：不会用这个。

吕媛：不会？一发都没有吗？

【采访】联欢活动烟花总设计蔡国强

我知道在某种意义上，这个瞬间的艺术一下就过了，但是因为这些录像它还可以继续传播。

采访联欢活动烟花总设计蔡国强

【纪实】直播团队与焰火团队分析会

刘冰：单发和单发之间的间隔是多少？

蔡国强：不一样。

吕媛：您刚才视频里模拟的宏观效果，只有直升机能够拍摄到，但是如果22号不试的话……

蔡国强：但是在这个过程中，镜头尽量不要扫到那个臂。

张晓海：所以您的创意亮点我们知道了以后，对于我们来说，我们接下来会有一个分工。

【采访】联欢活动电视直播总系统直播导演刘冰

所以必须需要我们团队非常清楚焰火的每一个产品到底是什么样子，它到底有多高，这个焰火燃放到天空当中会有多大，然后它距离我们机位有多远，只有掌握了很多这种细节的数据，在直播过程当中我们才能更好地体现出焰火的效果。

2019年9月28日，直播倒计时第3天

【解说】这份日程通告将十一当天的活动精确到分钟，根据安排，联欢活动将在晚上8点开始，这意味着，10月1号当天，直播团队从进入现场准备到设备调试完成，只有短短的6个小时。

理论上讲，这几乎是一个不可能完成的任务。

【采访】联欢活动电视直播执行总导演王浩

我们当时自己都被推演吓坏了。350多辆车，还有一些重型设备，像烟火树，连车辆带树的重量，机械装置的重量，好几百吨要在十几分钟之内把我们的设备撤离。只有这样，当那些车辆过来，才能不压我们的线缆。等这些车辆都就位以后，我们还得重新铺设线缆。按照晚上联欢活动来铺设我们的线缆，架设我们的设备，应该说是像一场战争一样，很可怕。如果稍微晚了一点，恐怕就保证不了直播。

【纪实】做方案

【采访】联欢活动电视直播制片主任彭丽娟

架不通怎么办？我们现在就在做方案，如果有问题，我们要保哪台机器？

【解说】尽管已经对最坏的情况做了预案，但是转播团队的每一个成员都希望这样的预案在直播当天不会被启用，为此，他们都将拼尽全力。

【采访】联欢活动电视直播总撰稿、总导播吕媛

我们愿意做很多沟通工作、案头工作、演练工作、调整工作，我觉得这些都不是说我们有多辛苦，只要那一时刻，只要 10 月 1 号那天晚上，在电视转播上我们能让大家觉得还可以，我觉得我们这项工作就算是完成了。

2019 年 10 月 1 日，梅地亚出发

【纪实】直播纪实，各导播室

【解说】这个夜晚，北京夜空灿烂。

天安门广场成为欢乐的海洋，万千北京市民在这里载歌载舞，用一场自由、生动、欢愉、活泼的集体联欢向新中国的 70 周年献上祝福。

将这样的盛世欢腾通过电视直播精准地传送至世界的每一个角落，是中央广播电视总台承担的国家任务，也是直播团队的每个成员向新中国 70 周年献上的特殊礼物。

为此，他们必须全神贯注。

为此，他们一直全力以赴。

电视直播团队感言

吕媛：作为总导播，我可能最不想辜负的是我的单位——总台对我的信任。

张骥：接受这个任务都会觉得真的是责任重大，使命光荣。

柳刚：今天，我更多的感觉是它带给我的一种财富。

王浩：专业的人做专业的事，完成所有观众的一个愿望。

张晓海：这是作为电视人的一份让别人想做都没有机会做的工作。我们能有这个机会，每一个人都很珍惜，路还很长，还有很多

路要走，这次做得非常好。

第二节　坐在前排见证历史

2019 年 3 月底，我们接到了对新中国成立 70 周年联欢活动进行直播的任务，当时在我脑海里闪现的第一个词就是“珍惜”，因为我有一个默契的团队，还有这样一个千载难逢、光荣自豪的任务交给我来实现。经过了几个月的筹备和努力，我终于可以自豪地说，联欢直播团队以极优异的成绩完成了 70 周年联欢活动的考验。我们没有辜负祖国人民的信任，没有辜负总台的厚望，没有辜负时代赋予的伟大机遇。

习近平总书记用 20 个字评价了这次庆典——“国之大典，气势恢弘、大度雍容，纲维有序、礼乐交融”，这充分展示了新中国成立 70 周年以来的辉煌成就，有力彰显了国威军威，极大振奋了民族精神，广泛激发了各方面力量。

在这次联欢活动中，直播团队经历了方案设计、训练基地演练、天安门广场彩排、10 月 1 日现场直播等的全过程。特别是此次联欢活动的表演设计，对我们来说是一个巨大的挑战。因为它全程需要依靠电视才能让观众更直观地看到、看懂表演设计和导演意图，尤其是像天安门广场这样地域上有特殊性、对机位架设有局限性的特殊场地，更是难上加难；同时，白天设备转场时间的紧迫性，也对电视直播提出了一个重要难题。但是，面对这些挑战，团队始终只有一个目标，那就是慎部长提出的要求“世界一流、历史最好”。直播团队的每一个人大胆创新设想，突破了各种技术难点，最终实现了所有直播方案的设计，取得了让广大电视观众点赞的骄傲成绩。

2018 年 4 月 19 日，中央广播电视总台揭牌，中央电视台经历了前所未有的业务整合。面对崭新的一切，我们要始终肩负着光荣的使命，饱含着对祖国的热爱，对总台的深情，对电视直播工作的一腔激情和赤诚之心。我们经常把能有幸参与国家级重大电视直播工作比作是“坐在前排见证历史”。我们深知，这次联欢活动的成功直播，是总台领导力、团队创造力、技术保障力、全员凝聚力的共同成功。

我们赶上了前所未有的好时代，我们赶上了中华民族伟大复兴的历史进程。我们要从此次的直播工作中总结经验，充分利用好直播工作留下的精神财富，进一步弘扬爱国主义精神、团结精神、奋斗精神等精神力量，不忘初心、牢记使命、真抓实干，共同创造电视创新领域上更多的辉煌！

（撰稿：联欢活动电视直播总导演张晓海）

联欢活动策划核心成员

第八章　铭记幸福绽放的联欢之夜

第一节　流光溢彩让全中国欢腾

2019 年 10 月 1 日 20:00，新中国成立 70 周年联欢活动在北京天安门广场隆重举行，央视多渠道直播报道联欢活动，引发舆论热议。“烟花拼出人民万岁”“烟花树上孔雀开屏”“国庆联欢用 LED 灯演电影”“相约国庆 100 周年”等多个话题迅速登上微博热搜榜。10 月 1 日 20:00 至 22:30，关于央视直播国庆联欢活动相关舆情传播量超 11 万篇，其中，微博 109 977 篇、客户端 1017 篇、网络新闻 337 篇、微信 182 篇、论坛 38 篇、视频 23 篇。

一、各大媒体称赞直播晚会

网易网、中华网等媒体报道新中国成立 70 周年联欢活动直播盛况，称赞国庆联欢晚会震撼、感人。

网易网 2019 年 10 月 1 日发文《“史上最大快闪”！国庆 70 周年联欢活动被推向高潮》：国庆 70 周年联欢活动中，一场“史上最大快闪”把活动推向高潮。广场快闪《我和我的祖国》各族同胞、各界群众在歌声中表达对祖国的爱，憧憬更加美好的未来。

中华网 2019 年 10 月 1 日发文《震撼又感人！国庆联欢晚会现场拼出“祖国万岁”》：祖国万岁！现场动图来了！

光明网客户端 2019 年 10 月 1 日发文《国庆联欢晚会　祝福祖国！》：新中国七十周年【国庆联欢晚会　祝福祖国！】晚会现场，3290 名表演者构成了巨幅国旗图案；手持烟花“祖国万岁”；烟花拼出 70 点亮夜空……70 年砥砺奋进，70 年沧桑巨变，转发，一起大声说出我爱你中国！

二、各大网站关注联欢活动台前幕后

网易网 2019 年 10 月 1 日发文《张艺谋谈国庆晚会：全是群众自发表演　没歌星演员》：央视新闻 10 月 1 日报道，今晚 8 点，为庆祝中华人民共和国成立 70 周年，北京天安门广场将举行大型联欢活动。本场晚会由张艺谋担任总导演。他介绍说，这场活动没有专业演员，也没有歌星参与，全都是群众自发的表演。我觉得要让大家体会“祖国万岁，人民万岁”的含义，所以要最大地突出人民性。

中华网 2019 年 10 月 1 日发文《九号机器人登上 70 周年联欢活动　400 辆九号平衡车参与演出》：10 月 1 日晚，新中国成立 70 周年联欢活动在天安门广场举办，习近平总书记等党和国家领导人同首都各界群众代表一起联欢并观看文艺演出和焰火表演。值得注意的是，国庆联欢表演也开创了新的广场艺术新样式，比如光平方和平衡车表演，给观众带来全新的艺术体验。此次已是九号机器人一年内第四次参与的重大项目在央视播出了。2019 年 5 月 4 日晚，在 CCTV-1 播出的《我们都是追梦人——2019“五月的鲜花”全国大中学生文艺会演》纪念五四运动 100 周年特别节目中，九号机器人旗下的赛格威平衡轮表演队和大学生一起登台表演开场舞，旗下路萌机器人在欧阳娜娜和宋祖儿演唱环节带来炫酷机械舞表演。

三、评论区网友的精彩点评

（一）网友为新中国发展，祖国强大感到自豪

网友 @ 我的冰是坠多的 xback：# 国庆联欢活动节目单 # 短短七十年，新中国已发展至此，无限感慨、无限感动、无限自豪！未来会更好！

网友 @Aprilmpdaanhm：这种全国人民大联欢一片祥和的氛围真的好棒哦！！！镜头扫到每一个人脸上都洋溢着笑容。还有希望，真的是盛世欢歌普天同庆！这么热闹！这么喜庆，我快要哭了，真好啊！

网友 @ 珞砂炘沫：70 周年联欢活动正在直播，我突然想到一个问题。除了我们的祖国，世界上还有哪个国家敢做这么大的一场联欢活动？答案应该是没有吧！这一整天，开心！感动！自豪！祖国母亲的强大让我们有了满满的安全感！此生无悔入华夏，来世还做华夏人！

网友 HUNHAN_ 鹿先生：# 国庆联欢活动节目单 # 这盛世真美好啊！

（二）网友称赞国庆联欢活动有节日气氛

网友 @ 当时我就震惊了：# 国庆晚会 ## 国庆联欢活动节目单 # 国庆晚会的烟花真的是太美太震撼了！！！那个“70”真的惊艳！！！！祝福祖国！没看直播的都来看了。# 国庆烟花 #

网友 @ 娱扒爷：# 烟花拼出 70 字样 # 国庆联欢晚会的烟花也太美了吧……# 国庆烟花 #

网友 @ 风一吹就瘦了：今天晚会这全民大联欢的气氛，真是过年了！祖国万岁这个拼字好厉害！

网友 @ 风息神汩：刚才那一节最喜欢的是空中一瞬间绽开的大树。极美的瞬间幻梦。

网友评论

网友 @ 一只大烦烦：国庆联欢晚会太好看了！！！！！！

灯光效果和烟火表演太震撼了！！！

网友 @ 追剧风向标：# 相亲相爱太好听了 # 这就是小时候记忆里那首超级好听的歌啊！熟悉感和亲切感油然而生，配上画面真的好感动！ # 今天太好哭了 #

网友 @_wenjiayaaaaaa：# 国庆联欢活动节目单 # 称霸长安街的史上最强版交响乐队太震撼了！！！我的心思全在出现了什么曲目和作曲家上！！！祝新中国 70 周年生日快乐。

网友 @ 往星辰一览：这样形式的国庆晚会办得好，全都是耳熟能详的老歌老曲，形式简洁活泼，全民参与。

（三）网友点赞央视、现场人员的辛苦付出

网友 @fish 习：# 国庆晚会 # 联欢晚会震撼到我了，一点都不比 08 年北京奥运差，真是盛世强国，太佩服张艺谋了！

网友 @ 不叫 Alice 的鲸鱼：国庆联欢晚会真是壮观啊！张艺谋在大型场面这块的功底实属深厚。

网友 @ 思想聚焦：# 央视国庆晚会玩转黑科技 # 今晚央视的国庆联欢活动有点意思，突出一个气派，场地大到演员要动用九号平衡车跑位。

网友 @ 中影小水：# 相约国庆 100 周年 # 联欢活动直播一结束，央视就出了精彩回放，剪辑得太快了！今天辛苦了！ 80 周年、90 周年、100 周年，我们继续约啊！！

网友 @ 我的理想型伴侣 Bin：# 新中国成立 70 周年 # 晚会太棒了，给表演人员点赞，图案移动摆出来的超级棒。

网友 @ 小牛啊 kk：# 国庆联欢用 LED 灯演电影 # 这也太酷了吧！佩服参加演出的演员！几百个队形一个都不能错。

（四）网友称赞央视解说文案是“神仙文案”

网友 @ 瓶瓶瓶瓶邪黑花的迷妹：# 国庆联欢晚会 # 央视大大们的解说真的是太稳。

网友 @ 韵偏幽 23307：我亲爱的祖国，此刻你烟花绽放，恰似你如今光芒万丈 # 国庆晚会 ## 共贺新中国成立 70 周年 # 来不及记，只能说央视解说文案神仙！

网友 @ 花季走过花瓣的脉络：国庆阅兵式和晚会的央视解说词是不是只能自己一点点听着记下来？写得太好，我真的要学习学习。

第二节　欢乐之情感染国际舆论

国际视频通讯社按照总台统一安排，采用卫星和网络两种方式面向全球媒体分发直播信号，并向庆祝活动新闻中心提供全程公共信号，信号时长 1 小时 42 分。路透社、美联社、法新社、欧广联全程转发。据统计，截至 10 月 8 日，卫星直播信号被 BBC、RT、法国 TV5、德国之声、意大利广播电视公司、加拿大广播公司等 41 个国家和地区的 114 家境外电视台或频道以全程转播、插播、新闻报道等方式累计采用 591 次，播出总时长 16 小时 7 分 19 秒。同时，蒙古 TV2、柬埔寨东盟头条新闻网、《柬中时报》、纳米比亚 CND News 等境外媒体在其新媒体平台上全程转播；国际视频通讯社在日本最大的视频网站 Niconico 合作开设的“日中热线”网络频道、国际视频通讯社的脸书、优兔账号也全程同步转播。

国际视频通讯社及时对外编发“联欢活动”新闻素材 4 条，素材总时长 12 分 12 秒。截至 10 月 8 日，全部 4 条新闻素材分别被 BBC、CNN、法国 24 台、加拿大 CTV 电视网等 27 个国家和地区的 54 家境外电视台或频道选用，累计播出 175 次，播出总时长 39 分 23 秒。

《北欧时报》、美国时代广场网、《葡新报》及其脸书账号、推特账号、《非洲时报》、华人 PT 门户网站、欧联华文网、西非在线、日本华商网等海外主要华人媒体也纷纷转载了国庆 70 周年联欢活动的相关报道。

BBC World News（英国广播公司国际新闻频道）引用国际视频通讯社发布的总台新闻素材

CNN International（美国有限电视新闻网国际频道）引用国际视频通讯社发布的联欢活动的新闻素材

附：直播报道视频资料（央视频二维码）

全程回顾“庆祝新中国成立70周年盛典”

10万群众70组彩车同心共筑中国梦

庆祝新中国成立70周年联欢活动

《盛世欢腾——直播国庆70周年联欢之夜》纪录片

后　记

《国之盛典：中华人民共和国成立70周年庆典直播报道纪实》与广大读者见面了。本书忠实记录了中央广播电视总台在庆祝中华人民共和国成立70周年宣传报道中的创新亮点与珍贵文本，再现了这一大型直播活动的经典场景，讲述了台前幕后的故事。每一篇文字、每一张图片都凝聚了总台人的汗水和心血。本书的出版正是对他们的致敬。

书中的稿件主要来源于总台参与直播报道活动的各个团队。在此特别感谢所有参与供稿的部门，包括中央广播电视总台办公厅、总编室、新闻中心、文艺节目中心、社教节目中心、港澳台节目中心、英语环球节目中心、亚洲非洲语言节目中心、欧洲拉美语言节目中心、新闻新媒体中心、视听新媒体中心、总经理室、技术局、影视翻译制作中心、央视网、央视国际视频通讯社等。

同时也要感谢中国国际广播出版社的编辑出版团队为本书出版付出的辛勤劳动。

编者

2019 年 12 月

图书在版编目（CIP）数据

国之盛典：中华人民共和国成立70周年庆典直播报道纪实 / 中央广播电视总台编著. —北京：中国国际广播出版社，2019.12
ISBN 978-7-5078-4620-1

Ⅰ. ① 国…　Ⅱ. ① 中…　Ⅲ. ① 电视新闻－现场直播－中国－2019
Ⅳ. ① G222.2

中国版本图书馆CIP数据核字（2019）第282801号

国之盛典：中华人民共和国成立70周年庆典直播报道纪实（平装版）

编　　著	中央广播电视总台
统　　筹	王晓真　骆红秉　张利生　杨　明　陈　忠　赵先权　周　滢　黄　鹂　胡云龙
出 版 人	张宇清　田利平
执行编辑	李　卉　张娟平
责任编辑	张　亚　梁　媛　林钰鑫
校　　对	张　娜　王秋红　郭　鑫
设　　计	Guangfu Design|张晖
制　　作	闫　磊　邢秀娟　郭立丹
发　　行	张明珠
出版发行	中国国际广播出版社［010-83139469　010-83139489（传真）］
社　　址	北京市西城区天宁寺前街2号北院A座一层 邮编：100055
印　　刷	北京汇瑞嘉合文化发展有限公司
开　　本	710×1000　1/16
字　　数	350千字
印　　张	25.5
版　　次	2019 年 12 月　北京第一版
印　　次	2019 年 12 月　第一次印刷
定　　价	78.00 元